# 浙江省研发资本化及驱动经济增长的贡献测度

徐蔼婷　李金昌　祝瑜晗　著

浙江工商大学出版社
ZHEJIANG GONGSHANG UNIVERSITY PRESS

· 杭州 ·

**图书在版编目(CIP)数据**

浙江省研发资本化及驱动经济增长的贡献测度 / 徐蔼婷,李金昌,祝瑜晗著. — 杭州:浙江工商大学出版社,2020.3

ISBN 978-7-5178-3514-1

Ⅰ. ①浙… Ⅱ. ①徐… ②李… ③祝… Ⅲ. ①技术革新—资本投入—影响—区域经济发展—研究—浙江 Ⅳ. ①F127.55

中国版本图书馆 CIP 数据核字(2019)第 225532 号

## 浙江省研发资本化及驱动经济增长的贡献测度
**ZHEJIANG SHENG YANFA ZIBENHUA JI QUDONG JINGJI ZENGZHANG DE GONGXIAN CEDU**

徐蔼婷 李金昌 祝瑜晗 著

| | | |
|---|---|---|
| **责任编辑** | 谭娟娟 | |
| **责任校对** | 何小玲 | |
| **封面设计** | 林朦朦 | |
| **责任印制** | 包建辉 | |
| **出版发行** | 浙江工商大学出版社 | |
| | (杭州市教工路 198 号 邮政编码 310012) | |
| | (E-mail:zjgsupress@163.com) | |
| | (网址:http://www.zjgsupress.com) | |
| | 电话:0571 - 88904980,88831806(传真) | |
| **排 版** | 杭州朝曦图文设计有限公司 | |
| **印 刷** | 浙江全能工艺美术印刷有限公司 | |
| **开 本** | 710mm×1000mm 1/16 | |
| **印 张** | 14.75 | |
| **字 数** | 217 千 | |
| **版 印 次** | 2020 年 3 月第 1 版 2020 年 3 月第 1 次印刷 | |
| **书 号** | ISBN 978-7-5178-3514-1 | |
| **定 价** | 49.00 元 | |

**本书出版得到**

国家社科基金重点项目(17ATJ001)
浙江省哲学社会科学重大项目(16YSXK02ZD)
浙江省"万人计划"青年拔尖人才项目(ZJWR0108041)
浙江省一流学科 A 类(浙江工商大学统计学)
浙江省重点建设高校优势特色学科(浙江工商大学统计学)


**联合资助**

# 内容提要

本书立足于国民经济核算新标准，通过对 R&D 资本化核算方法及影响 GDP 核算结果的机理探讨，分不同主体和不同研究类型对 1978—2015 年间的浙江省 R&D 投资规模和 R&D 资本存量规模进行核算。进一步地，对 R&D 资本化引致的 GDP 规模、GDP 增长率、需求结构、"三驾马车"贡献率与拉动度等核心经济指标的变化予以动态分析，对 R&D 资本驱动浙江经济增长的贡献予以量化测度与比较。本书共分八大部分内容：①导论；②R&D 资本化核算基本问题研究；③R&D 资本化对 GDP 核算的影响机理阐释；④浙江省 R&D 投资规模实际测算；⑤浙江省 R&D 资本存量规模实际测算；⑥R&D 资本化对浙江核心经济指标的影响测度；⑦R&D 资本驱动浙江经济增长的贡献测度；⑧研究结论与若干建议。本书力图展示一个"吸纳国际最新方法指导建议且系统"的 R&D 资本化核算方法理论框架，力争形成一组"跨期长、分类全且稳健"的涉及浙江省 R&D 投资流量与 R&D 资本存量的时间序列，力求映现一些"定量且全面"的 R&D 资本驱动浙江经济增长的影响与贡献。本书既可成为相关领域研究者在方法及基础数据方面的参考资料，又可成为统计实务工作者的实践指导来源。

**目录**

Contents

# 表 目 录

# 图目录

# 第一章

# 导　论

## ■ 一、研究背景与研究意义

### （一）研究背景

1. 鉴于被记录为生产过程的"中间投入"，日益增长的 R&D 支出却成为 GDP 核算不断扩大的消减项，这明显与"创新是引领发展的第一动力"理论相背离

随着创新驱动发展战略的加快实施，浙江省不断加大研发投入规模。数据显示，R&D 内部经费支出从 1990 年的 2.04 亿元逐年扩增至 2017 年的 1266.34 亿元，其与 GDP 的比值亦从 0.23% 逐年提升至 2.45%。然而，根据依照《国民账户体系(System of National Accounts 1993)》(简称 1993 版 SNA)制定并实施了 10 余年的《中国国民经济核算体系(2002)》的方法规定，R&D 内部经费支出被记录为生产单位从事生产过程的"中间投入"，按照"GDP＝总产出－中间投入"的核算等式，日益增长的 R&D 内部经费支出不仅未能成为提升 GDP 规模的增加项，反而成为一个不断扩大的消减项。可见，这种处理方式不仅忽视了 R&D 活动的投资性质，更明显与"创新是引领发展的第一动力"的理论相背离。

2. 国民经济核算新标准修订了 R&D 支出的记录方式，由"中间投入"向"固定资本形成"转变，为开展 R&D 资本化核算及贡献测度奠定理论基础

随着 R&D 活动投资性质的日益凸显和驱动经济增长贡献的不断增加，

由联合国、世界银行、经合组织(OECD)等五个国际组织共同编制发布的《国民账户体系 2008(System of National Accounts 2008)》(简称 2008 版 SNA)在经过多国核算专家及国际组织大量研究和实证的基础上对 1993 版 SNA 进行了修订。2008 版 SNA 调整了生产过程中对 R&D 支出的处理方式,将能为所有者带来经济利益的 R&D 支出部分计为"固定资本形成",不再计入"中间投入"。同时,2008 版 SNA 扩大了资产边界,将 R&D 产品列入固定资产项下的"知识产权产品"类别。这一修订较大地影响了 R&D 活动、R&D 内部经费支出、R&D 产出等不同核算内容在国民经济运行过程中生产和积累的认定方式,将构成项目开展 R&D 资本化核算及科技创新驱动经济增长贡献测度的理论基础。

3.发达国家积累了较为丰富的研究经验,为我国开展 R&D 资本化核算及贡献测度奠定了实践基础

鉴于较早意识到 R&D 活动的投资性质与 1993 版 SNA 处理 R&D 内部经费支出的不足,较多西方国家对基于本国层次的 R&D 资本化核算范围、R&D 产出核算方法、R&D 投资流量核算方法、R&D 资本存量核算方法、R&D 卫星账户构建方法等问题开展了广泛而深入的探讨。其中,法国(20 世纪 70 年代)、美国(1994)、荷兰(2003)、丹麦(2006)、以色列(2006)、英国(2007)、加拿大(2008)、芬兰(2009)、日本(2011)等国家纷纷尝试编制 R&D 卫星账户(R&D Satellite Account),对 R&D 投资规模、R&D 资本存量规模及对 SNA 中心账户带来的影响展开测度。2009 年,澳大利亚率先采用新方法对 R&D 资本化进行核算并公布了经调整后的 GDP 增长序列。继而,加拿大(2012)、以色列(2013)、墨西哥(2013)、美国(2013)、韩国(2013)、冰岛(2013)、挪威(2013)、新西兰(2013)、英国(2013)、印度(2015)等超过 40 个国家对 GDP 历史规模与增速予以重新调整。发达国家积累的研究经验为我们开展 R&D 资本化核算及贡献测度奠定了实践基础。

4.统计局修订并发布了经 R&D 资本化核算调整后的 GDP 时间序列,却未公布资本化核算所涉及的关键变量,未开展 R&D 资本驱动经济增长的贡献测度

2016 年 7 月 5 日,国家统计局修订并发布了我国自 1952 年以来经

R&D 资本化核算调整后的 GDP 时间序列。继而,各省纷纷依照国家统计局的调整方法与要求,着手对 GDP 历史数据进行修订。2017 年 9 月 25 日,浙江省统计局发布了《关于改革研发支出核算方法修订全省生产总值核算数据的公告》,对 1995—2016 年的 GDP 规模和 GDP 增速数据进行了修订。其中,与未调整数据相比,2015 年和 2016 年浙江省 GDP 分别增加了 688 亿元和 773 亿元,GDP 实际增速分别提升了 0.07 个百分点和 0.004 个百分点。除此之外,国家统计局及浙江省统计局尚未单独公布历年的 R&D 产出、R&D 资本流量、R&D 资本存量等 R&D 资本化核算的关键变量数据,也尚未开展 R&D 资本化核算对其他经济变量影响的定量测度。

基于上述背景,本书将立足于国民经济核算新标准,通过对 R&D 资本化核算方法的理论阐释、R&D 资本化核算影响 GDP 核算的机理探讨,对浙江省历年的 R&D 投资规模、R&D 资本存量规模进行实际核算。进一步地,对 R&D 资本化引致的 GDP 规模、GDP 增长率、需求结构、"三驾马车"贡献率与拉动度等核心经济指标的变化予以分析,对 R&D 资本驱动浙江经济增长的贡献予以量化测度与不同视角的解读。

## (二)研究意义

### 1. 开展 R&D 资本化核算研究有利于进一步完善国民经济核算理论

本书的研究主题与 2008 版 SNA 中的第 9 个修订议题"研究与开发(Research and Development)"直接匹配,与"专利权(Patent Entities)"等知识产权产品修订议题密不可分,与《知识产权产品资本测度手册》(简称 IPP)、《弗拉斯卡蒂手册》(简称 FM)等国际标准密切相关。本书开展 R&D 资本化核算范围、R&D 产出核算方法、R&D 投资流量核算方法、R&D 资本存量核算方法等理论研究,无疑是对 2008 版 SNA 和相关国际标准的有益补充,有利于进一步完善国民经济核算方法体系。

### 2. 立足于核算新标准有利于进一步推进我国国民经济核算的改革进展

从 MPS 到 1993 版 SNA,再到 2008 版 SNA,我国国民经济核算经历了"转变→适应→完善→改革发展"的轨迹。2017 年 7 月,国务院批复了国家统计局《关于报请印发〈中国国民经济核算体系(2016)〉的请示》,这标志着基于 2008 版 SNA 修订形成的《中国国民经济核算体系(2016)》(简称 CSNA-2016)正式出台。CSNA-2016 正式调整了 R&D 支出的处理方法,将能为所有者带来经济利益的 R&D 支出不再作为中间投入,而是作为固定资本形成计入 GDP。本书立足于核算新标准,开展 R&D 资本化核算理论的系统研究和浙江省 R&D 资本化的实际核算,这样不仅可检验新标准的修订意义,更可为进一步推进我国国民经济核算的改革积累经验。

**3. 开展 R&D 投资和 R&D 资本的贡献测度可为客观考察科技创新对国民经济的各类影响提供量化分析框架**

综观国内研究成果,尽管探讨科技创新驱动经济增长的贡献的文献已汗牛充栋,但大多直接将 R&D 内部支出视为 R&D 资本,或直接将 R&D 内部支出等同于 R&D 产出。事实上,只有形成固定资本的 R&D 支出才构成经济增长的驱动力,也只有应用于实际生产并能带来收益的 R&D 成果才称得上 R&D 产出。本书基于资本化核算视角开展 R&D 驱动经济增长的贡献测度,可拓展国内相关成果的研究视野,也可为相关研究提供一个客观测度科技创新贡献的量化分析框架。

**4. 开展浙江 R&D 资本化核算将为浙江省实现企业转型和创新型省份建设提供决策支撑**

浙江省的 R&D 经费支出大多由企业部门执行,将研发支出由中间投入核算为固定资产形成等同于将大部分 R&D 经费支出直接计入浙江省企业的总产出,这是对浙江省企业进一步提高 R&D 投资强度、扩大研发支出规模的直接激励,无疑将为浙江省实现企业转型和创新型省份建设提供正能量。同时,本书开展 R&D 投资和 R&D 资本驱动浙江省经济增长的贡献测度,亦是对浙江省"创新驱动发展"战略的贴切诠释,将为省政府制定更合理的科技政策提供更为直观的决策依据。

## ■ 二、研究目标与整体框架

### （一）研究目标

本书拟实现三大目标：

（1）R&D 资本化核算方法理论的系统阐释。本书立足于国民经济核算新标准，通过对 R&D 系列术语的解析与比较，分别对"流量层次和存量层次""理论层次和操作层次"的 R&D 资本化核算方法予以系统阐释，对 R&D 资本化影响 GDP 核算的机理进行归纳，力求形成一个"吸纳国际最新方法指导建议且系统"的 R&D 资本化核算方法理论框架。

（2）浙江省 R&D 投资规模和 R&D 资本存量规模的实际测算。本书基于浙江省科技统计基础，运用 R&D 资本化核算方法对浙江省 1978—2015 年间的 R&D 投资规模与 R&D 资本存量规模、工业企业 R&D 投资规模与 R&D 资本存量规模、不同研究类别的 R&D 投资规模与 R&D 资本存量规模进行估算，力争形成一组"跨期长、分类全且稳健"的浙江省 R&D 投资流量与 R&D 资本存量时间序列。

（3）R&D 资本化驱动浙江经济增长贡献的定量测度。本书对由 R&D 资本化形成的 R&D 投资强度进行测算、比较与贡献率分析，对 R&D 资本化引致的浙江省 GDP 规模、GDP 增长率、需求结构、"三驾马车"贡献率与拉动度等核心经济指标的变化予以动态分析，对 R&D 资本驱动浙江经济增长的贡献予以量化与不同视角的解读，力求展现一个"定量且全面"的 R&D 资本化效应。

### （二）研究框架

本书的整体研究框架如图 1-1 所示。

导论

R&D资本化核算基本问题研究

| R&D活动到R&D资本：核算角度的脉络呈现 | R&D资本化核算范围：从一般准则到特殊类型 | 流量层次的R&D资本化核算方法 | 存量层次的R&D资本化核算方法 |

R&D资本化对GDP核算的影响机理阐释

| R&D资本化对GDP核算的影响机理：生产法 | R&D资本化对GDP核算的影响机理：收入法 | R&D资本化对GDP核算的影响机理：支出法 | R&D资本化对GDP核算的影响总析 |

浙江省R&D投资规模实际测算

| R&D资本化核算范围与产出核算方法选择 | R&D投资规模：1978—2015 | 规模以上工业企业R&D投资规模：1978—2015 | 不同研究类别R&D投资规模：1978—2015 |

浙江省&D资本存量规模实际测算

| 对R&D资本存量核算的再认识 | R&D资本存量测算方法选择 | R&D资本存量测算相关参数选择 | R&D资本存量规模：1978—2015 |

R&D资本化对浙江核心经济指标的影响测度

| 从"R&D经费投入强度"到"R&D投资强度" | R&D资本化对浙江省GDP规模与增速的影响测度 | R&D资本化对浙江省GDP需求结构的影响测度 | R&D资本化对浙江省"三驾马车"贡献率和拉动度的影响测度 | R&D资本化对浙江省规上工业企业附加值率的影响测度 |

R&D资本驱动浙江经济增长的贡献测度

| 纳入R&D资本的经济增长核算方程与变量测度 | R&D资本驱动浙江经济增长的贡献测度 | R&D资本化对经济增长驱动要素格局的影响分析 |

研究结论与若干建议

| 抓住契机率先开展省级层面的R&D资本化核算方法研究 | 顺应改革积极开展R&D专项统计调查的创新设计 | 转变并引导浙江省创新主体建立科学的R&D投资指标体系 | 多措并举助推浙江省R&D有效投资系数的快速提升 | 多管齐下进一步增加浙江省R&D资本对经济增长的驱动力度 |

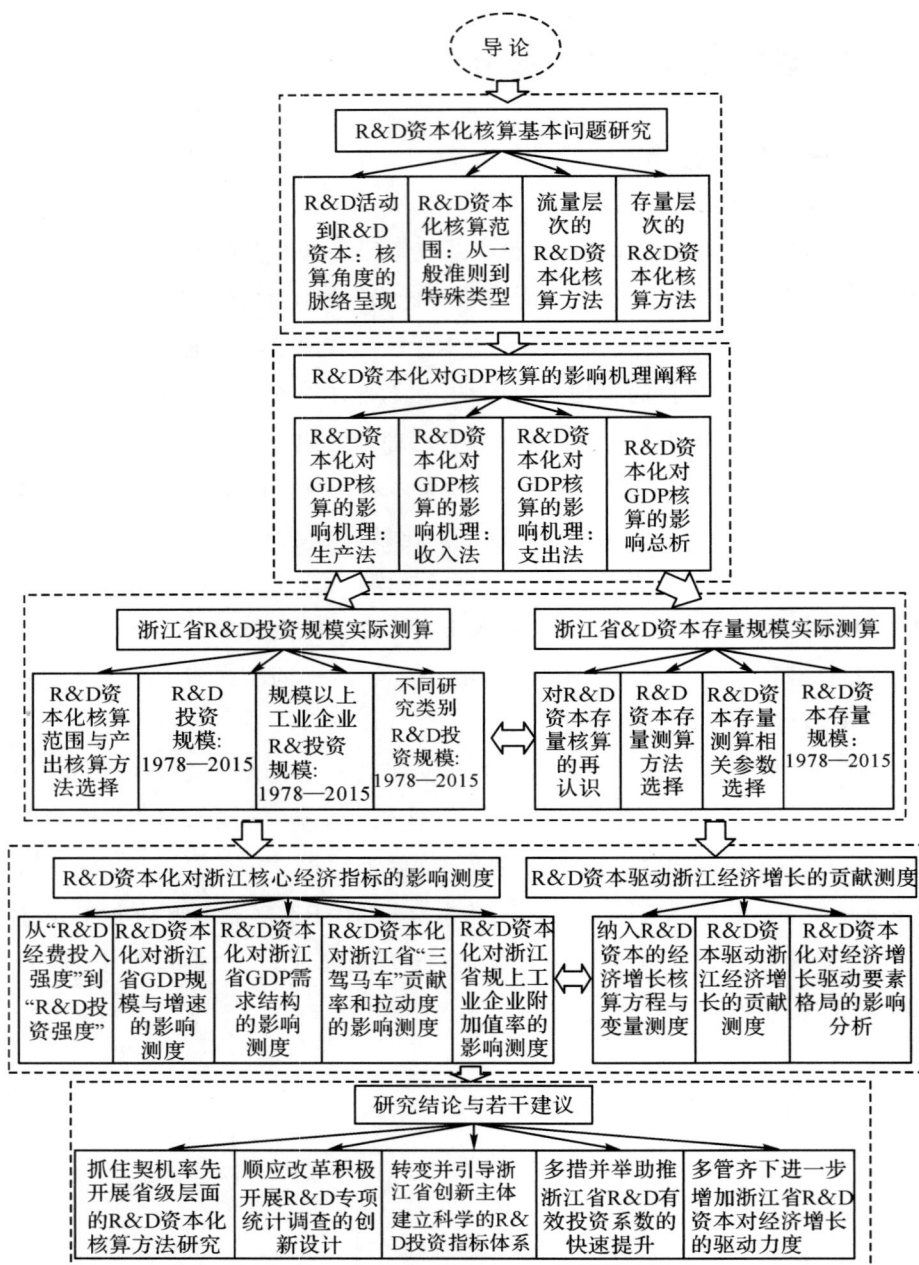

**图 1-1　整体研究框架**

## ■ 三、主要研究内容

为实现三大研究目标，本书共安排了八部分研究内容。

第一章为导论。本部分主要阐述本书的研究背景、研究意义、研究目标、整体框架、主要研究内容、研究特色与研究创新。

第二章为 R&D 资本化核算基本问题研究。基于 2008 版 SNA、2015 版 FM 与 IPP 等国际标准的最新指导建议，本部分对 R&D 及其所衍生的术语的统计释义与逻辑脉络进行阐述，并分流量层次和存量层次、理论层次和操作层次较系统地阐释 R&D 资本化核算方法。对 R&D 固定资本形成（投资）核算方法的阐释，重点围绕 R&D 资本化核算范围、当期 R&D 投资流量核算思路、当期 R&D 产出核算的理论方法、当期 R&D 产出核算的操作方法展开；对 R&D 资本存量核算方法的阐释，重点围绕永续盘存法（Perpetual Inventory Approach PIM）所涉及的初始 R&D 资本存量、R&D 产品价格指数、R&D 折旧率与使用年限等技术参数选择的可能思路展开。

第三章为 R&D 资本化对 GDP 核算的影响机理阐释。本部分内容基于 R&D 产品的供给来源与使用去向，结合生产者（使用者）性质将国民经济运行过程中涉及 R&D 的经济活动区分为国内生产部门的自给性 R&D 生产活动、国内生产部门出售 R&D 产品的活动、国内生产部门使用进口 R&D 产品的活动三大类。进一步地，基于生产法、收入法、支出法三个角度，对不同类别活动的 R&D 资本化影响 GDP 核算的机理进行细致探讨，就 R&D 资本化对 GDP 核算各构成项的影响方向进行全面归纳。

第四章为浙江省 R&D 投资规模实际测算。本部分致力于开展浙江省 R&D 投资规模的实际测算。基于国内外学者对 R&D 资本化核算范围的探讨和国家层面 R&D 资本化核算范围的考察，本部分选择"按动态比例的资本化模式"，归纳核算浙江省市场生产者 R&D 投资规模和非市场生产者 R&D 投资规模的两类操作方法。进一步地，较系统地对 1978—2015 年浙江省 R&D 投资规模、市场生产者 R&D 投资规模、非市场生产者 R&D 投资规模、自给性 R&D 投资规模、规上工业企业 R&D 投资规模、基础研究 R&D 投资规模、试验发展 R&D 投资规模、应用研究 R&D 投资规模进行测算,对各 R&D 投资序列的阶段特征进行动态分析。

第五章为浙江省 R&D 资本存量规模实际核算。本部分致力于开展浙江省 R&D 资本存量规模的实际核算。基于对 R&D 资本存量和 R&D 投资(流量)间复杂核算关系的再考察和 PIM 所需的"历年投资数据"的再认识,本部分较深入地阐释了核算浙江省 R&D 资本存量所采用的 Goldsmith 法、Griliches 法和 BEA 法,对三种方法所涉及的技术参数进行较合理的筛选。进一步地,本部分对 1978—2015 年浙江省 R&D 资本存量规模、市场生产者 R&D 资本存量规模、自给性 R&D 资本存量规模、规上工业企业 R&D 资本存量规模进行测算,对基于不同方法的 R&D 资本存量序列的阶段特征进行比较与动态分析。

第六章为 R&D 资本化对浙江核心经济指标的影响测度。本部分致力于开展 R&D 资本化对浙江核心经济指标的影响测度。从 R&D 资本化核算之前与 R&D 资本化核算之后的二维视角,本部分依次考察了从"R&D 经费投入强度"到"R&D 投资强度"、R&D 资本化对浙江省 GDP 规模与增速的影响、R&D 资本化对 GDP 需求结构的影响、R&D 资本化对浙江省"三驾马车"贡献率和拉动度的影响、R&D 资本化对规上工业企业附加值率的影响,以此展现浙江省 R&D 资本化所引致的"定量且全面"的核算效应。

第七章为 R&D 资本驱动浙江经济增长的贡献测度。本部分致力于测度 R&D 资本驱动浙江经济增长的贡献。基于扩展的 C-D 函数,本部分构建了纳入 R&D 资本的浙江经济增长核算方程。进一步地,分不纳入 R&D 资本和纳入 R&D 资本两种情况,测算并比较了经济增长中各要素的投入产出弹性。基于此,分不同的考察时间段,对物质资本驱动浙江经济的贡献、R&D 资本驱动浙江经济的贡献、劳动投入驱动浙江经济的贡献、全要素生产率驱动浙江经济的贡献进行了较系统的测度与不同视角的解读。

第八章为研究结论与若干建议。基于对本书研究结论的归纳,本部分分"抓住契机率先开展省级层面的 R&D 资本化核算方法研究""顺应改革积极开展 R&D 专项统计调查的创新设计""转变并引导浙江省创新主体建立科学的 R&D 投资指标体系""多措并举助推浙江省 R&D 有效投资系数的快速提升""多管齐下进一步增强浙江省 R&D 资本对经济增长的驱动力度"五个主题,对如何更科学地开展研发统计、如何更有效地增强 R&D 对经济增长的驱动力度等问题提出了若干建议。

## 四、研究特色与研究创新

### （一）研究特色

#### 1.理论研究与实践应用并重

本书十分重视对 R&D 投资流量核算方法和 R&D 资本存量核算方法的理论研究,力求形成一个"结合国际最新方法指导建议且系统"的 R&D 资本化核算方法理论框架。同时,本书也十分重视对 R&D 资本化核算方法的实践应用,特别注重国际手册推荐方法的"浙江化"应用,力求测算形成一组"跨期长、分类全且稳健"的浙江省 R&D 投资流量与 R&D 资本存量时间序列。

#### 2.流量核算与存量核算共存

本书既重视 R&D 投资流量,也重视 R&D 资本存量;既开展 R&D 投资流量核算方法的理论研究,又开展 R&D 资本存量核算方法的理论研究;既尝试进行浙江省 R&D 投资流量整体核算与分类核算,也尝试进行浙江省 R&D 资本存量整体核算与分类核算;既进行 R&D 投资流量核算的影响效应测度,也进行 R&D 资本存量核算的影响效应测度。

#### 3.流量效应与存量效应共兼

如果将流量层面的核算结果对 GDP 核算带来的影响称为"流量效应",将存量层面的核算结果引致的其他影响称为"存量效应",那么本书则较好地实现了"流量效应"与"存量效应"的共兼。其中,前者主要涉及 R&D 资本化对 GDP 规模与增速的影响、对需求结构的影响、对"三驾马车"的拉动度与贡献率、对规上工业企业附加值率的影响等方面;后者则主要涉及 R&D 资本化对经济增长的贡献度、对物质资本等其他投入要素贡献率的影响、对经济增长驱动要素格局的影响等方面。

### （二）研究创新

（1）本书较系统地对 2008 版 SNA、2015 版 IPP 和 FM 等国际标准和国内外涉及 R&D 资本化核算的文献予以综述，架构了一个"结合国际最新方法指导建议且系统"的 R&D 资本化核算方法理论框架。

（2）本书首次对浙江省 R&D 投资规模和 R&D 资本存量规模进行实际测算，形成了一组包含 R&D 投资规模、市场生产者 R&D 投资规模、非市场生产者 R&D 投资规模、规上工业企业 R&D 投资规模、不同研究类别 R&D 投资规模、R&D 资本存量规模、市场生产者资本存量规模、非市场生产者资本存量规模、规上工业企业资本存量规模的"跨期达 36 年、分类系统且稳健"的浙江省 R&D 投资流量与 R&D 投资存量时间序列。

（3）本书首次较全面地测度了 R&D 资本化对浙江省 GDP 规模与增速、GDP 需求结构、"三驾马车"拉动度与贡献率、规上工业企业核心经济指标的定量影响，客观展现了 R&D 资本化对浙江经济带来的核算效应。

（4）本书首次从投入要素中分离出 R&D 资本，对创新驱动浙江经济增长的整体情况和阶段特征予以考察，就 R&D 资本对浙江经济增长驱动要素格局的影响进行较全面的分析与解读，客观揭示了 R&D 资本在浙江经济增长中的源泉性、地位及其动态变化趋势。

# 第二章
# R&D 资本化核算基本问题研究

## 第一节　R&D 活动到 R&D 资本:核算角度的脉络呈现[①]

### ■ 一、R&D 及其衍生的术语集

R&D 即 Research and Development 或 Research and Experimental Development,中文译为"研究与开发"或"研究与试验开发"。在目前出台的一系列国际标准中,与 R&D 资本测度具有较大关联的主要有四个,分别是《2015 年弗拉斯卡蒂手册》(*Frascati Manual* 2015,简称 2015 版 FM)、《1993 年国民账户体系》(简称 1993 版 SNA)、《2008 年国民账户体系》(*System of National Accounts* 2008,简称 2008 版 SNA)和《知识产权产品资本测度手册》(*Handbook on Deriving Capital Measures of Intellectual Property Products*,简称 IPP)。

---

① 大多国内文献将"R&D 资本化核算""R&D 投资核算""R&D 资本存量核算"记为"R&D 资本化测算""R&D 投资测算""R&D 资本存量测算"。本书并不对"核算"与"测算"的语义差异予以严格区分。

FM 也被称为《研究与试验发展调查实施标准》，是 OECD 开发的关于研究与试验发展调查的指导性操作文献。自 1963 年 OECD 发布首个正式版本以来，该操作文献根据发展和需要进行了持续的更新及修订，到 2015 年已更新至第 7 个版本。在此过程中，FM 逐步被各国研发投入统计实践所遵循，其应用范围也早已超越 OECD 成员国，成了世界各国开展科技调查和 R&D 测量方面的权威标准之一。

1993 版 SNA 是联合国及相关机构出台的用来指导各国国民经济核算实践的一套理论和方法，是基于 1953 版 SNA 和 1968 版 SNA 内容进一步更新和完善形成的一套国际标准。在第 6 部分内容中，1993 版 SNA 探讨了 R&D 活动的性质及对机构单位（特别是企业）从事 R&D 活动的核算处理方式（1993 版 SNA，第 6.163—6.165 段）。随着经济发展方式的转型、新经济特征的出现，1993 版 SNA 在核算范围、核算内容、核算方法等方面存在许多问题。为确保 SNA 能够与时俱进，综合、客观及准确地反映经济运行情况和经济环境的新变化，适应经济发展的新需要，由联合国统计署（UNSD）牵头，协同 OECD、国际货币基金组织（IMF）、世界银行、欧洲统计局（EUROSTST）四大国际机构组建的专门的国民经济核算工作组（ISWGNA）于 2003 年正式启动对 1993 版 SNA 的全方位修订。2008 版 SNA 是 1993 版 SNA 的修订版本，于 2009 年通过联合国统计委员会的正式批准并予以正式颁布，是目前指导各国国民经济核算实践的最新国际标准。较之 1993 版 SNA，2008 版 SNA 的修订议题多达 44 个，其第 9 个修订议题"研究与开发（Research and Development）"对 R&D 活动的相关核算处理及变动进行了较详细的阐释。

IPP 是 2010 年出台的由 OECD 牵头，协同欧盟统计局、澳大利亚统计局等机构合作编纂的一本实践指导手册，其专门用来探讨 R&D、计算机软件与数据库（Software and Databases）、文学和艺术作品原件（Artistic and Literary Originals）、矿产勘探与评估（Mineral Exploration）、娱乐（Entertainment）等 2008 版 SNA 提出的"知识产权产品（Intellectual Property Product）"的产出核算、资本形成核算、资本存量及其消耗等核算问题，旨在为各国开展知识产权产品测度及国际比较提供方法参照。

表 2-1 罗列了 1993 版 SNA、2008 版 SNA、IPP 和 2015 版 FM 四大国际手册给出的 R&D 定义。

**表 2-1 基于不同国际手册的 R&D 定义与本质比较**

| 出处 | 术语表达 | 定义 | 本质 |
|---|---|---|---|
| 1993 版 SNA | 研究和开发 (Research and Development) | 市场生产者从事的研究和开发活动是"一项旨在发现或推出新产品（包括现有产品型号的改进及质量的提高），发现或者开发新的或更有效率的生产工艺活动"(1993 版 SNA，第 6.142 段) | 一类活动 (Activity) |
| 2008 版 SNA | 研究与（试验）开发 ［Research and (experimental) Development］ | 研究与（试验）开发是"为了增加知识储备（包括有关人类、文化和社会的知识）并利用它开发新应用，系统性地从事创造性工作而支出的价值"(2008 版 SNA，第 10.103 段) | 一类支出价值 (Value) |
| 《知识产权产品资本测度手册》(IPP) | 研究和开发 (Research and Development) | 研究与开发应该遵从 FM 文献，被称为研究与（试验性）开发，是指"为了增加知识储量而开展的创造性、系统性工作（包括有关人类、文化和社会的知识）及利用这些知识储备开展的新应用工作"(IPP，第 i 段) | 一类工作 (Work) |
| 2015 版 FM | 研究和试验开发 (Research and experimental Development) | 研究与试验开发是指"为了增加知识储量而开展的创造性、系统性工作（包括有关人类、文化和社会的知识）及利用这些知识储备开展的新应用工作"(2015 版 FM，第 2.2 段) | 一类工作 (Work) |

比较来看，IPP 和 2015 版 FM 给出的 R&D 定义基本一致，认为 R&D 是"为了增加知识储量而开展的系统性、创造性工作（包括有关人类、文化和社会的知识）及利用这些知识储备开展的新应用工作"。根据该定义逻辑，R&D 本质是一类工作，即 R&D 等同于"R&D 工作"。稍有不同的是，1993 版 SNA 认为，R&D 是"一项旨在发现或推出新产品（包括现有产品型号的

改进及质量的提高),发现或者开发新的或更有效率的生产工艺活动"。同时,1993 版 SNA 为 R&D 活动的从事主体限定了身份——市场生产者。比较而言,2008 版 SNA 给出较为不同的定义,其认为 R&D 是"为了增加知识储备(包括有关人类、文化和社会的知识)并利用它开发新应用,系统性地从事创造性工作而支出的价值"。根据该定义逻辑,R&D 便可与"R&D 支出价值"等同起来。

就目前来看,IPP 和 2015 版 FM 界定的 R&D 概念被普遍接受。2015 版 FM 还进一步将 R&D 活动区分为三种类型:① 基础研究(Basic Research),即指为获得关于某一现象(或可观察事实)基本原理的新知识而开展的具有实验性与理论性的研究活动。该类研究是为解释客观事物的本质和运动规律而开展,以获得新发现或新学说为目标,而并非为任何专门或特定的应用或使用而开展的。基础研究的产出多为科学论文或科学著作。② 应用研究(Applied Research),即为明确基础研究所获成果的用途,或为达到某一提前设定的目标而开展的具有创造性的研究活动。与基础研究类似,应用研究的产出成果多为科学论文、科学专著、原理性模型或专利。③ 试验发展(Experimental Development),即以基础研究、应用研究及实际经验所获得的现有知识为基础,为生产出新的产品、材料和装置,形成新工艺、新系统和新服务(包括对上述各项内容做出新的实质性改进)而进行的系统性的工作。该类活动一般发生于项目研究的后期,其产出成果多为可以用来实际操作或直接生产的工艺图纸、技术标准和操作规范。

## 二、R&D 活动到 R&D 资本:核算角度的脉络呈现

R&D 工作、R&D 活动和 R&D 支出均可在 R&D 资本化核算过程中被归集,并可进一步衍生出诸如 R&D 投入、R&D 产出、R&D 产品、R&D 中间消耗品、R&D 投资品、R&D 投资和 R&D 资本等统计术语。

立足于国民经济运行过程,图 2-1 主要展示了基于实际物流角度刻画的

各 R&D 方面的术语的应有逻辑①。R&D 活动等同于 R&D 生产活动,是机构单位运用生产要素将各种投入转化为具有新的使用价值的产出的过程。2008 版 SNA 明确指出"R&D 活动不应该被视为机构单位的辅助活动(Ancillary Activity)",这既充分体现了对 R&D 活动"生产性"的认可,也暗示着独立核算 R&D 活动的必要。2015 版 FM 更细化描述了 R&D 生产活动应同时具备的五种性质:①新颖性(Novel);②创造性(Creative);③不确定性(Uncertain);④系统性(Systematic);⑤可转移性或可复制性(Transferable or Reproducible)。"R&D 工作"是对 R&D 活动生产性与独立性的进一步强调,也同时意味着专门从事 R&D 活动机构单位的存在。

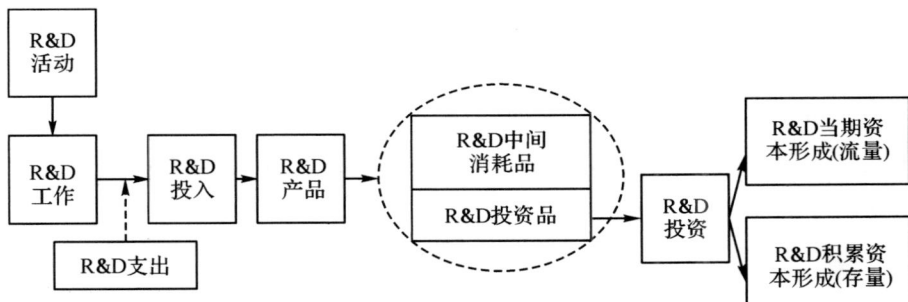

图 2-1  从 R&D 活动到 R&D 资本的核算脉络

由于从事 R&D 工作需要投入人力、物力和财力,R&D 支出(Expenditures on R&D)便产生了,即政府、企业、研究机构等机构单位为从事 R&D 活动而支付的各项费用;R&D 支出与费用支出密切相关,其主要为从事 R&D 活动机构单位的会计核算使用。会计核算原则与国民经济核算原则存有差异,但 R&D 支出可通过对核算时间和核算内容的调整与补充转化为衡量从事 R&D 活动生产成本的 R&D 投入。

R&D 工作的生产成果可统称为 R&D 产出(R&D Outputs),或者更具体地称为 R&D 产品(R&D Products),较常见的 R&D 产品载体有专利、论文、样机等。基于实物量角度汇总的 R&D 产出可构成诸如专利项数、论文

①  为简化分析,我们并未考虑 R&D 产品的进口与出口,图 2-1 的分析仅限于 R&D 产品的国内生产与国内使用。

篇数、样机台数等 R&D 产品实物量指标;基于价值量角度汇总的 R&D 产出则可构成诸如专利产值、论文产值、样机产值等价值量指标。从 R&D 产品的使用去向看,当生产出来的 R&D 产品被用于生产其他产品时,该类 R&D 产品被视为 R&D 中间消耗品,其价值形成生产其他产品的中间投入;当生产出来的 R&D 产品被用于积累时,则该类 R&D 产品被视为 R&D 投资品,其价值构成 R&D 投资。进一步地,当期 R&D 投资成为当期 R&D 固定资本形成,多期累积形成的 R&D 固定资本构成 R&D 固定资本存量成为 R&D 资产。

当然,上述术语可基于生产主体、生产目的、使用主体、产品来源等标准分类,形成不同的细化分类。如 IPP 基于产品来源将 R&D 产品分为"内部生产的 R&D 产品(R&D Produced on Own Account)"和"外部购买的 R&D 产品(Purchased R&D)";基于生产目的,R&D 产品可分为"用于市场交换的 R&D 产品(或出售的 R&D 产品)"和"为自身使用的 R&D 产品(或自给性 R&D 产品)";等等。

## 三、R&D 资本化核算的两个层次

图 2-1 同时蕴含着 R&D 资本化核算的两个层次:①流量层次的 R&D 资本化核算,即 R&D 投资核算(或称为 R&D 固定资本形成核算)。流量层次的 R&D 资本化核算思路是,基于 R&D 工作核算当期的 R&D 产出(R&D 产品价值),进而实现对当期 R&D 投资流量的核算。②存量层次的 R&D 资本化核算,即 R&D 资本存量核算。存量层次的 R&D 资本化核算思路是,基于期初 R&D 资产价值和各期流量层次的 R&D 投资核算,考虑 R&D 资产使用年限和资产效率损失,实现对核算期末所累计 R&D 资本存量的核算。

R&D 资本化核算以流量层次的核算为基础,以存量层次的核算为延伸,覆盖 R&D 活动的投入与产出、R&D 产出的消费与积累等环节。

# 第二节　R&D 资本化核算范围：
# 从一般准则到特殊类型

并非所有的 R&D 活动均可被视为投资活动，R&D 资本化是有条件的资本化。对于这些条件，2008 版 SNA 与 IPP 分别进行了阐释。

## 一、2008 版 SNA 准则：基于未来收益性

2008 版 SNA 将资产（Asset）定义为："资产是一种价值储备，代表经济所有者在一定时期内通过持有或使用某实体所产生的一次性或连续性经济利益。它是价值从一个核算期向另一个核算期结转的载体。"（第 3.30 段）这个定义从 R&D 产品角度为可资本化的 R&D 活动限定了三个基本条件。

### 1. 存在预期收益

基于该项条件设定，只有那些能为其经济所有者带来预期收益的 R&D 产品才可核算为固定资本形成，这也同时意味着能为所有者带来经济利益的 R&D 活动才可被归入可资本化范围。

### 2. 经济所有权可以转让

基于该项条件设定，只有那些经济所有权能够转让的 R&D 产品才可核算为资本形成，这也同时意味着那部分生产可转让 R&D 产品的 R&D 活动才可被归入可资本化范围。

### 3. 使用年限超过 1 年

基于该项条件设定，只有那些使用年限超过 1 年的 R&D 产品才可核算为资本形成，这也同时意味着那部分生产具有较长使用年限（超过 1 年）的 R&D 产品的 R&D 活动才可被归入可资本化范围。

基于此，2008 版 SNA 对"存在预期收益"进一步做出强调，明确指出"必

须考虑 R&D 产品能否在未来预期可获得经济利益。原则上,不向其所有者提供经济利益的 R&D 产品不形成固定资产,应视作中间消耗。"(第 10.103 段)从支出角度理解,若一项 R&D 支出能在未来为所有者(研究者)带来经济收益,则视该部分支出为"投资支出";若一项 R&D 支出不能在未来为所有者(研究者)带来经济收益,则视该部分支出为"中间投入"。

## 二、IPP 准则:基于 R&D 特殊情况的说明

IPP 基本沿袭了 2008 版 SNA 关于可资本化 R&D 范围的限定,并对一些特殊情况进行了讨论。

### 1. 未成功 R&D 活动(Unsuccessful R&D)

由于存在较大的不确定性,R&D 活动并非一定能获得具有未来收益性的产品,也就是存在较多的"未成功 R&D 活动",继而产生了"失败的 R&D 活动能不能被资本化"这一争议性问题。IPP 认为,R&D 活动存在较大的失败风险,虽然失败的 R&D 活动并不形成有效的产出,但失败的 R&D 活动可以为日后成功的 R&D 活动积累一定的经验。从支出层面看,为失败的 R&D 活动支付的费用应是获得成功的 R&D 产品成本中的一部分。因此,未成功 R&D 活动也应被归入可资本化范围。除此之外,IPP 并不赞同当 R&D 资产价值记录在"零"时将 R&D 活动定义为失败(IPP,第 xii 段)的操作原则。

### 2. R&D 溢出(R&D Spillovers)

R&D 产品的非竞争属性往往会导致"R&D 溢出",即其他单位可以免费获得 R&D 产品。一般地,R&D 溢出可基于三种途径:①跨国溢出。不同国家对专利或 R&D 产品的使用权利的规定并不一致,这为 R&D 跨国溢出提供了可能。如某 R&D 产品在 A 国不可免费获得,但在 B 国却可免费使用。那么 B 国的企业在应用该 R&D 产品提升自身生产率的同时,可能通过与 A 国企业的经济交易将 R&D 产品引至 A 国,从而对 A 国企业的生产形

成正向溢出效应。②更新溢出。通过拓展或综合现有的R&D产品形成新的R&D产品,常常导致R&D更新溢出。如某药厂通过R&D活动研制成一款新感冒药,其他药厂便会以这款药为基础,改进相关技术流程推出一款或多款疗效更好的感冒药。③到期溢出。一旦某项专利的保护期限到期,其他企业便可免费获得并使用该类R&D产品,此时便形成R&D到期溢出。IPP指出,R&D溢出通常导致R&D产品原所有者的获利下降。根据R&D资本增值属性,R&D溢出不应被视为资产(IPP,第119段)。

3. 免费获得的政府R&D产品(Freely Available R&D Produced by Government)

对于政府开发却以非市场价格提供,甚或免费提供的R&D产品,其是否可纳入资本化范围是存在争议的。一方面,该类R&D产品并不能为所有者,即政府带来预期收益,似乎并不满足可资本化R&D支出的基本条件;另一方面,该类R&D产品具有公共产品性质,可以像公路、桥梁等固定资产一样提供较长期的公共服务,并使全社会受益。出于实用主义的考虑,IPP建议将政府用于提供免费R&D产品的R&D支出计入可资本化的范围(IPP,第xiv段)。

4. 重复计算的R&D产品(Double Counting R&D)

一类知识产权产品可能会用于生产另外的知识产权产品,例如软件(Software)可用于开发R&D产品,R&D产品也可用于开发软件。一类R&D产品可能也会用于生产另外的R&D产品。IPP建议,若存在这种相互嵌入式的R&D产品且符合资产条件时,应尽可能对每一种R&D产品进行独立估值。内部生产的R&D产品被用于生产其他R&D产品时,其成本支出记录尤为重要,必须确保成本支出只用于生产该种R&D产品,不能用于间接生产的R&D产品。只有用于直接生产R&D产品的这部分中间消耗、劳动报酬、资本服务等才能构成总支出(IPP,第xv段)。

# 第三节　流量层次的 R&D 资本化核算方法

## ■ 一、当期 R&D 投资流量核算思路

当期 R&D 投资流量,也可称为当期 R&D 固定资本形成。IPP 将 R&D 固定资本分为出售的 R&D 固定资本(Purchased R&D Assets)和自用的 R&D 固定资本(R&D Assets Produced On Own Account)两类。IPP 推荐,核算出售的 R&D 固定资本形成可借助两类方法:需求方核算方法(Demand-side Approach)和商品流核算方法(Commodity Flow Approach)。其中,需求方核算方法主要通过专项调查获取核算数据,基于对购买 R&D 产品或为生产或为自用而开展 R&D 活动的详细支出,分解出 R&D 固定资本形成的支出数据以实现核算;商品流核算方法则根据 R&D 产品"总供给＝总使用"的平衡原理进行核算。基于当期 R&D 活动和 R&D 进口来核算当期 R&D 产出,以此形成当期 R&D 产品供给。进一步地,通过 R&D 产品的使用去向核算当期 R&D 投资流量。从使用去向看,当期 R&D 产品或被作为中间产品用于生产其他产品;或被作为投资品构成固定资本形成(即形成 R&D 投资)积累;或被用于出口。据此,当期出售的 R&D 投资流量和自用的 R&D 投资流量应分别满足如等式(2-1)、等式(2-2)的平衡关系。

出售的 R&D 固定资本形成＝R&D 产出(出售)＋(R&D 进口－R&D 出口)－R&D 中间消耗－R&D 最终消费 　　　　(2-1)

自用的 R&D 固定资本形成＝R&D 产出(自用)＋(R&D 进口－R&D 出口)－R&D 中间消耗－R&D 最终消费 　　　　(2-2)

## 二、当期 R&D 产出核算方法:理论层面

进一步的问题是,如何对当期 R&D 产出进行估值。事实上,2008 版 SNA 关于资产的定义已为 R&D 产品的估值奠定了理论逻辑,即 R&D 产品的市场价值取决于其为所有者带来的经济利益,即寻找相应的市场交易基本价格便成了对各类 R&D 产品估值的核心思路。然而,寻求 R&D 产品的市场交易基本价格并不是件容易的事。一方面,六部分由政府、高校及大多数非营利性研究机构生产的 R&D 产品并不用于市场交易行为,企业用于自身生产经营而开发的 R&D 产品也不用于市场交易;另一方面,鉴于大部分 R&D 产品富含创新性,兼具独特性和稀有性,即便存在市场交易行为也无法获得基于足够多买卖量时产生的基本价格。

鉴于此,对于远超载体自身价值的 R&D 产出(产品),2008 版 SNA 推荐了三类估值方法,即"以市场价值测度的基本价格法(Basic Prices Approach)"、"以销售收入、佣金收入等测度的收入法(Receipts Approach)"和"以劳动者报酬、固定资产折旧、生产税净额等原始投入测度的生产成本法(A Sum of Costs Approach)",并建议可依据 R&D 产品的生产目的和生产主体类型进行方法的灵活选择(2008 版 SNA,第 10.103 段)。

### 1. 基本价格法

基本价格法主要用于企业以出售为目的的 R&D 产品价值核算。2008 版 SNA 指出,"市场生产者为自身利益从事的 R&D 活动,原则上应按其被商业转包而应支付的基本价格进行估价(第 6.207 段)",而基本价格则是"同类货物或服务在市场上必须有足够多的买卖量,在货物和服务生产的某一时间和地点能在有意愿的买方和卖方之间起支配作用的价格"(第 6.124 段)。

基本价格法核算 R&D 产出的公式如(2-3)所示:

$$R\&D 产出(出售) = \sum R\&D 产品产量 \times 市场基本价格(单价) \quad (2-3)$$

基本价格法核算 R&D 产出的前提是对 R&D 产品种类的区分,同时需要获得各种 R&D 产品的市场价格。据此,准确的 R&D 产品物量统计是运用该法的基本前提。

**2. 收入法**

收入法主要针对商业性研究机构用于出售目的的 R&D 产品价值核算。2008 版 SNA 推荐,"专门的商业性研究室或研究机构所进行的研究和开发,根据惯例应按销售收入、合同收入、佣金收入、服务费等进行估价"(第 6.207 段)。当然,从收入的构成项目看,除了纯收入,还包括一定的成本费用,如人工费、固定资本消耗等。

收入法核算 R&D 产出的公式如(2-4)所示:

R&D 产出(出售)=销售收入(合同收入、佣金收入等)+成本费用(2-4)

采用收入法计算的 R&D 产出,虽不须开展 R&D 产品的物量统计,但用整体收入衡量 R&D 产出不可避免地存有误差,可能会高估 R&D 实际产值。

**3. 生产成本法**

生产成本法主要针对市场生产者为自身最终使用的 R&D 产品和非市场生产者提供的 R&D 产品进行产出核算。

生产者为自身最终使用的 R&D 产品是"生产者为自身最终消费或资本形成,未用于销售获利而留用的 R&D 产出。可能是企业某一基层单位生产的,并被同一企业为将来在生产中使用而留用的 R&D 资产的价值(内部生产资本形成总额),也可能为用于中间消耗的产出"(2008 版 SNA,第 6.114 段)。2008 版 SNA 指出,为自身最终使用的 R&D 产出,原则上应按照同期在市场上销售的 R&D 产品的基本价格来进行估价。但在实际操作处理中,鉴于很难获得该产出可靠的市场价格,因此可借鉴生产成本法,或称支出替代法来对 R&D 产品进行估值。具体计算公式如(2-5)所示:

R&D 产出(自用)=R&D 中间消耗+R&D 雇员报酬+R&D 固定资本消耗+R&D 固定资本净收益+R&D 其他生产税净额(生产税-生产补贴)

(2-5)

政府部门、大学和非营利性研究机构等进行 R&D 活动属于非市场生产活动,其 R&D 产出应以发生的总成本进行估价(2008 年 SNA,第 6.207段)。依据惯例,虽然非市场产出依旧借鉴生产成本法进行核算,但非市场生产主体开展 R&D 活动并不以获利为目的,因此非市场生产者生产的R&D 产出价值并不包括 R&D 固定资本净收益。计算公式如(2-6)所示:

R&D 产出(非市场生产者)= R&D 中间消耗＋R&D 雇员报酬＋R&D固定资本消耗＋R&D 其他生产税净额(生产税－生产补贴)　　　　　(2-6)

## 三、当期 R&D 产出核算方法:操作层面

鉴于目前绝大部分 R&D 生产属于自给性生产,在 2008 版 SNA 提出的三种 R&D 产出核算方法中,生产成本法便是应用最广泛的方法。从实践操作层面看,以生产成本法估算 R&D 产出的主要数据源自科技统计调查,而由《弗拉斯卡蒂手册》指导的科技统计调查目的与国民经济核算目的并不匹配。据此,如何将源自科技统计调查的 R&D 指标调整转化为匹配核算口径的 R&D 产出指标便可称为操作层面的 R&D 产出核算方法。

具体地说,R&D 产出核算围绕科技统计调查中的 R&D 内部支出展开。基于调查的 R&D 内部支出与国民经济核算的 R&D 产出之间具有差异。

1.R&D 内部支出的记录原则与 R&D 产出的核算记录原则并不相同

R&D 内部支出是各国基于《弗拉斯卡蒂手册》制定研发统计调查制度时所设计的核心指标之一。任何活动都具有投入与产出两方面,然而就R&D 活动而言,其产出常常难以直接定量观测,有限的观测如专利、论文等亦难以客观衡量 R&D 活动的产出成果。据此,研发统计调查主要以 R&D活动投入为重点,以此区分人力投入和资金投入两个考察维度。R&D 内部支出便是在研发统计调查中为考察调查单位的投入资金量而设计的指标,是统计单位当期为开展 R&D 活动而实际花费的开支之和。与国民经济核算要求的权责发生制(Accrual Basis)记录原则不同,R&D 内部支出的记录

原则是收付实现制(Cash Basis)。两种原则的主要差异在于,前者以"权利和责任的发生"来确定收入和支出的归属期,而后者则以"现金支出行为的发生"来确定收入和支出的归属期。据此,在通过"R&D内部支出"为"R&D产出"核算提供基础数据时,应根据记录时间对记录数据进行充分调整。

**2. R&D内部支出的内容构成与R&D产出的核算构成项并不十分匹配**

按照FM要求,R&D内部支出常常被区分为经常性支出(也称日常支出)和资本性支出两部分。其中,经常性支出是统计单位为开展R&D活动而支付的劳动力成本、材料费、服务费等;资本性支出则是统计单位为开展R&D活动而支付的固定资产购买支出等。根据2015版FM的4.2部分内容,我们归纳了经常性支出和资本性支出的细化分类。仔细分析表2-2中R&D内部支出的各细化构成项,不难发现,其与按投入成本计的R&D产出核算内容构成项具有一定程度的差异①。比如,一级分类中的资本性支出项似乎不能归入投入成本计的R&D产出构成,投入成本计的R&D产出所需的R&D固定资本消耗、R&D固定资本净收益、R&D其他生产税净额项目在表2-2中未有对应项。据此,在通过"R&D内部支出"为R&D资本化支出核算提供基础数据时,应对指标内容进行充分调整。

**表2-2　按支出用途详细分类的R&D内部支出构成②**

| 一级分类 | 二级分类 | 三级分类 |
|---|---|---|
| 经常性支出<br>(Current R&D<br>Expenditures) | 劳动力成本支出(Labour Costs of R&D Personnel) | 全年工资或薪金;奖金;假日津贴;养老金缴费;工资税;其他社会保障费用支出等 |
| | 其他经常性支出(Other Current R&D Costs) | 水和燃料使用费;期刊、参考资料、图书借阅等费用;外制小型原型或模型的估算或实际费用;实验室材料费用;现场咨询成本;行政和其他运行费用;间接服务费支出等 |

① R&D产出核算内容构成项如公式(2-5)和公式(2-6)所示,具体包括R&D中间消耗、R&D雇员报酬、R&D固定资本消耗、R&D固定资本净收益、R&D其他生产税净额。

② 表2-2的内容根据2015版FM第112—120页内容归纳。

| 一级分类 | 二级分类 | 三级分类 |
|---|---|---|
| 资本性支出（Capital R&D Expenditures） | 土地与建筑物支出（Land and Buildings） | 土地（如测试场地、实验室和中试工厂用地）购置，重大扩建、改建和修理费用支出等 |
| | 仪器与设备支出（Machinery and Equipment） | 仪器与设备购置费用支出等 |
| | 资本化的计算机软件支出（Capitalised Computer Software） | 计算机软件（含系统和应用软件的程序描述和支持材料）购置费用支出等 |
| | 其他知识产权产品支出（Other Intellectual Property Products） | 购买专利、长期许可证或其他在 R&D 活动中较长期使用（一年以上）的无形资产费用支出等 |

3. R&D 内部支出的调查主体分类与 R&D 产出的核算分类要求存有差异

R&D 内部支出的调查主体一般基于执行角度分类，如企业部门、政府部门、私人非营利部门、高等教育部门和国外部门。R&D 产出的核算主体既可基于执行角度分类，又可基于市场化性质分类。据此，在通过 R&D 内部支出为 R&D 支出资本化核算提供基础数据时，应对核算主体进行归并或转化。

据此，R&D 内部支出向 R&D 产出的调整转化过程涵盖三个步骤：一是从基于执行主体的"R&D 内部支出"到基于执行主体和市场化性质分类的 R&D 产出核算主体的归并；二是从基于现金收付制的 R&D 内部支出到基于权责发生制的 R&D 投入成本的转化；三是从以成本计价的 R&D 投入成本到以出售计价的"R&D 产出"的转化。

表 2-3 描述了科技活动调查主体向 R&D 产出核算主体的归并转化关系。为对第二步、第三步调整转化过程提供指导，IPP 提出了"桥接表（Bridge Table）"概念，推荐用"R&D 桥接表"建立 R&D 内部支出向 R&D 产出的数据转化关系。我们基于各国实践归纳了用于描述基于科技活动调查的 R&D 内部支出向基于 SNA 核算口径的 R&D 产出调整转化过程的桥接表简表形式，如表 2-4 所示。

表 2-3　科技活动调查主体向 R&D 产出核算主体的归并转化关系

| 调查主体 | R&D 产出核算主体 | R&D 生产主体 | |
|---|---|---|---|
| 企业部门 | 非金融公司（S11） | 市场生产部门 | 外部购买 |
| | 金融公司（S12） | | 自产自用 |
| 政府部门 | 一般政府（S13） | 非市场生产部门 | 外部购买 |
| 私人非营利部门 | 住户（S14） | | |
| | 为住户服务的非营利机构（S15） | | 自产自用 |
| 高等教育部门 | （包括在其他 SNA 部门中） | | |
| 国外机构 | 国外（S2） | / | / |

表 2-4　R&D 桥接表（简表）结构

| / | 非金融公司（S11） | 金融公司（S12） | 一般政府（S13） | 住户（S14） | 为住户服务的非营利机构（S15） | 国外（S2） |
|---|---|---|---|---|---|---|
| R&D 内部支出 | | | | | | |
| － 软件开发支出 | | | | | | |
| ＋ 生产税净额 | | | | | | |
| － R&D 资本支出 | | | | | | |
| ＋ R&D 净收益 | | | | | | |
| ＋ R&D 固定资本消耗 | | | | | | |
| ＝ R&D 产出 | | | | | | |

# 第四节　存量层次的 R&D 资本化核算方法

## （一）PIM 核算 R&D 资本存量的总体思路

与 R&D 固定资本形成（流量）用于衡量在一个核算期内形成的 R&D 投资规模不同，R&D 资本存量用于衡量至某一时点核算主体所积累的 R&D 资本价值，两个时点间的 R&D 资本价值变化则等于该时期内形成的

R&D 固定资本形成(流量)。除此之外,R&D 资本存量还是计算 R&D 资本存量净额和 R&D 资本消耗的起点。已有研究一致认为 Goldsmith 于 1951 年提出的 PIM 是较为科学可行的 R&D 资本存量核算方法。在此之后,Christensen & Jorgenson(1973)[①]在 PIM 基础上引入了投资品价格和资本服务租赁价格概念,形成了资本存量与资本服务价格,即数量与价格的对偶体系。这一拓展大大提升了 PIM 的功能,使其成为资本存量核算的首选方法。

PIM 方法的实质是将过去不同时期的资本流量通过年度调整和处理,并加总形成资本存量。利用 PIM 方法测算 R&D 固定资本存量的思路如图 2-2 所示,可归为较明确的四步:①利用 R&D 产品价格指数得到不变价 R&D 固定资本形成;②根据资产退役模式测算 R&D 资本存量总额;③基于对 R&D 资产相对效率模式的假定,利用年限—价格函数测算 R&D 资本存量净额,继而得到 R&D 固定资本消耗;④利用年限—效率函数测算 R&D 生产性资本存量,为后续 R&D 资本服务的测算奠定数据基础。在测算过程中,除需确定 R&D 资本退役模式、合理假定 R&D 资产相对效率模式获得年限—价格与年限—效率函数之外,还需要获得初始 R&D 资本存量、历年 R&D 投资、R&D 产品价格指数、R&D 折旧率与使用年限等关键信息。

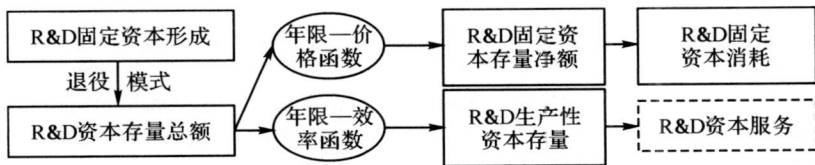

图 2-2　PIM 测算 R&D 固定资本存量的基本思路[②]

---

①　Christensen Lurits R., Jorgenson Dale W. "U. S. Income, Saving, and Wealth, 1929—1969". *Review of Income and Wealth*, 1973, 19(4), pp. 329-362.
②　需要指出的是,图 2-2 中的指标均基于不变价开展测算。

### （二）初始 R&D 资本存量的选择

尽管 Hall & Mairesse(1995)①的研究表明，若样本时间序列足够长，基期 R&D 资本存量的大小对后续年份测算结果的影响会逐渐减弱，但由于多数国家的 R&D 统计起步较晚，基期 R&D 资本存量的选择仍须十分谨慎。为此，Griliches(1980)②、Goto & Suzuki(1989)③等针对 R&D 产品特性专门设计了 PIM 测算公式。进一步地，根据 Coe & Helpman(1995)④的方法，部分学者假定 R&D 资本存量的平均增长率与 R&D(经费)支出的平均增长率等同。当然，也有学者将 R&D 固定资本存量的增长率主观地设定为 3%、5% 或 8% 不等，或取 R&D 支出的年均对数增长率等进行倒推测算。

### （三）R&D 产品价格指数的选择

为消除价格自身波动对 R&D 资本存量的价值产生的影响，我们还需要借助 R&D 产品价格指数进行缩减。但是，较多国家并没有发布专门服务于 R&D 资本化核算的价格指数体系。Mansfield(1984)⑤基于规模报酬不变 C－D 生产函数假定，测算了不同产业的 R&D 产品价格指数。在现实中，由于缺乏相关的统计资料，各国在核算不变价 R&D 固定资本形成时往往选择

① Hall Bronwyn H. , Mairesse Jacques. "Exploring the Relationship Between R&D and Productivity in French Manufacturing Firms". *Journal of Econometrics*, 1995(65), pp. 263-293.

② Griliches Zvi. "R&D and Productivity Slowdown". *The American Economic Review*, 1980, 70(2), pp. 343-348.

③ Goto Akira, Suzuki Kazuyuki. "R&D Capital, Rate of Return on R&D Investment and Spillover of R&D in Japanese Manufacturing Industries". *The Review of Economics and Statistics*, 1989, 71(4), pp. 555-564.

④ Coe David T. , Helpman Elhanan. "International R&D spillovers". *European Economic Review*, 1995, 39(5) pp. 859-887.

⑤ Mansfield Edwin. "R&D and Innovation: Some Empirical Findings". Griliches Z. Ed, *R&D*, *Patents and Productivity*, Chicago: University of Chicago Press, 1984.

相关指数对 R&D 固定资产价格指数进行替代,如 Jaffe(1989)[1]利用非金融企业中工资价格指数和人均国民总收入(GNI)隐含价格指数,分别赋予权重 0.49 和 0.51,加权平均得到 R&D 支出价格指数。Griliches(1980)[2]、Jensen(1987)[3]在实证研究中也采用了该指数。Loeb & Lin(1977)[4]同样采用该思路,利用 R&D 人员的工资价格指数和设备投资的 GNI 隐含价格指数,分别赋予权重 0.55 和 0.45,最终加权平均得到 R&D 支出价格指数。美国 BEA(2012)则提供了四个可选择的价格指数,分别是:①一组特定行业的残余无形资产价格指数(Residual Intangible Asset Price Indexes);②一组基于 13 个 R&D 密集型行业的产出价格指数;③一个集合了 13 个详细产出价格指数的 R&D 产出综合价格指数;④一个基于 R&D 生产过程的投入价格指数的投入综合价格指数。

## (四) R&D 产品役龄与折旧率的选择

由于 R&D 发挥效益的滞后性,R&D 产品使用年限可被分为三个阶段[5],即酝酿时滞(Gestation Lag)、应用时滞(Application Lag)及应用年限。R&D 产品使用年限的估算数据可以来源于用户调查、供应商调查及专家咨询等方式。IPP 列举了以色列、德国、英国、日本及韩国等国家的 R&D 试点调查情况,发现多数企业拥有一种以上 R&D 产品,每一种都有其特定的使用年限。企业一般能够提供 R&D 产品使用年限三个阶段的时间长度,其中

---

① Jaffe Adam B. "Real Effects of Academic Research". *American Economic Review*,1989,79(89),pp. 957-959.

② Griliches Zvi. "R&D and Productivity Slow Down". *American Economic Review*,1980,70(1), pp. 343-348.

③ Jensen Elizabeth J. "Research Expenditures and the Discovery of New Drugs". *Journal of Industrial Economics*,1987,36(1), pp. 83-95.

④ Loeb Peter D., Lin V. "Research and Development in the Pharmaceutical Industry—A Spercification Error Approach". *Journal of Industrial Economies*,1977,26 (1), pp. 45-51.

⑤ R&D 产品使用年限可划分为三个阶段:第一阶段为酝酿时滞,即 R&D 产品投入研发阶段;第二阶段为应用时滞,即使用 R&D 产品至产生经济效益之前阶段;第三阶段为应用年限,即 R&D 产品带来经济效益阶段。

应用时滞通常是三个阶段中最短的。除此之外,R&D产品使用年限并非固定不变,在某些行业中可能存在R&D产品使用年限缩短或R&D产品变得更耐用的情况,这就需要对R&D产品使用年限进行阶段性更新与调整。另外,企业的专利份额从1.5%～90%不等,因此使用专利数据估算R&D产品使用年限时需要更加谨慎地对待。

R&D资本的折旧不同于一般资产的物理磨损,R&D资本本身并不会发生折旧,而是模仿者的跟随或是新知识的提出,导致"旧的"R&D产品获得收益的能力下降。一般地,R&D资本的折旧率可通过三种方法设定:①经验型设定。可根据经验来设定R&D资本的折旧率平均值,一般设定值在5%～25%之间。具体研究如:Coe & Helpman(1995)①,Frantzen(2000)②,Coe,Helpman & Hoffmaister(2009)③将R&D资本的折旧率设为5%;Bernstein & Nadiri(1989)④,Bernstein & Mamuneas(2005)⑤,Higon(2007)⑥等将R&D资本的折旧率设为10%;Prucha & Nadiri

---

① Coe David T., Helpman Elhanan. "International R&D Spillover". *European Economic Review*,1995,39(5), pp. 859–887.

② Frantzen Dirk. "R&D, Human Capital and International Technology Spillovers: A Cross-Country Analysis". *Scandinavian Journal of Economics*,2000,102 (1), pp. 57–75.

③ Coe David T., Helpman Elhanan, Hoffmaister Alexander W. "International R&D Spillovers and Institutions". *European Economic Review*,2009,53(7), pp. 723–741.

④ Bernstein Jeffery I., Nadiri M. Ishaq. "Research and Development and Intra-industry Spillovers: An Empirical Application of Dynamic Duality". *Review of Economic Studies*,1989,56(2), pp. 249–267.

⑤ Bernstein Jeffery, Mamuneas Theofanis. P. "Depreciation Estimation, R&D Capital Stock, and North American Manufacturing Productivity Growth". *Annales Déconomie Et De Statistique*,2005,(79–80),pp. 383–404.

⑥ Higon Dolores Anon. "The Impact of R&D Spillovers on UK Manufacturing TFP:A Dynamic Panel Approach". *Research Policy*,2007,36(7), pp. 964–979.

（1996）①、Brandt（2007）②，Schiersch & Schmidt-Ehmcke（2011）③等将 R&D资本的折旧率设为12%；Jaffe（1989）④，Grilliches & Lichtenberg（1984）⑤，Hall & Mairesse（1995）⑥，Adams & Jaffe（1996）⑦，Hall & Vopel（1997）⑧，Shanks & Zheng（2006）⑨等采用的折旧率为15%；

————————

① Prucha Ingmar R., Nadiri M. Ishaq. "Endogenous Capital Utilization and Productivity Measurement in Dynamic Factor Demand Models-Theory and an Application to the US Electrical Machinery Industry". *Journal of Econometrics*, 1996, 71(1-2), pp. 343-379.

② Brandt Nicola. "Mark-ups, Economies of Scale and the Role of Knowledge Spillovers in OCED Industries". *European Economic Review*, 2007, 51(7), pp. 1708-1732.

③ Schiersch Alexander, Schmidt-Ehmcke Jens. "Is the Boone-Indicator Applicable? -Evidence from a Combined Data Set of German Manufacturing Enterprises". *Jahrbücher Für Nationalökonomie Und Statistik*, 2011, 231(3), pp. 336-357.

④ Jaffe Adam B. "Real Effects of Academic Research". American Economic Review, 1989, 79(89), pp. 957-959.

⑤ Griliches Zvi, Lichtenberg Frank. "Interindustry Technology Flows and Productivity Growth: A Reexamination". *Review of Economics & Statistic* s, 1984, 66(2), pp. 324-329.

⑥ Hall Bronwyn H., Mairesse Jacques. "Exploring the Relationship Between R&D and Productivity in French Manufacturing Firms". *Journal of Econometrics*, 1995, 65(1), pp. 263-293.

⑦ Adams James D., Jaffe Adam B. "Bounding the Effects of R&D: An Investigation Using Matched Establishment-Firm Data". *Rand Journal of Economics*, 1996, 27(4), pp. 700-721.

⑧ Hall Bronwyn H., Vopel Katrin. "Innovation, Market Share, and Market Value". 1997. http://eml. berkeley. edu/~bhhall/papers/HallVopel97. pdf.

⑨ Shanks Sid, Zheng S. "Econometric Modelling of R&D and Australia's Productivity, Productivity". Staff Working Papers, Canberra, 2006. http://www. pc. gov. au/research/supporting/research-development-econometric-modelling/economicmode lling. pdf.

Hansena，Weissb & Kwakb(1999)①，Esposti(2000)②，Lin(2007)③等采用 20％的折旧率；Bernstein，Mamuneas & Pashardes(2004)④等采用 25％的折旧率。②专利存续期模型设定。R&D 资本的折旧率可基于专利收益净额来估算。Pakes(1979)⑤，Pakes & Tavare(1981)⑥等基于专利存续期模型，通过专利收益净额估算 R&D 折旧率，但该模型存在两个缺陷：一是专利只是众多 R&D 产品中的一类，其对价值消耗的代表性并不强，若以此来代替 R&D 资本折旧率会有较大的误差；第二，数据要求较高，并非所有国家都能提供完善而详细的专利数据用以测算。③市场估值模型设定。R&D 资本的折旧率可通过估算其市场价值进行设定。Griliches(1981)⑦首先提出这种方法，但模型建立的前提是任何企业的 R&D 折旧率都是常数。许多学者都尝试采用该方法计算 R&D 资本折旧率，如 Cockburn & Griliches(1987)⑧，Hall

---

①　Hansena Kent F.，Weissb Malcolm A.，Kwakb Sangman. "Allocating R&D Resources: A Quantitative Aid to Management Insight". *Research Technology Management*，1999，42(4)，pp. 44-64.

②　Esposti Roberto. "The Impact of Public R&D and Extension Expenditure on Italian Agriculture: An Application of a Mixed Parametric-nonparametric Approach". *European Review of Agricultural Economics*，2000，27(3)，pp. 365-384.

③　Lin Ping. "Process R&D and Product Line Deletion by a Multiproduct Monopolist". *Journal of Economics*，2007，91(3)，p. 245-262.

④　Bernstein Jeffrey I.，Mamuneas Theofanis P.，Pashardes Panos. "Technical Efficiency and U. S. Manufacturing Productivity Growth". *Review of Economics & Statistics*，2004，86(1)，pp. 402-412.

⑤　Pakes Ariel. "Aggregation Effects And Panel Data Estimation Problems: An Investigationof the R&D Intensity Decision". NBER Working Paper，Cambridge，1979.

⑥　Pakes Anthony G.，Tavare Simon. "Comments on the Age Distribution of Markov Processes". *Advances in Applied Probability*，1981，13(4)，pp. 681-703.

⑦　Griliches Zvi. "Market Value, R&D, and Patents". *Economics Letters*，1981，7(2)，pp. 183-187.

⑧　Cockburn Iain M.，Griliches Zvi. "Industry Effects and Appropriability Measures in the Stock Markets Valuation of R&D and Patents". Nber Working Papers，1987，78(2)，pp. 419-423.

（1993）①，Blundell，Griffith & Windmeijer（1999）②，Kim & Hall（1999）③，Bosworth & Yang（2000）④，Bosworth & Rogers（2010）⑤，Chan & Lakonishok（2001）⑥，Hall & Oriani（2006）⑦，Nagaoka（2006）⑧，Toivanen，Stoneman & Bosworth（2010）⑨等。研究表明，企业的市场价值与 R&D 投资之间具有一定的关联，但是 R&D 资本折旧率通常不为常数，其实际折旧模式与假定折旧模式的偏差会增加实际测算误差。除此之外，还有一些研究方法，如专利收入倒数法（Griliches & Mairesse，1983⑩；

①　Hall Bronwyn H. "The Stock Market's Valuation of R&D Investment During the 1980's". *American Economic Review*，1993，83（2），pp. 259-264.

②　Blundell Richard，Griffith Rachel，Windmeijer Frank. "Individual Effects and Dynamics in Count Data Models". *Journal of Econometrics*，1999，108（1），pp. 113-131.

③　Kim J. ，Hall E. "Epitaxially-stacked Multiple-active-region 1.55mum Lasers for Increased Differential Efficiency". *Applied Physics Letters*，1999，74（22），pp. 32-51.

④　Bosworth Derek，Yang Deli. "Intellectual Property Law，Technology Flow and Licensing Opportunities in the People's Republic of China". *International Business Review*，2000，9（4），pp. 453-477.

⑤　Bosworth Derek，Rogers Marks. "Market Value，R&D and Intellectual Property：An Empirical Analysis of Large Australian Firms". *Economic Record*，2010，77（239），pp. 323-337.

⑥　Chan Louis K. C. ，Lakonishok Josef，Sougiannis Theodore. "The Stock Market Valuation of Research and Development Expenditures". *Journal of Finance*，2001，56（6），pp. 2431-2456.

⑦　Hall Bronwyn H. ，Oriani Raffaele. "Does the Market Value R&D Investment by European Firms? Evidence from A Panel of Manufacturing Firms in France，Germany，and Italy". *International Journal of Industrial Organization*，2006，24（5），pp. 971-993.

⑧　Nagaoka Sadao. "R&D and Market Value of Japanese Firms in the 1990s". *Journal of the Japanese & International Economy*，2006，20（2），pp. 155-176.

⑨　Toivanen Otto，Stoneman Paul，Bosworth Derek. "Innovation and the Market Value of UK Firms，1989 - 1995". Oxford Bulletin of Economics & Statistics，2010，64（1），pp. 39-61.

⑩　Griliches Zvi，Mairesse Jacques. "Comparing Productivity Growth：An Exploration of French and U. S. Industrial and Firm Data". *European Economic Review*，1983，21（1），pp. 89-119.

Taupin & Kinoshita, 2000①)、分期偿还法(Ballester, Garcia-Apuso & Livnat, 2003)②、公司股票价值法(Hall, 2006)③、余额递减法(Gysting, 2006)④和生产函数法(Hall, 2007)⑤等。但必须指出的是,此类方法基于严格的假定条件和较高的数据质量,其应用范围十分有限。

### (五)R&D 资产退役模式与相对效率模式的选择

R&D 资产的退役模式可分为同时退役、线性退役、延迟线性退役、钟形退役四种类型。其中,同时退役模式假定所有资产在达到使用年限时全部退出,在此之前则完全不退出;线性退役模式假定某一资产在两倍平均役龄期间,每一年按相同的退役率从资本存量中退出;延迟线性退役模式以线性退役模式为基础,资产的退役发生得比线性退役模式晚,结束得比线性退役模式早;钟形退役模式与正态曲线类似,它的走势为一条两端低中间高的曲线,表明资产的退役率在役龄期内是逐渐变化而非固定不变的,而且资产退役在平均使用年限附近达到顶峰,顶峰之后开始逐渐下降。进一步地,该模式的死亡函数还可分为威布尔(Weibull)分布、温弗里(Winfrey)分布、对数正态分布等类型。

与一般固定资产类似,R&D 资产的相对效率也可分四种模式,即单驾马车(One-hoss-shay)模式、线性递减模式、几何递减(Geometrically Declining Profiles)模式、双曲线递减模式。其中,单驾马车模式往往假定

---

① Taupin Douglas R. ,Kinoshita Kazuki Taupin. "Intestinal Trefoil Factor Confers Colonic Epithelial Resistance to Apoptosis". *Proceedings of the National Academy of Sciences*, 2000, 97(2), pp. 799–789.

② Ballester Marta, Garcia-Apuso Manuel, Livnat Joshua. "The Economic Value of the R&D Intangible Asset". *European Accounting Review*, 2003, 12(4), pp. 605–633.

③ Hall Bronwyn. "R&D, Productivity and Market Value". IFS Working Papers, 2006(11). https://www. researchgate. net/publication/5111784_RD_Productivity_and_Market_Value

④ Gysting Christian, A Satellite Account for Research and Development, 1990—2003. TemaPubl ; Statistics Denmark, TemaPubl, 2006, pp. 1–52.

⑤ Hall Bronwyn H. "Measuring the Returns to R&D: The Depreciation Problem". *National Bureau of Economic Research*, 2007.

R&D资产在其役龄内不存在任何损耗,提供的数量也不会减少,而当R&D资产的使用期限超过平均役龄时,其效率即刻降为零。该模式对于绝大多数的固定资产而言是一种理论模式,但R&D资产不易磨损的特殊性质却在一定程度上加强了该模式的可行性。线性递减模式假定R&D资产效率随着使用时间呈线性方式等量递减,其特点在于效率在每一时期下降相同的绝对量,该模式下效率下降介于几何递减模式与双曲线递减模式之间。几何递减模式假定R&D资产效率随使用年限的增加按固定比率下降,其特点在于R&D资产效率的下降幅度在使用初期较大,而使用后期则逐渐减小。双曲线递减模式假定R&D资产效率在早期缓慢下降,在临近R&D产品使用年限末尾时下降速度加快,该模式推导出的年限价格模式形状受使用年限和高贴现率的影响,敏感程度较高。

# 第三章

# R&D 资本化对 GDP 核算的影响机理阐释

## 第一节　R&D 资本化对 GDP 核算的
## 影响机理:生产法

### ■ 一、有关 R&D 产品供给和 R&D 产品使用的经济活动归类

　　R&D 资本化核算涉及 R&D 产品的供给与使用,具体核算方法因不同目的的供给与使用、不同性质的生产者与使用者呈现差异。为详细阐释 R&D 资本化对 GDP 核算的影响机理,我们基于 R&D 产品的供给来源与使用去向,并结合生产者(使用者)性质将有关 R&D 的经济活动区分为七类:①市场生产部门的自给性 R&D 生产活动。该类活动诸如某工业企业为开发新产品而从事的研发活动等。②非市场生产部门的自给性 R&D 生产活动。该类活动诸如某大学开展针对某项技术的基础研究,某地区政府研究人员为设计一项新政策而从事的研究活动等。③市场生产部门向国内其他市场生产部门出售 R&D 产品。该类活动诸如某工业企业将自己的专利出售给国内其他企业使用等。④市场生产部门向国内非市场生产部门出售 R&D 产品。该类活动诸如某工业企业将自己的专利出售给国内某高校,供其研究使用;如某工业企业将自己开发的一项新技术出售给国内某地区政

府,供其使用等。⑤市场生产部门向国外出口 R&D 产品。该类活动诸如某工业企业将自己的专利出售给国外企业,某工业企业将自己开发的一项新技术出售给国外某政府等。⑥市场生产部门使用进口 R&D 产品。该类活动诸如某工业企业从国外购买专利用于生产新产品等。⑦非市场生产部门使用进口 R&D 产品。该类活动诸如某高校从国外购买专利用于研究,某地区政府从国外购买某种新技术等。具体如表 3-1 所示。

表 3-1  涉及 R&D 的经济活动分类

| R&D 产品供给来源 | | R&D 产品使用去向 | 有关 R&D 的经济活动 |
|---|---|---|---|
| 国内生产 | 自用 | 市场生产部门 | 市场生产部门的自给性 R&D 生产活动 |
| | | 非市场生产部门 | 非市场生产部门的自给性 R&D 生产活动 |
| | 出售 | 市场生产部门 | 市场生产部门向其他市场生产部门出售 R&D 产品 |
| | | 非市场生产部门 | 市场生产部门向非市场生产部门出售 R&D 产品 |
| | | 出口 | 市场生产部门向国外出口 R&D 产品 |
| 进口 | | 市场生产部门 | 市场生产部门使用进口 R&D 产品 |
| | | 非市场生产部门 | 非市场生产部门使用进口 R&D 产品 |

与表 2-3 相对应,表 3-1 中的市场生产部门主要指非金融公司部门和金融公司部门,非市场生产部门主要指一般政府、为住户服务的非营利机构和住户部门①。

## 二、国内生产部门的自给性 R&D 生产活动

用生产法核算 GDP 涉及三个指标——总产出、中间投入和增加值,维持"增加值 = 总产出 - 中间投入"的平衡关系。国内生产部门的自给性

---

① 在各国 R&D 资本化核算实践中,住户部门的 R&D 生产活动往往并不参与实际核算。

R&D 生产活动分"市场生产部门的自给性 R&D 生产活动"与"非市场生产部门的自给性 R&D 生产活动"两类。当国内生产部门既从事其他生产活动又从事自给性 R&D 生产活动时,R&D 资本化核算将使其增加值出现如下变化。

对于"市场生产部门的自给性 R&D 生产活动"而言,1993 版 SNA 并不单独核算其产出。与之相比,R&D 资本化因单独核算 R&D 产出而直接提升市场生产部门的总产出;从中间投入看,R&D 资本化却未使其发生变化,原因是尽管 1993 版 SNA 不单独识别 R&D 产出,却在被识别生产活动的中间投入之中一并归入了 R&D 生产活动的中间投入部分。据此,R&D 资本化将致使既从事其他生产活动又从事自给性 R&D 生产活动的市场生产部门的增加值提升。

1993 版 SNA 以总成本核算非市场生产部门的总产出。对于"非市场生产部门的自给性 R&D 生产活动"而言,1993 版 SNA 将从事该部分活动的成本归入总生产成本,以此核算非市场生产部门的总产出。R&D 资本化将提升非市场生产部门的总产出,其直接原因是生产过程对 R&D 资本的使用而导致必须计提 R&D 固定资本折旧。从中间投入看,R&D 资本化并未提升中间投入总量。据此,R&D 资本化将致使既从事其他生产活动又从事自给性 R&D 生产活动的非市场生产部门的增加值提升。

## 三、国内生产部门出售 R&D 产品的活动

国内生产部门出售 R&D 产品的活动可细分为三类,分别是"市场生产部门向国内其他市场生产部门出售 R&D 产品""市场生产部门向国内非市场生产部门出售 R&D 产品"和"市场生产部门向国外出口 R&D 产品"。由于 R&D 产品是出售的,R&D 资本化并不会对 R&D 产品供给方,即国内生产部门的总产出、中间投入和增加值产生影响,却会让该使用方的 GDP 核算产生变化。

首先,当国内市场生产部门向其他市场生产部门出售 R&D 产品时,

R&D资本化并不会使使用方的总产出发生变化,却将本应计入中间投入的R&D产品价值被调整为固定资本形成,从而减少使用方的中间投入。据此,R&D资本化将会使使用方的增加值增加,其增加部分与减少的中间投入(购买R&D产品的支出)相等。

其次,当国内市场生产部门向非市场生产部门出售R&D产品时,R&D资本化将大幅提升使用方的增加值。这种提升缘于两方面的改变:一方面,购买R&D产品的支出不再计入中间投入(改计为固定资本形成)而使得使用方的中间投入降低;另一方面,作为固定资本,购买的R&D产品将参与使用方的生产过程,采用总成本测度的总产出因固定资本折旧额的增加而提升(R&D固定资本需计提折旧)。据此,使用方的增加值提升额是总产出增加部分(R&D固定资本折旧)与降低的中间投入(购买R&D产品的支出)之和。

最后,当国内市场生产部门向国外出售R&D产品时,国内生产部门的总产出、中间投入和增加值均不发生变化。

## 四、国内生产部门使用进口R&D产品的活动

国内生产部门使用进口R&D产品的活动可细分为两类,分别是"市场生产部门使用进口R&D产品"和"非市场生产部门使用进口R&D产品"。

首先,当国内市场生产部门使用进口R&D产品时,R&D资本化并不会使其总产出发生变化,而原本应计入中间投入的R&D产品价值被调整为固定资本形成,从而降低中间投入。这样调整的结果是,国内市场生产部门的增加值提升。

其次,当国内非市场生产部门使用进口R&D产品时,R&D资本化将降低其中间投入,提升其总产出,从而大幅提升其增加值。其中,中间投入降低的主要原因是原本应计入中间投入的"进口R&D产品购买支出"已改计为"R&D固定资本形成";总产出提升的主要原因是参与生产活动的R&D固定资本所计提的固定资本折旧被计入总成本,进而被核算为总产出。

# 第二节　R&D 资本化对 GDP 核算的影响机理：收入法

## ■ 一、国内生产部门的自给性 R&D 生产活动

收入法核算 GDP 涉及四项指标——劳动者报酬、生产税净额、固定资本折旧和营业盈余,维持"增加值＝劳动者报酬＋生产税净额＋固定资本折旧＋营业盈余"的平衡关系。类似地,我们将国内生产部门的自给性 R&D 生产活动分为"市场生产部门为自用从事的 R&D 生产活动"与"非市场生产部门为自用从事的 R&D 生产活动"两类。

对于"市场生产部门为自用从事的 R&D 生产活动"而言,R&D 资本化核算并不会给该生产部门的劳动者带来新收入,也不会增加其应支付的税收,因此,该生产部门的劳动者报酬和生产税净额保持不变。鉴于原本计入中间投入的 R&D 产品价值被调整为固定资本形成,该生产部门的固定资本折旧相应增加,其增加量是计提的 R&D 固定资本折旧。同时,作为平衡项核算的营业盈余也具有一定幅度的变化,其变化部分等于增加值增加部分扣除固定资产折旧增加部分。

对于"非市场生产部门为自用从事的 R&D 生产活动"而言,R&D 资本化核算并不会改变非市场生产部门的劳动者报酬和生产税净额,但会使其固定资本折旧提升,其提升量与计提的 R&D 固定资本折旧等同。同时,鉴于非市场生产部门不以营利为目的,营业盈余为零。据此,R&D 资本化核算将使非市场生产部门的增加值增加,其增量与计提的 R&D 固定资本折旧额等同。

## ■ 二、国内生产部门出售 R&D 产品的活动

对于国内生产部门出售 R&D 产品的三类活动,R&D 资本化核算将对收入法 GDP 核算结果带来不同的影响。

对于"市场生产部门向国内其他市场生产部门出售 R&D 产品"而言,R&D 资本化核算不会改变供给方 GDP 的收入法核算结果,但会改变使用方的核算结果。具体地,使用方的劳动者报酬和生产税净额不会因 R&D 资本化核算而受影响,但固定资本折旧却因计提 R&D 固定资本折旧而提升。同时,作为平衡项核算的营业盈余也具有一定幅度的变化,其变化部分等于增加值增加部分扣除固定资产折旧增加部分。

对于"市场生产部门向国内非市场生产部门出售 R&D 产品"而言,R&D 资本化核算不会影响使用方的劳动者报酬和生产税净额,但会因计提 R&D 固定资本折旧而提升使用方的固定资本折旧。同时,鉴于不核算营业盈余(非市场生产部门的营业盈余为零),R&D 资本化核算将使使用方的增加值增加,其增量与计提的 R&D 固定资本折旧额等同。

对于"市场生产部门向国外出口 R&D 产品"而言,R&D 资本化核算不会影响收入法 GDP 核算结果。

## ■ 三、国内生产部门使用进口 R&D 产品的活动

对于"市场生产部门使用进口 R&D 产品"而言,R&D 资本化核算并不会给该生产部门的劳动者带来新收入,也不会增加其应支付的税收。因此,该生产部门的劳动者报酬和生产税净额保持不变。鉴于原本计入中间投入的 R&D 产品价值被调整为固定资本形成,该生产部门的固定资本折旧相应增加,其增加量是计提的 R&D 固定资本折旧。同时,作为平衡项核算的营业盈余也具有一定幅度的变化,其变化部分等于增加值增加部分扣除固定

资产折旧增加部分。

对于"非市场生产部门使用进口 R&D 产品"而言,R&D 资本化核算并不会改变其劳动者报酬和生产税净额,但会使固定资本折旧额提升,其提升量与计提的 R&D 固定资本折旧等同。同时,鉴于非市场生产部门不以营利为目的,其营业盈余为零。据此,R&D 资本化核算将使非市场生产部门的增加值增加,其增量与计提的 R&D 固定资本折旧额等同。

# 第三节　R&D 资本化对 GDP 核算的影响机理：支出法

## ■ 一、国内生产部门的自给性 R&D 生产活动

支出法核算 GDP 涉及三项指标——最终消费、固定资本形成、净出口,维持"增加值＝最终消费＋固定资本形成＋净出口"的平衡关系。

对于"市场生产部门为自用从事的 R&D 生产活动"而言,R&D 资本化核算直接提升固定资本形成,但并不影响最终消费和净出口。据此,R&D 资本化核算使得市场生产部门的支出法 GDP 核算结果增加,其增量与计入固定资本形成的 R&D 产出等同。

对于"非市场生产部门为自用从事的 R&D 生产活动"而言,R&D 资本化核算同时改变固定资本形成和最终消费。其中,固定资本形成的增加直接源于 R&D 固定资本的形成。由于政府是最大的非市场生产部门,政府消费将发生两方面调整:一方面是政府消费中需扣除被识别为 R&D 固定资本形成的部分,另一方面是政府消费中需要增加计提的 R&D 固定资本折旧部分。同时,R&D 资本化核算并不对居民消费和净出口产生影响。据此,R&D 资本化核算将使非市场生产部门的支出法 GDP 核算结果增加,其增量与计提的 R&D 固定资本折旧等同。

## 二、国内生产部门出售 R&D 产品的活动

对于国内生产部门出售 R&D 产品的三类活动,R&D 资本化核算将对支出法 GDP 核算结果带来不同的影响。

对于"市场生产部门向国内其他市场生产部门出售 R&D 产品"而言,R&D 资本化核算将改变使用外购 R&D 产品的市场生产部门的 GDP 核算结果。由于外购 R&D 产品的支出由中间投入改计为固定资本形成,其支出法 GDP 核算结果相应增加。同时,最终消费和净出口并没有发生改变。据此,R&D 资本化核算使得外购 R&D 产品生产部门的支出法 GDP 核算结果提升。

对于"市场生产部门向国内非市场生产部门出售 R&D 产品"而言,R&D 资本化核算将改变使用外购 R&D 产品的非市场生产部门的支出法 GDP 核算结果。由于购买的 R&D 产品被识别为固定资本,最终消费(主要指政府消费)将相应扣除对应支出。同时,政府生产使用了 R&D 固定资本,计提的固定资本折旧将计入政府消费。据此,R&D 资本化核算使非市场生产部门的固定资本形成增加,而最终消费则有增有减,支出法 GDP 核算结果增加,其增量与计提的 R&D 固定资本折旧额等同。

对于"市场生产部门向国外出口 R&D 产品"而言,R&D 资本化核算并不改变国内市场生产部门的支出法 GDP 核算结果。

## 三、国内生产部门使用进口 R&D 产品的活动

对于"市场生产部门使用进口 R&D 产品"而言,R&D 资本化核算将改变使用进口 R&D 产品的市场生产部门的支出法 GDP 核算结果。由于进口 R&D 产品的支出由中间投入改计为固定资本形成,其支出法 GDP 核算结果相应增加。同时,最终消费和净出口并没有发生改变。据此,R&D 资本

化核算使得使用进口 R&D 产品的国内生产部门的支出法 GDP 核算结果提升,其增量即为使用进口 R&D 产品的支出。

对于"非市场生产部门使用进口 R&D 产品"而言,R&D 资本化核算将改变使用进口 R&D 产品的非市场生产部门的支出法 GDP 核算结果。由于购买的 R&D 产品被识别为固定资本,政府消费将相应扣除对应支出。同时,生产过程使用了 R&D 固定资本,计提的固定资本折旧将计入政府消费。据此,R&D 资本化核算使非市场生产部门的固定资本形成增加,而最终消费则有增有减,支出法 GDP 核算结果增加,其增量与计提的 R&D 固定资本折旧额等同。

# 第四节  R&D 资本化对 GDP 核算的影响总析

## 一、经济活动的进一步归类

为方便起见,我们将"市场生产部门为自用从事的 R&D 生产活动"计为(1),"非市场生产部门为自用从事的 R&D 生产活动"计为(2),"市场生产部门向国内其他市场生产部门出售 R&D 产品"计为(3),"市场生产部门向国内非市场生产部门出售 R&D 产品"计为(4),"市场生产部门向国外出口 R&D 产品"计为(5),"市场生产部门使用进口 R&D 产品"计为(6),"非市场生产部门使用进口 R&D 产品"计为(7),那么,不同类型的 R&D 资本化对主体 GDP 核算的影响总况如表 3-2 所示。

表 3-2　不同类型的 R&D 资本化对主体 GDP 核算的影响总况

| GDP 核算方法 | | 国内生产 | | | | | 进口 | | 共计 |
|---|---|---|---|---|---|---|---|---|---|
| | | 自用 | | 出售 | | | | | |
| | | (1) | (2) | (3) | (4) | (5) | (6) | (7) | |
| 生产法 | 总产出 | 增加 | 增加 | 不变 | 增加 | 不变 | 不变 | 增加 | 增加 |
| | 中间投入 | 不变 | 不变 | 减少 | 减少 | 不变 | 减少 | 减少 | 减少 |
| | 增加值 | 增加 | 增加 | 增加 | 增加 | 不变 | 增加 | 增加 | 增加 |
| 收入法 | 劳动者报酬 | 不变 | 不变 | 不变 | 不变 | 不变 | 不变 | 不变 | 不变 |
| | 固定资本折旧 | 增加 | 增加 | 增加 | 增加 | 不变 | 增加 | 增加 | 增加 |
| | 生产税净额 | 不变 | 不变 | 不变 | 不变 | 不变 | 不变 | 不变 | 不变 |
| | 营业盈余 | 增加/减少 | 不变 | 增加/减少 | 不变 | 不变 | 增加/减少 | 不变 | 增加 |
| | 增加值 | 增加 | 增加 | 增加 | 增加 | 不变 | 增加 | 增加 | 增加 |
| 支出法 | 固定资本形成 | 增加 | 增加 | 增加 | 增加 | 不变 | 增加 | 增加 | 增加 |
| | 最终消费 | 不变 | 增加/减少 | 不变 | 增加/减少 | 不变 | 不变 | 增加/减少 | 减少 |
| | 净出口 | 不变 | 不变 | 不变 | 不变 | 不变 | 不变 | 不变 | 不变 |
| | 增加值 | 增加 | 增加 | 增加 | 增加 | 不变 | 增加 | 增加 | 增加 |

## 二、R&D 资本化对不同角度 GDP 核算的影响归纳

从生产法核算 GDP 角度看,R&D 资本化将提升国内生产部门的总产出,减少中间投入,提升增加值。其中,提升总产出的主要原因是单独核算市场生产部门的自给性 R&D 生产活动,在于 R&D 资本参与非市场生产部门的生产活动而计提 R&D 固定资本折旧;减少中间投入的主要原因在于本应计入使用方(购入 R&D 产品的市场生产部门和非市场生产部门)中间投入的 R&D 产品价值被调整为固定资本形成;增加值的提升便是总产出提升和中间投入减少的综合结果。

从收入法核算 GDP 角度看,R&D 资本化并不影响国内生产部门的劳

动者报酬和生产税净额,但提升了固定资本折旧,改变了营业盈余,提升了增加值。其中,固定资本折旧的提升缘于 R&D 资本参与国内生产部门的生产过程而需计提折旧。营业盈余的改变缘于其作为平衡项受市场生产部门增加值提升规模和固定资本折旧提升规模的双重影响,当市场生产部门的增加值提升规模超过固定资本折旧提升规模时,营业盈余提升;当市场生产部门的增加值提升规模小于固定资本折旧提升规模时,营业盈余降低。从目前来看,由于 R&D 活动发展迅速,新形成的 R&D 固定资产价值通常大于 R&D 资产折旧增加值,营业盈余总体上有所增加。增加值的提升便是固定资本折旧提升和营业盈余提升的综合结果。

从支出法核算 GDP 角度看,R&D 资本化并不影响国内生产部门的净出口,但提升了固定资本形成,改变了最终消费,改变了增加值。其中,固定资本形成的提升使得自给性生产的 R&D 产品和外购的 R&D 产品均被国内生产部门识别为固定资本形成。最终消费的改变缘于非市场生产部门(主要是政府部门)的最终消费扣除被识别为 R&D 固定资本形成的部分与增加计提的 R&D 固定资本折旧部分的双重调整。当被识别为 R&D 固定资本形成的部分超过计提的 R&D 固定资本折旧部分时,最终消费降低;当被识别为 R&D 固定资本形成的部分小于计提的 R&D 固定资本折旧部分时,最终消费提升。从目前来看,由于 R&D 活动发展迅速,新形成的 R&D 固定资产价值通常大于 R&D 资产折旧增加值,最终消费中被识别为 R&D 固定资本形成的部分往往超过计提的 R&D 固定资本折旧部分,非市场生产部门的最终消费趋于降低。增加值的改变便是固定资本形成提升和最终消费降低的综合结果。当固定资本形成提升规模大于最终消费下降规模时,增加值提升;当固定资本形成提升规模小于最终消费下降规模时,增加值下降。从国内生产部门综合角度看,固定资本形成提升规模将远大于最终消费下降规模,增加值趋于提升。

# 第四章
# 浙江省 R&D 投资规模实际核算

## 第一节　R&D 资本化核算范围
## 与产出核算方法选择

### ■ 一、R&D 资本化核算范围：部分资本化模式

长期以来，尽管早被认可具有投资性质，R&D 活动在国民经济核算体系(SNA)中却一直未得到一致处理，R&D 支出被简单地核算为"中间消耗"①。为弥补 SNA 处理 R&D 活动的不足，法国(20 世纪 70 年代)、美国(1994)、荷兰(2003)、丹麦(2006)、以色列(2006)、英国(2007)、加拿大(2008)等国家开始编制 R&D 卫星账户，尝试开展基于本国层次的 R&D 资本化核算及 R&D 资本化对中心账户影响的系列研究。随着 R&D 投资性质的日益凸显和科技创新驱动经济增长贡献的不断提升，2008 版 SNA 调整了 R&D 活动的核算方法，将能为所有者带来经济利益的 R&D 支出核算为

———————

① 1993 版 SNA 认可 R&D 属于投资活动范畴，也讨论了将 R&D 支出作为投资处理的可能性。鉴于实践操作存在巨大困难，1993 版 SNA 仍然建议将"R&D 支出"核算为"中间投入"，但认定"专利实体"应归入"非生产资产"(详见 1993 版 SNA 第 10.8 部分)。

"固定资本形成",不再计入"中间消耗",这一改革正式为 R&D 资本化核算提供了理论支撑。然而,由于中心框架无法清晰展现 R&D 资本化核算纷繁复杂的技术调整过程,无法系统揭示 R&D 产出在国民经济运行过程中的流动脉络,无法全面揭开 R&D 固定资本形成(及 R&D 资本存量)与其他变量之间千丝万缕的经济关系,芬兰(2009)、日本(2011)等国家纷纷编制 R&D卫星账户来进一步拓展研究视野。

为提升浙江省 R&D 资本化核算方法选择与核算结果的科学性,我们考察了美国[1][2][3][4]、加拿大[5][6]、丹麦[7]、芬兰[8]、英国[9][10]、日本[11]、德国[12]、

---

[1] Robbins Carol A., Moylan Carol E. "Research and Development Satellite Account Update". *Survey of Current Business*, 2007, 87(10), pp. 49–64.

[2] Lee Jennifer, Schmidt Andrew G.. "Research and Development Satellite Account Update Estimates for 1959—2007". *Survey of Current Business*, 2010, 90(12), pp. 16–27.

[3] Crawford marissa J., Jankowski Lee J. "Measuring R&D in the National Economic Accounting System." *Survey of Current Business*, 2014, 94(11), pp. 435–442.

[4] Okubo Sumiye. "Framework for an Industry-based R&D Satellite Account". 2007, https://www.bea.gov/papers/pdf/industry_based_rdsa_122007.pdf

[5] Canada Statistics. "The Canadian Research and Development Satellite Account". 1997 to 2004, http://www.statcan.gc.ca/pub/13-604-m/13-604-m2007056-eng.htm, 2011-07-06.

[6] Salem M., Siddiqi Y. "Treating Research and Development as Capital Expenditure in the Canadian SNA". http://publications.gc.ca/collections/Collection/Statcan/11F0027M/11F0027MIE2006040.pdf, 2006-06.

[7] Gysting Christian. *A Satellite Account for Research and Development*, 1990—2003. *TemaPubl: Statistics Denmark*, *TemaPubl*, 2006, pp. 1–52.

[8] Finland Statistics. "Report on Developing a Satellite Account for Research and Development in Finland". *Statistics Finland*, 2009(6), pp. 1–29.

[9] Galindo-Rueda Fernando. "Developing an R&D Satellite Account for the UK: A Preliminary Analysis". *Economic and Labour Market Review*, 2007, 1(12), pp. 18–29.

[10] Evans Peter, Hatcher Michael, Whittard Damian. "The Preliminary R&D Satellite Account for the UK: A Sensitivity Analysis". *Economic and Labour Market Review*, 2008, 2(9), pp. 37–43.

[11] 内閣府経済社会総合研究所国民経済計算部. "R&Dサテライト勘定の調査研究報告書". *National Accounts Quarterly*, 2011, 1(2), pp. 1–222.

[12] Oltmanns E., Bolleyer R., Schulz I. "A Preliminary R&D Satellite Account for Germany". 30th General Conference of The International Association for Research in Income and Wealth. Portorož: Slovenia August, 2008(8).

荷兰①②、以色列③九个目前累积了较多经验的国家的 R&D 资本化核算实践，也对目前国内有关 R&D 资本化核算的文献进行了梳理。总体来看，尽管 2008 版 SNA 对可资本化的 R&D 范围进行了规范，并对"存在预期收益"的要求特别强调，但由于对"存在预期收益"的实际判断存在较大难度，目前国内外的核算实践对 R&D 资本化核算范围的选择仍充满分歧。

我们所考察的九个国家中，R&D 资本化范围的界定可归为三类操作模式：①完全资本化模式。由于较难预期 R&D 产出的未来收益，美国、丹麦、荷兰和芬兰将 R&D 活动全部纳入可资本化范围，而不论 R&D 支出的执行者类型与 R&D 产出的市场性质。②部分资本化模式。执行主体和活动类型可为 R&D 产出的预期获利判断提供一定的线索，日本、加拿大和英国据此将部分 R&D 活动排除在可资本化范围之外。如日本基于 R&D 执行主体视角将政府部门与非营利部门的 R&D 产出排除在资本化范围之外，加拿大与英国则基于 R&D 活动类型视角将 R&D 基础研究类别中的纯基础研究排除在资本化范围之外。③多重选择模式。德国选择了一种较灵活的处理方式，其编制的 R&D 资本形成表同时设定了三种可资本化模式，即广泛资本化（Extensive R&D Capitalization）、约束资本化（Restrictive Extend of R&D Capitalization）和折中资本化（Medium Extend of R&D Capitalization），对应的可资本化范围分别是全部 R&D 产出、企业部门的 R&D 产出、大部分 R&D 产出（全部 R&D 产出——公立图书馆、博物馆、高等教育机构的 R&D 产出）。

① Rooijen-Horsten Van，Myriam，Bergen Van Den D.，et al. "Intangible capital in the Netherlands：Measurement and Contribution to Economic Growth". *Statistics Netherlands*，The Hague-Heerlen，Discussion Paper，2008.

② Tanriseven M.，Rooijen-Horsten V. M.，Bergen V. D. *Research and Development Statistics*. Intellectual Capital Congress at the Inholland University of Professional Education，the Netherlands：Haarlem，2007.

③ Peleg Soli. "Harmonization Between R&D Statistics and the National Accounts". 2006-03. https://circabc. europa. eu/webdav/CircaBC/ESTAT/nationalaccountspublic/Library/research_development/reference_documents/camberra_ii_group/NESTI%2520Letter. pdf.

从国内文献来看,国内学者对 R&D 资本化范围的界定亦可归为三种情况。①部分资本化模式。王孟欣(2011)[①]明确指出,"未成功的 R&D 活动"不存在预期收益,应被排除在资本化范围之外,但并没有说明从操作角度分离未成功的 R&D 活动的有效途径;魏和清(2012)[②]认为,判断预期收益的关键在于区分 R&D 活动的性质和目的。就基础研究、应用研究和试验发展三种 R&D 活动而言,基础研究是一种公益性研究,无法为研究者带来收益,而应用研究和试验发展则存在预期收益。席玮(2014)[③]指出,虽然大部分基础研究类似于公益活动,预期收益不甚明显,但作为应用研究和试验发展的上游产品,其经济价值会内嵌在后续研发出的产品中。她推荐将基础研究、应用研究和试验发展三类 R&D 活动均纳入资本化范围,并将资本转化率分别设为 50%、80% 和 100%。②完全资本化模式。杨林涛、韩兆洲和王昭颖(2015)[④]及杨林涛、韩兆洲和王科欣(2015)[⑤]却以"基础研究占比小"和"实际核算剔除基础研究不易"为由,认为基础研究、应用研究和试验发展三种类型的 R&D 活动均需纳入 R&D 资本化核算范围,实施 R&D 活动的完全资本化是目前我国 R&D 资本化核算的妥善选择。江永宏和孙凤娥(2016)同样将全部 R&D 活动纳入 R&D 资本化范围。③两种识别路径。不考虑基础研究,也不考虑不成功的 R&D 活动,何平和陈丹丹(2014)[⑥]提出了确定"存在预期收益"的两种路径:一种路径是从固定资本形成中扣除 R&D 经费内部支出,从最终消费中扣除日常支出中的劳动力成本部分,继而对全部

① 王孟欣:《美国 R&D 资本存量测算及对我国的启示》,《统计研究》2011 年第 6 期,第 58—63 页。

② 魏和清:《SNA2008 关于 R&D 核算变革带来的影响及面临的问题》,《统计研究》2012 年第 11 期,第 21—25 页。

③ 席玮、徐军:《省际研发资本服务估算:1998—2012》,《当代财经》2014 年第 12 期,第 5—16 页。

④ 杨林涛、韩兆洲、王昭颖:《多视角下 R&D 资本化测算方法比较与应用》,《数量经济技术经济研究》2015 年第 12 期,第 90—106 页。

⑤ 杨林涛、韩兆洲、王科欣:《SNA2008 下 R&D 支出纳入 GDP 的估计与影响度研究》,《统计研究》2015 年第 11 期,第 72—78 页。

⑥ 何平、陈丹丹:《R&D 支出资本化可行性研究》,《统计研究》2014 年第 3 期,第 16—19 页。

R&D 经费内部支出做出评估,估算出"存在预期收益"的比重,然后计入固定资本形成下的知识产权产品;另一种路径是基于专利等 R&D 活动的产出成果,根据专利和非专利发明的销售或转让收入、企业自身使用的专利或专有技术的估算价值来衡量 R&D 活动的预期收益。

我们选择部分资本化模式来界定浙江省 R&D 资本化核算范围。然而,这并非简单地排除基础研究或未成功的 R&D 活动,浙江省部分资本化模式的本质是按动态比例的资本化,即根据国家统计局发布的 R&D 资本化核算结果反推国家层面的 R&D 资本化核算范围,计算 R&D 资本化比例,进而结合浙江省 R&D 活动的投入产出效率调整形成浙江省 R&D 资本化比例。这样操作的主要原因有四:①完全资本化模式与 2008 版 SNA 与 IPP 等国际标准的指导思想存在一定程度的背离。2008 版 SNA 与 IPP 一致强调,在界定 R&D 资本化核算范围时必须考虑 R&D 产品的预期收益性。原则上,不向其所有者提供经济利益的 R&D 产品不形成固定资产,应视作中间消耗(2008 版 SNA,第 10.103 段)。由此可见,就全部 R&D 活动或 R&D 产品而言,必然存在不向所有者提供经济利益的部分。据此,忽视国际标准的指导思想,选择完全资本化模式来界定 R&D 资本化范围并不十分妥当。②剔除未成功的 R&D 活动的部分资本化模式忽视了知识产权产品内含的积累性质。知识产权产品的诞生往往要经历一个试错性的探索及技术的积累过程,未成功的 R&D 活动为最终具有预期收益的 R&D 产品的形成积累了前期经验。倘若将未形成研发成果的 R&D 活动予以剔除,等同于忽略了 R&D 产品前期累积知识的价值,将趋于低估 R&D 投资水平。据此,选择剔除未成功的 R&D 活动的部分资本化模式来界定 R&D 资本化范围并不十分妥当。③基于"固定资本转化率"的部分资本化模式并不符合科技创新能力不断动态更新的背景。随着经济的不断发展,市场中主体的科技创新能力亦在日益提升。如若将"纳入资本化的 R&D 产出"与"R&D 产出"之比值视为"R&D 资本转化率"①,那么,"R&D 资本转化率"定将随着科技创新能力的提升而提升。据此,选择如席玮(2014)提出的基于"固定资本转化率"的部分资本化模式来界定 R&D 资本化范围并不十分妥当。④国家统计局修订并发布了经 R&D 资本化核算调整后的 GDP 时间序列,为浙江省 R&D 资本化核算范围的界定提供了线索。2016 年 7 月 5 日,国家统计局修订并发布了我国自 1952 年以来经 R&D 资本化核算调整后的 GDP 时间序列。尽管国家统计局并未公布资本化核算所涉及的历年 R&D 产出、R&D 资本形成、R&D 资本存量等关键变量,但我们仍能够对国家层面的 R&D 资本化核算范围进行一定程度的推算。以 2015 年为例,《中国科技统计年鉴 2016》显示当年的 R&D 内部经费支出为 14 169.9 亿元,国家统计局公布的 R&D 固定资本形成为 9564 亿元,后者仅占前者的 67.5%。这一差距意味着什么? 依据上述从 R&D 内部经费支出到 R&D 产出的调整过程,无论是针对资本性支出的内容调整,还是从资本性支出到固定资本消耗的口径转换,都不可能产生如此大的影响。据此,国家层面的 R&D 资本化核算并未覆盖所有的 R&D 活动,而基于"存在预期收益"的原则仅涉及部分 R&D 产出。若此推测成立,那么还有一部分 R&D 活动未被视作独立的生产活动,依旧作为辅助活动隐含在其他生产活动之中,即继续计入"中间消耗"这一消减项。除此之外,我国的 R&D 内部经费支出是一项"政绩"考核指标,各级政府在统计该项指标时可能存在不同程度的"拉高"偏向。若贸然针对全部 R&D 活动计算产出并转化为 R&D 固定资本形成,将存在"给 GDP 注水"之嫌。

## 二、R&D 产出核算方法:基于生产成本的两类操作方法

2008 版 SNA 为 R&D 产出估值推荐了三类方法,即基本价格法(Basic

---

① 特别需要指出的是,R&D 资本化的对象是 R&D 活动或 R&D 产出(R&D 产品的价值),而非 R&D 内部经费支出。当然,R&D 产出可借助"R&D 桥接表"实现"R&D 内部经费支出"向"R&D 产出"的转化。

Prices Approach)、收入替代法(Receipts Approach)和生产成本法(A Sum of Costs Approach)。尽管 2008 版 SNA 关于资产的定义已然为 R&D 产出的估值奠定了理论逻辑,即 R&D 产出的市场价值取决于其为所有者带来的经济利益,然而寻求 R&D 产出的市场交易基本价格并不是一件容易的事。一方面,大部分政府、高校和非营利研究机构的 R&D 产出,以及企业用于自身生产运营的 R&D 产出均不参加市场交易;另一方面,大部分 R&D 产品富含创新性,兼具独特性和稀有性,即便存在市场交易行为也无法通过足够多的交易量来确定基本价格。鉴于此,SNA 建议"当无法获得估值的可靠市场价格时,使用次优方法来估值"(2008 版 SNA,第 6.125 段),即以生产成本衡量 R&D 产出价值。

从国际实践看,在我们所考察的九个国家中,加拿大、丹麦、英国、日本、德国、以色列六国一致采用生产成本法进行 R&D 产出估值,而不论 R&D 产出的生产目的和使用去向。不同的是,荷兰与芬兰既采用生产成本法对非市场 R&D 产出和自用 R&D 产出进行估值,又采用基本价格法或收入替代法对用于出售的 R&D 产出进行估值。类似地,美国亦采用两种方法对 R&D 产出估值,既采用生产成本法估算积累的 R&D 产出价值,又采用基本价格法估算用于销售或用作中间产品的 R&D 产出价值。从国内核算实践来看,生产成本法得到了一致采用,如江永宏和孙凤娥 (2016)①,江永宏和孙凤娥(2017)②等。据此,我们选择用生产成本法核算浙江省 R&D 产出。考虑到 R&D 生产成本构成与生产者的市场性质密切相关,我们对市场生产者的 R&D 产出核算方法和非市场生产者的 R&D 产出核算方法进行了区分。

从操作角度看,浙江省 R&D 产出的核算关键在于实现"R&D 内部经费支出"到"R&D 产出"的调整转换。这种调整转换包括两步:第一步需要将

---

① 江永宏、孙凤娥:《中国 R&D 资本存量测算:1952—2014》,《数量经济技术经济研究》2016 年第 7 期,第 112—129 页。

② 江永宏、孙凤娥:《中国研发资本测算及其经济增长贡献》,《经济与管理研究》2017 年第 2 期,第 3—12 页。

R&D内部经费支出转换成R&D活动投入。R&D内部经费支出强调执行单位实施R&D活动的"花费量",R&D活动投入则强调使用单位形成R&D产出的"投入量",记录原则为"权责发生制"。R&D内部经费支出包括日常支出和资本性支出两部分①。其中,日常支出可直接作为总投入的组成部分,但资本性支出中的仪器与设备支出则需要调整至R&D固定资本消耗以反映当期R&D活动过程中消耗的固定资产价值。同时,计算机软件与R&D资产都隶属于知识产权产品②,土地资产属于非生产资产,计算R&D固定资产折旧不能包含这部分土地价值的折旧,二者均应当予以剔除。第二步则需要从R&D活动投入转换成体现使用者特征的R&D产出。由于估值方法存在差异,投入与产出往往并不直接等同。具体地,政府单位、大学和非营利性研究机构进行的R&D活动属于非市场生产活动,本身不存在市场价格,从而没有营业盈余;接受企业委托的商业性研究室或研究机构进行的R&D活动,根据惯例应按销售收入、合同收入、佣金收入、服务费等进行估值(2008版SNA,第6.207段)。而对于具有市场性质的研发活动还需要进行生产税和R&D净收益的调整,即把研发产出的计价基础从成本投入转换为市场价格。进一步地,还需要按照谁获取(出资购买)提供分组数据,显示被"谁"所使用,以便分别记录为不同部门的R&D投资、R&D资本存量。根据表2-3中科技活动调查主体向R&D产出核算主体的归并转化关系,可以直接将企业部门作为市场生产者,将高等教育部门、政府部门及私人非营利部门作为非市场生产者。另外,因"我国当前研发产品进出口规模较小,同时考虑资料来源的限制"(许宪春和郑学工,2016),我们暂未考虑浙江省R&D进口和出口。

　　表4-1分别列示了浙江省市场生产者R&D产出与非市场生产者R&D产出核算的两类操作方法,具体如下。

---

　　① 关于R&D内部经费支出的具体构成可参见P20页"流量层次的R&D资本化核算方法"部分内容。

　　② 根据2008版SNA,R&D(AN1171)与"计算机软件与数据库(AN1173)"并列,同属于知识产权产品(AN117)范畴。其中,计算机软件(AN11731)属于"计算机软件与数据库"子项,不属于R&D。

表 4-1　浙江省 R&D 产出核算的两类操作方法

| 分类 | 市场生产者 | | 非市场生产者 | |
|---|---|---|---|---|
| | 外部购买 | 自给性生产 | 外部购买 | 自给性生产 |
| 起点 | R&D 内部经费支出 | R&D 内部经费支出 | R&D 内部经费支出 | R&D 内部经费支出 |
| － | R&D 软件支出 | R&D 软件支出 | R&D 软件支出 | R&D 软件支出 |
| － | 资本性支出 | 资本性支出 | 资本性支出 | 资本性支出 |
| ＋ | 固定资本消耗 | 固定资本消耗 | 固定资本消耗 | 固定资本消耗 |
| ＋ | 生产税净额 | 生产税净额 | / | / |
| ＋ | R&D 净收益 | R&D 净收益 | / | / |
| ＝ | R&D 产出 | R&D 产出 | R&D 产出 | R&D 产出 |

市场生产者 R&D 产出(外部购买)＝R&D 内部经费支出－R&D 软件支出－资本性支出＋固定资本消耗＋生产税净额＋R&D 净收益　　　(4-1)

市场生产者 R&D 产出(自给性生产)＝R&D 内部经费支出－R&D 软件支出－资本性支出＋固定资本消耗＋生产税净额＋R&D 净收益　　(4-2)

非市场生产者 R&D 产出(外部购买)＝R&D 内部经费支出－R&D 软件支出－资本性支出＋固定资本消耗　　　(4-3)

非市场生产者 R&D 产出(自给性生产)＝R&D 内部经费支出－R&D 软件支出－资本性支出＋固定资本消耗　　　(4-4)

# 第二节　R&D 投资规模:1978—2015

## ■ 一、数据来源与数据处理

测算浙江省 R&D 投资规模的基础数据主要源于浙江省 R&D 科技统

计调查,相关数据可从历年《浙江省统计年鉴》《浙江省科技统计年鉴》和《中国科技统计年鉴》获取。另外,2000 年和 2009 年的两次浙江省 R&D 资源清查,也提供了较为翔实的 R&D 活动的相关统计资料。

### (一)R&D 内部经费支出

《浙江省科技统计年鉴》于 1991 年起才发布"研究与试验发展经费支出",即"R&D 内部经费支出"数据。据此,1990 年及之后年份的"R&D 内部经费支出"数据直接源自历年《浙江省科技统计年鉴》统计的"研究与试验发展经费支出"。1978—1989 年的"R&D 内部经费支出"数据则根据平均增长率进行推算。

### (二)内部经费支出中的资本性支出

《浙江省科技统计年鉴》并未对"研究与试验发展经费支出"的详细构成进行统计。《中国科技统计年鉴》对各省市"研究与试验发展经费支出"的构成情况予以统计。据此,2009 年及之后年份的"资本性支出"数据源自历年《中国科技统计年鉴》,1978—2008 年的"资本性支出"数据则通过平均增长率进行推算。

### (三)R&D 软件支出

就目前来看,国家层面和省级层面公开发布的统计资料中并无单独列示"软件开发支出"或"R&D 软件开发支出"数据。对此,国内文献的一致做法是根据相关信息估算该数值,如江永宏和孙凤娥(2016)根据《2009 年第二次全国 R&D 资源清查资料汇编》算得 2009 年软件企业 R&D 的试验发展支出占企业 R&D 总支出的 1.8%,并以该比例作为 1978 年以来的软件开发支出占比。由于缺乏相关经验数据的支持,我们尝试选择 2009 年"信息传

输、计算机服务与软件业 R&D 经费支出的比值（4.4％）①" 作为浙江省
R&D 软件支出估算的基准数据,同时考虑 R&D 软件支出的增长趋势,对历
年 R&D 软件支出进行估计②。

### （四）R&D 固定资本消耗

R&D 生产活动需要使用仪器、设备等有形固定资产,也需要借助已形
成的 R&D 资产,"R&D 固定资本消耗"则代表这些有形固定资产和 R&D
资产的消耗。计算 R&D 固定资本消耗的前提是有形固定资产存量（R&D
生产用）和 R&D 资本存量的测算。我们选择永续盘存法（PIM）对浙江省历
年的有形固定资产存量（R&D 生产用）和 R&D 资本存量进行测算,进而计
算"R&D 固定资本消耗"。具体地,"R&D 固定资本消耗"的计算公式如式
（4-5）、（4-6）和（4-7）所示。

$$CFC_t = CFC_t^{yr} + CFC_t^{r\&d} \qquad (4-5)$$

$$CFC_t^{yr} = \delta^{yr} K_{t-1}^{yr} \qquad (4-6)$$

$$CFC_t^{r\&d} = \delta^{r\&d} K_{t-1}^{r\&d} \qquad (4-7)$$

其中,$CFC_t$ 表示第 $t$ 期的 R&D 固定资本总消耗、$CFC_t^{yr}$ 表示第 $t$ 期的
有形固定资本（R&D 生产用）消耗,$CFC_t^{r\&d}$ 表示第 $t$ 期的 R&D 固定资本消
耗,$\delta^{yr}$ 表示有形固定资本折旧率,$\delta^{r\&d}$ 表示 R&D 固定资本折旧率,$K_{t-1}^{yr}$ 表
示第 $t-1$ 期有形固定资本（R&D 生产用）存量,$K_{t-1}^{r\&d}$ 表示第 $t-1$ 期 R&D
固定资本存量③。

### （五）生产税净额

为鼓励企业加大科技投入和提升创新能力,国家税务总局于 2008 年出
台了《企业研究开发费用税前扣除管理办法（试行）》（国税发〔2008〕116 号）。

---

① 该比值数据取自《浙江省第二次全国 R&D 资源清查主要数据公报（第一号）》,
http://www.zj.stats.gov.cnztzldxdc/qgrdzyqc/dcsj_2020/201409/t20140911_144675.
html.

② 不可避免地,以 2009 年数据作为基准并进行调整,将与实际情况存有一定的出入。

③ 关于浙江省 R&D 资本存量的测算将于后文进行详细阐释。

文件明确规定,我国自 2009 年起将对从事 R&D 活动的单位实施加计扣除税收优惠政策,即生产补贴①。据此,我们仅从 2009 年起对浙江省 R&D 内部经费支出进行生产税净额调整,相关数据来自历年《浙江省科技统计年鉴》和《工业科技统计年鉴》。必须指出的是,由于缺乏 R&D 生产补贴数据,我们以浙江省 R&D 经费支出占全国 R&D 经费支出的比重来估算浙江省 R&D 生产补贴。

## (六)R&D 净收益

估算"R&D 净收益"的关键在于对 R&D 资本收益率的测算。从国外研究看,Mansfield, Rapoport & Romeo(1977)②,Goto & Suzuki(1989)③的研究表明,私人 R&D 收益率为 25%~26%、公共 R&D 收益率分别为 56% 和 80%;Sveikauskas(1981)④测算得到私人 R&D 收益率介于 7%~25%,公共 R&D 收益率则可达到 50%;Bernstein & Nadiri(1988)⑤指出,私人收益率为 10%~27% 不等,公共 R&D 收益率则为 11%~111%。在不同国家的 R&D 资本化核算实践中,丹麦基于"R&D 产出与其他资本密集型产业产出类似"的假定,以其他产业的收益率估计 R&D 资本净收益;德国基于 R&D 净营业盈余与雇员报酬关系估算 R&D 固定资本净收益;芬兰基于多个产业产品净回报率的加权平均估算 R&D 固定资本净收益;加拿大和以色列则直

① 在 2009 年以前,我国各级政府均未对 R&D 活动征收任何类型的税费。因此,我们并未对 1978—2008 年间的浙江省 R&D 投资规模测算进行生产税净额的调整。

② Mansfield Edwin, Rapoport J., Romeo A. "Social and Private Rates of Return from Industrial Innovations". *Quarterly Journal of Economics*, 1977, 91(2), pp. 221-240.

③ Goto Akira, Suzuki Kazuyuki. "R&D Capital, Rate of Return on R&D Investment and Spillover of R&D in Japanese Manufacturing Industries". *Review of Economics and Statistics*, 1989(71), pp. 555-564.

④ Sveikauskas Leo. "Technological Inputs and Multifactor Productivity Growth". *The Review of Economics and Statistics*, 1981, 63(2), pp. 275-282.

⑤ Bernstein Jeffrey I., Nadiri Ishaq M. "Interindustry R&D Spillovers, Rates of Return, and Production in High-Tech Industries". *American Economic Review*, 1988, 78(2), pp. 429-434.

接以 R&D 服务产业的资本回报率估算 R&D 固定资本净收益。国内专门针对 R&D 资本回报率的研究并不多见,但探讨我国资本回报率的文献则层出不穷,如单豪杰(2008)①、方文全(2012)②、白重恩和张琼(2014)③等。我们用白重恩和张琼(2014)估算的全社会总资本回报率来替代 R&D 资本回报率,并以插值法对缺失值进行补缺估算。

## ■ 二、R&D 投资规模测算结果:1978—2015

国内外研究一致表明,目前绝大部分的 R&D 生产均为自给性生产。由于无法直接获取全国层面或浙江省层面的不同市场性质主体的 R&D 产品构成数据,我们借鉴美国、加拿大等国家的 R&D 生产情况对浙江省不同市场性质主体的 R&D 产品构成进行假设,即市场生产者与非市场生产者的自给性 R&D 产品占比分别为 90% 和 95%。同时,不同的 R&D 固定资本存量测算方法将得出不同的 R&D 固定资本消耗序列,进而形成不同的 R&D 固定资本形成序列,为提升 R&D 投资规模测算结果的准确性,我们分别基于 Goldsmith(1951)提出的固定资本存量测算法(简称 Goldsmith 法)、Griliches(1980)提出的创新产出存量测算法(简称 Griliches 法)、BEA

---

① 单豪杰:《中国资本存量 K 的再估算:1952—2006 年》,《数量经济技术经济研究》2008 年第 10 期,第 17—31 页。
② 方文全:《中国的资本回报率有多高?——年份资本视角的宏观数据再估测》,《经济学(季刊)》2012 年第 2 期,第 521—540 页。
③ 白重恩、张琼:《中国的资本回报率及其影响因素分析》,《世界经济》2014 年第 10 期,第 3—30 页。

(1994,2006,2007,2010)①②③④采用的拓展测算法(简称 BEA 法)计算了浙江省 R&D 资本存量时间序列,据此得到的 R&D 固定资本形成时间序列如表 4-2、表 4-3、表 4-4 和图 4-1、图 4-2、图 4-3 所示⑤。

### 表 4-2　基于 Goldsmith 法测算的浙江省 R&D 投资序列

（单位：亿元）

| 时间 | 市场生产者 | | 非市场生产者 | | R&D 固定资本形成 |
| --- | --- | --- | --- | --- | --- |
| | 自给性生产 | 外部购买 | 自给性生产 | 外部购买 | |
| 1978 | 0.0389 | 0.0043 | 0.0766 | 0.0040 | 0.1238 |
| 1979 | 0.0384 | 0.0043 | 0.0607 | 0.0034 | 0.1068 |
| 1980 | 0.0514 | 0.0058 | 0.0751 | 0.0042 | 0.1365 |
| 1981 | 0.0693 | 0.0078 | 0.0939 | 0.0052 | 0.1762 |
| 1982 | 0.0931 | 0.0104 | 0.1172 | 0.0065 | 0.2272 |
| 1983 | 0.1246 | 0.0139 | 0.1456 | 0.0080 | 0.2921 |
| 1984 | 0.1658 | 0.0185 | 0.1799 | 0.0099 | 0.3741 |
| 1985 | 0.2267 | 0.0252 | 0.2212 | 0.0122 | 0.4853 |
| 1986 | 0.3110 | 0.0346 | 0.2724 | 0.0150 | 0.6330 |
| 1987 | 0.4118 | 0.0458 | 0.3345 | 0.0184 | 0.8105 |

---

① Carson Carol S. , Grimm Bruce T. , Moylan Carol E. "A Satellite Account for Research and Development". *Survey of Current Business*, 1994, 74(11), pp. 71.

② Okubo Sumiye, Robbins C. A. , Moylan C. E. "BEA's 2006 Research and Development Satellite Account". *Survey of Current Business*, 2006, 86(3), pp. 14-27.

③ Robbins Carol A. , Moylan Carol E. "Research and Development Satellite Account Update". *Survey of Current Business*, 2007, 87(10), pp. 49-64.

④ Lee Jennifer, Schmidt Andrew G. "Research and Development Satellite Account Update". *Survey of Current Business*, 2010, 90(12), pp. 16-27.

⑤ Goldsmith(1951)提出的固定资本存量测算法、Griliches(1980)提出的创新产出存量测算法、BEA(1994,2006,2007,2010)采用的拓展测算法之间并无本质差异,三者均属 PIM 范畴。

| 时间 | 市场生产者 | | 非市场生产者 | | R&D固定资本形成 |
|------|----------|----------|----------|----------|----------|
| | 自给性生产 | 外部购买 | 自给性生产 | 外部购买 | |
| 1988 | 0.5432 | 0.0604 | 0.4081 | 0.0225 | 1.0342 |
| 1989 | 0.7016 | 0.1011 | 0.4985 | 0.0274 | 1.3286 |
| 1990 | 0.9055 | 0.1002 | 0.6089 | 0.0335 | 1.6481 |
| 1991 | 1.0570 | 0.1171 | 0.6389 | 0.0352 | 1.8482 |
| 1992 | 1.7416 | 0.1932 | 0.9685 | 0.0532 | 2.9565 |
| 1993 | 2.3402 | 0.2597 | 1.1846 | 0.0651 | 3.8496 |
| 1994 | 4.3028 | 0.4778 | 2.0863 | 0.1145 | 6.9814 |
| 1995 | 5.0638 | 0.5624 | 2.2711 | 0.1247 | 8.0220 |
| 1996 | 5.8173 | 0.6462 | 2.4632 | 0.1352 | 9.0619 |
| 1997 | 8.8254 | 0.9804 | 3.4541 | 0.1896 | 13.4495 |
| 1998 | 11.6215 | 1.2911 | 4.2782 | 0.2348 | 17.4256 |
| 1999 | 16.3723 | 1.8190 | 5.6255 | 0.3086 | 24.1254 |
| 2000 | 22.4092 | 2.4898 | 7.2248 | 0.3963 | 32.5201 |
| 2001 | 26.7201 | 2.9688 | 8.9948 | 0.4934 | 39.1771 |
| 2002 | 34.8854 | 3.8761 | 11.6260 | 0.6377 | 51.0252 |
| 2003 | 48.8579 | 5.4286 | 15.1358 | 0.8301 | 70.2524 |
| 2004 | 83.0234 | 9.2248 | 13.3263 | 0.7307 | 106.3052 |
| 2005 | 110.6782 | 12.2975 | 21.5256 | 1.1802 | 145.6815 |
| 2006 | 156.9007 | 17.4334 | 25.3815 | 1.3916 | 201.1072 |
| 2007 | 204.0304 | 22.6700 | 29.9920 | 1.6443 | 258.3367 |
| 2008 | 253.2792 | 28.1421 | 36.9691 | 2.0268 | 320.4172 |
| 2009 | 276.3861 | 30.7096 | 32.9118 | 1.8043 | 341.8118 |
| 2010 | 337.6833 | 37.5203 | 43.8964 | 2.4064 | 421.5064 |
| 2011 | 424.1196 | 47.1244 | 55.0125 | 3.0157 | 529.2722 |
| 2012 | 488.4870 | 54.2763 | 58.1642 | 3.1885 | 604.1160 |
| 2013 | 545.1281 | 60.5698 | 61.8027 | 3.3884 | 670.8890 |

续　表

| 时间 | 市场生产者 | | 非市场生产者 | | R&D 固定资本形成 |
|------|-----------|-----------|-------------|-----------|-----------|
| | 自给性生产 | 外部购买 | 自给性生产 | 外部购买 | |
| 2014 | 616.6827 | 68.5203 | 66.7358 | 3.6589 | 755.5977 |
| 2015 | 688.1566 | 76.4618 | 73.9336 | 4.0531 | 842.6051 |
| 均值 | 115.2171 | 12.8024 | 15.4920 | 0.8494 | 144.3610 |

表 4-3　基于 Griliches 法测算的浙江省 R&D 投资序列

（单位：亿元）

| 时间 | 市场生产者 | | 非市场生产者 | | R&D 固定资本形成 |
|------|-----------|-----------|-------------|-----------|-----------|
| | 自给性生产 | 外部购买 | 自给性生产 | 外部购买 | |
| 1978 | / | / | / | / | / |
| 1979 | 0.0389 | 0.0043 | 0.0766 | 0.0040 | 0.1238 |
| 1980 | 0.0485 | 0.0054 | 0.0706 | 0.0039 | 0.1285 |
| 1981 | 0.0656 | 0.0063 | 0.0895 | 0.0049 | 0.1664 |
| 1982 | 0.0887 | 0.0091 | 0.1122 | 0.0062 | 0.2162 |
| 1983 | 0.1187 | 0.0126 | 0.1398 | 0.0077 | 0.2788 |
| 1984 | 0.1581 | 0.0171 | 0.1729 | 0.0095 | 0.3576 |
| 1985 | 0.2159 | 0.0236 | 0.2126 | 0.0117 | 0.4638 |
| 1986 | 0.2961 | 0.0326 | 0.2615 | 0.0144 | 0.6046 |
| 1987 | 0.3921 | 0.0433 | 0.3213 | 0.0177 | 0.7745 |
| 1988 | 0.5170 | 0.0572 | 0.3919 | 0.0216 | 0.9877 |
| 1989 | 0.6666 | 0.0861 | 0.4780 | 0.0263 | 1.2570 |
| 1990 | 0.8596 | 0.0954 | 0.5837 | 0.0321 | 1.5708 |
| 1991 | 1.0027 | 0.1109 | 0.6119 | 0.0337 | 1.7592 |
| 1992 | 1.6521 | 0.1831 | 0.9269 | 0.0509 | 2.8131 |
| 1993 | 2.2281 | 0.2472 | 1.1381 | 0.0625 | 3.6759 |
| 1994 | 4.0939 | 0.4545 | 2.0039 | 0.1100 | 6.6623 |
| 1995 | 4.8300 | 0.5363 | 2.1891 | 0.1202 | 7.6756 |
| 1996 | 5.5179 | 0.6128 | 2.3599 | 0.1295 | 8.6202 |

续 表

| 时间 | 市场生产者 | | 非市场生产者 | | R&D 固定资本形成 |
|------|----------|---------|------------|---------|------------|
| | 自给性生产 | 外部购买 | 自给性生产 | 外部购买 | |
| 1997 | 8.3670 | 0.9295 | 3.3073 | 0.1815 | 12.7853 |
| 1998 | 11.0549 | 1.2281 | 4.1108 | 0.2256 | 16.6194 |
| 1999 | 15.5876 | 1.7318 | 5.4126 | 0.2969 | 23.0289 |
| 2000 | 21.3618 | 2.3734 | 6.9626 | 0.3819 | 31.0798 |
| 2001 | 25.4479 | 2.8275 | 8.6656 | 0.4753 | 37.4163 |
| 2002 | 33.1642 | 3.6848 | 11.2026 | 0.6144 | 48.6661 |
| 2003 | 46.4788 | 5.1643 | 14.5967 | 0.8005 | 67.0403 |
| 2004 | 79.0867 | 8.7874 | 12.8370 | 0.7039 | 101.4150 |
| 2005 | 105.6643 | 11.7404 | 20.5838 | 1.1286 | 139.1172 |
| 2006 | 149.6019 | 16.6224 | 24.4056 | 1.3381 | 191.9680 |
| 2007 | 194.5261 | 21.6140 | 28.7980 | 1.5788 | 246.5169 |
| 2008 | 241.1065 | 26.7896 | 35.4668 | 1.9444 | 305.3073 |
| 2009 | 262.3060 | 29.1451 | 31.4952 | 1.7267 | 324.6729 |
| 2010 | 319.8066 | 35.5341 | 41.8650 | 2.2951 | 399.5007 |
| 2011 | 401.2377 | 44.5820 | 52.6297 | 2.8852 | 501.3346 |
| 2012 | 461.8078 | 51.3120 | 55.6355 | 3.0500 | 571.8053 |
| 2013 | 514.7663 | 57.1962 | 58.9714 | 3.2332 | 634.1672 |
| 2014 | 581.6977 | 64.6331 | 63.5912 | 3.4866 | 713.4085 |
| 2015 | 648.8012 | 72.0890 | 70.4430 | 3.8619 | 795.1951 |
| 均值 | 112.0179 | 12.4466 | 15.2195 | 0.8345 | 140.5184 |

表 4-4 基于 BEA 法测算的浙江省 R&D 投资序列

(单位:亿元)

| 时间 | 市场生产者 | | 非市场生产者 | | R&D 固定资本形成 |
|------|----------|---------|------------|---------|------------|
| | 自给性生产 | 外部购买 | 自给性生产 | 外部购买 | |
| 1978 | 0.0389 | 0.0043 | 0.0766 | 0.0040 | 0.1238 |
| 1979 | 0.0386 | 0.0042 | 0.0600 | 0.0033 | 0.1061 |

续　表

| 时间 | 市场生产者 | | 非市场生产者 | | R&D 固定资本形成 |
|---|---|---|---|---|---|
| | 自给性生产 | 外部购买 | 自给性生产 | 外部购买 | |
| 1980 | 0.0499 | 0.0057 | 0.0742 | 0.0041 | 0.1339 |
| 1981 | 0.0674 | 0.0077 | 0.0928 | 0.0051 | 0.1731 |
| 1982 | 0.0907 | 0.0103 | 0.1158 | 0.0064 | 0.2232 |
| 1983 | 0.1214 | 0.0138 | 0.1439 | 0.0079 | 0.2869 |
| 1984 | 0.1616 | 0.0183 | 0.1778 | 0.0098 | 0.3675 |
| 1985 | 0.2209 | 0.0250 | 0.2185 | 0.0121 | 0.4764 |
| 1986 | 0.3031 | 0.0337 | 0.2692 | 0.0148 | 0.6208 |
| 1987 | 0.4012 | 0.0446 | 0.3306 | 0.0182 | 0.7946 |
| 1988 | 0.5292 | 0.0588 | 0.4033 | 0.0222 | 1.0135 |
| 1989 | 0.6834 | 0.0929 | 0.4926 | 0.0271 | 1.2960 |
| 1990 | 0.8820 | 0.0976 | 0.6016 | 0.0331 | 1.6144 |
| 1991 | 1.0291 | 0.1140 | 0.6312 | 0.0347 | 1.8091 |
| 1992 | 1.6973 | 0.1883 | 0.9571 | 0.0526 | 2.8953 |
| 1993 | 2.2799 | 0.2531 | 1.1705 | 0.0643 | 3.7678 |
| 1994 | 4.1948 | 0.4659 | 2.0618 | 0.1132 | 6.8357 |
| 1995 | 4.9323 | 0.5478 | 2.2440 | 0.1232 | 7.8473 |
| 1996 | 5.6639 | 0.6292 | 2.4337 | 0.1336 | 8.8604 |
| 1997 | 8.5991 | 0.9553 | 3.4132 | 0.1873 | 13.1549 |
| 1998 | 11.3246 | 1.2582 | 4.2276 | 0.2320 | 17.0424 |
| 1999 | 15.9586 | 1.7731 | 5.5593 | 0.3050 | 23.5960 |
| 2000 | 21.8404 | 2.4266 | 7.1397 | 0.3916 | 31.7984 |
| 2001 | 26.0321 | 2.8924 | 8.8889 | 0.4876 | 38.3010 |
| 2002 | 33.9907 | 3.7767 | 11.4894 | 0.6302 | 49.8870 |
| 2003 | 47.6127 | 5.2903 | 14.9580 | 0.8203 | 68.6813 |
| 2004 | 80.9480 | 8.9942 | 13.1658 | 0.7219 | 103.8299 |
| 2005 | 107.8839 | 11.9871 | 21.2714 | 1.1663 | 142.3086 |

续　表

| 时间 | 市场生产者 | | 非市场生产者 | | R&D固定资本形成 |
| --- | --- | --- | --- | --- | --- |
| | 自给性生产 | 外部购买 | 自给性生产 | 外部购买 | |
| 2006 | 152.9430 | 16.9936 | 25.0807 | 1.3751 | 196.3923 |
| 2007 | 198.8418 | 22.0935 | 29.6359 | 1.6248 | 252.1960 |
| 2008 | 246.7212 | 27.4134 | 36.5295 | 2.0027 | 312.6668 |
| 2009 | 269.1370 | 29.9041 | 32.5152 | 1.7826 | 333.3389 |
| 2010 | 328.7653 | 36.5295 | 43.3721 | 2.3777 | 411.0445 |
| 2011 | 412.8832 | 45.8759 | 54.3564 | 2.9798 | 516.0953 |
| 2012 | 475.4799 | 52.8311 | 57.4671 | 3.1503 | 588.9283 |
| 2013 | 530.4982 | 58.9442 | 61.0595 | 3.3476 | 653.8496 |
| 2014 | 600.1028 | 66.6781 | 65.9326 | 3.6149 | 736.3283 |
| 2015 | 669.5872 | 74.3986 | 73.0446 | 4.0043 | 821.0348 |
| 均值 | 112.1720 | 12.4640 | 15.3069 | 0.8393 | 140.7821 |

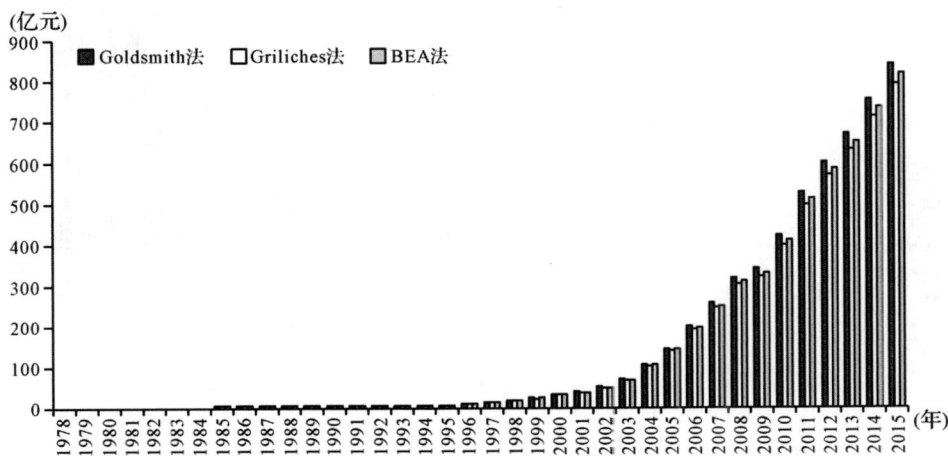

图 4-1　浙江省 R&D 投资规模发展趋势

(亿元)

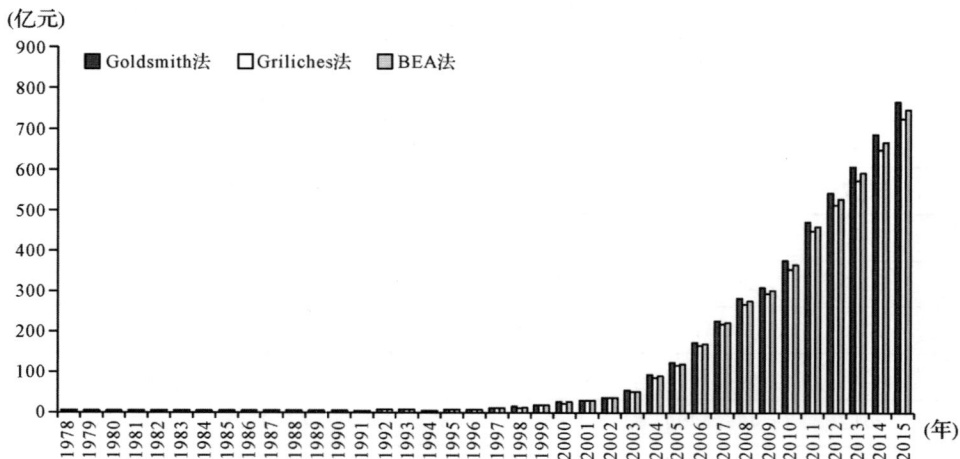

图 4-2　浙江省市场生产者 R&D 投资规模发展趋势

(亿元)

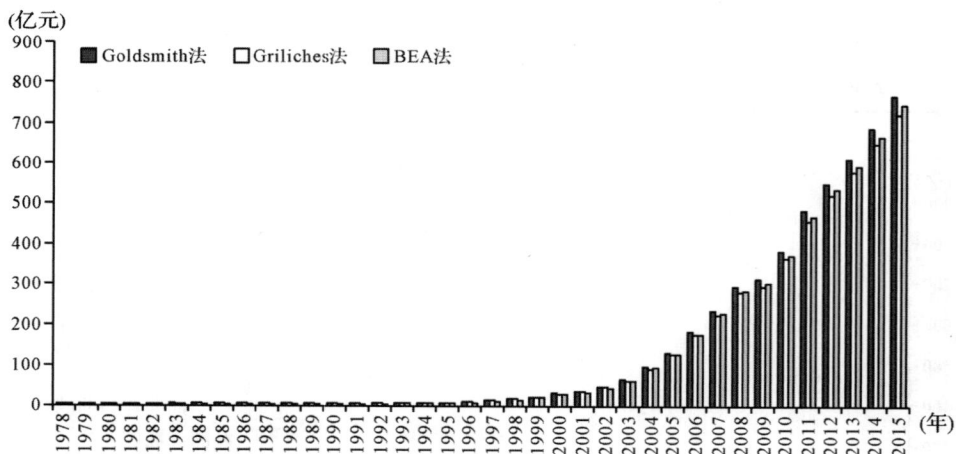

图 4-3　浙江省自给性 R&D 投资规模发展趋势

## 三、基于三种方法测算的 R&D 投资序列特征比较

我们分别比较了基于 Goldsmith 法、Griliches 法和 BEA 法测算的浙江省 R&D 投资序列特征、市场生产者 R&D 投资序列特征、非市场生产者 R&D 投资序列特征和自给性 R&D 投资序列特征。

**（一）基于三种方法测算的浙江省 R&D 投资规模差异较小，Goldsmith 法测算结果的年均增量相对更大， Griliches 法测算结果的年均增速相对更快**

1979—2015 年间，基于三种方法测算的 R&D 投资年均规模分别为 144.36 亿元、140.52 亿元和 140.78 亿元，标准差系数分别为 1.66,1.63 和 1.66。基于三种方法测算的 R&D 投资规模年均增量分别为 22.7698 亿元、22.0853 亿元和 22.1868 亿元，年均增速分别为 26.94％、27.58％ 和 26.85％（如表 4-5 数据所示）。分时间段看，1979—1990 年间，基于三种方法测算的 R&D 投资规模年均增量分别为 0.1270 亿元、0.1309 亿元和 0.1242 亿元，年均增速分别为 24.08％、25.98％和 23.86％；1991—1995 年间，基于三种方法测算的 R&D 投资规模年均增量分别为 1.2748 亿元、1.2210 亿元和 1.2466 亿元，年均增速分别为 37.23％、37.34％和 37.20％；1996—2000 年间，基于三种方法测算的 R&D 投资规模年均增量分别为 4.6916 亿元、4.4919 亿元和 4.5876 亿元，年均增速分别为 32.30％、32.27％和 32.29％；2001—2005 年间，基于三种方法测算的 R&D 投资规模年均增量分别为 22.6323 亿元、21.6075 亿元和 22.1020 亿元，年均增速分别为 34.97％、34.95％和 34.95％；2006—2010 年间，基于三种方法测算的 R&D 投资规模年均增量分别为 55.1650 亿元、52.0767 亿元和 53.7472 亿元，年均增速分别为 23.67％、23.49％和 23.63％；2011—2015 年间，基于三种方法测算的 R&D 投资规模年均增量分别为 84.2197 亿元、79.1389 亿元和 81.9981 亿元，年均增速分别为 14.86％、14.76％和 14.84％。

**（二）基于三种方法测算的浙江省市场生产者 R&D 投资规模差异较小，Goldsmith 法测算结果的年均增量相对更大，Griliches 法测算结果的年均增速相对更快**

1979—2015 年间，基于三种方法测算的市场生产者 R&D 投资年均规

表 4-5    基于三种方法测算的 R&D 投资序列特征比较

| 时间 | Goldsmith 法 | | Griliches 法 | | BEA 法 | |
|------|:---:|:---:|:---:|:---:|:---:|:---:|
| | 年均增量（亿元） | 年均增速（%） | 年均增量（亿元） | 年均增速（%） | 年均增量（亿元） | 年均增速（%） |
| 1979—1990 | 0.1270 | 24.08 | 0.1309 | 25.98 | 0.1242 | 23.86 |
| 1991—1995 | 1.2748 | 37.23 | 1.2210 | 37.34 | 1.2466 | 37.20 |
| 1996—2000 | 4.6916 | 32.30 | 4.4919 | 32.27 | 4.5876 | 32.29 |
| 2001—2005 | 22.6323 | 34.97 | 21.6075 | 34.95 | 22.1020 | 34.95 |
| 2006—2010 | 55.1650 | 23.67 | 52.0767 | 23.49 | 53.7472 | 23.63 |
| 2011—2015 | 84.2197 | 14.86 | 79.1389 | 14.76 | 81.9981 | 14.84 |
| 合计 | 22.7698 | 26.94 | 22.0853 | 27.58 | 22.1868 | 26.85 |

模分别为 128.02 亿元、124.46 亿元和 124.64 亿元,标准差系数分别为 1.39、1.66 和 1.69。基于三种方法测算的市场生产者 R&D 投资规模年均增量分别为 20.6642 亿元、20.0235 亿元和 20.1066 亿元,年均增速分别为 30.26%,31.00% 和 30.16%(如表 4-6 数据所示)。分时间段看,1979—1990 年间,基于三种方法测算的市场生产者 R&D 投资规模年均增量分别为 0.0802 亿元、0.0796 亿元和 0.0780 亿元,年均增速分别为 29.99%、32.50% 和 29.71%;1991—1995 年间,基于三种方法测算的市场生产者 R&D 投资规模年均增量分别为 0.9241 亿元、0.8823 亿元和 0.9001 亿元,年均增速分别为 41.11%、41.23% 和 41.11%;1996—2000 年间,基于三种方法测算的市场生产者 R&D 投资规模年均增量分别为 3.6871 亿元、3.5209 亿元和 3.5948 亿元,年均增速分别为 34.65%、34.63% 和 34.66%;2001—2005 年间,基于三种方法测算的市场生产者 R&D 投资规模年均增量分别为 19.6153 亿元、18.7339 亿元和 19.1208 亿元,年均增速分别为 37.63%、37.68% 和 37.64%;2006—2010 年间,基于三种方法测算的市场生产者 R&D 投资规模年均增量分别为 50.4456 亿元、47.5872 亿元和 49.0848 亿元,年均增速分别为 24.99%、24.79% 和 24.96%;2011—2015 年间,基于三种方法测算的市场生产者 R&D 投资规模年均增量分别为 77.8830 亿元、73.1099 亿元和 75.7382 亿元,年均增速分别为

15.30％、15.20％和 15.29％。

表 4-6　基于三种方法测算的市场生产者 R&D 投资序列特征比较

| 时间 | Goldsmith 法 | | Griliches 法 | | BEA 法 | |
|---|---|---|---|---|---|---|
| | 年均增量（亿元） | 年均增速（%） | 年均增量（亿元） | 年均增速（%） | 年均增量（亿元） | 年均增速（%） |
| 1979—1990 | 0.0802 | 29.99 | 0.0796 | 32.50 | 0.0780 | 29.71 |
| 1991—1995 | 0.9241 | 41.11 | 0.8823 | 41.23 | 0.9001 | 41.11 |
| 1996—2000 | 3.6871 | 34.65 | 3.5209 | 34.63 | 3.5948 | 34.66 |
| 2001—2005 | 19.6153 | 37.63 | 18.7339 | 37.68 | 19.1208 | 37.64 |
| 2006—2010 | 50.4456 | 24.99 | 47.5872 | 24.79 | 49.0848 | 24.96 |
| 2011—2015 | 77.8830 | 15.30 | 73.1099 | 15.20 | 75.7382 | 15.29 |
| 合计 | 20.6642 | 30.26 | 20.0235 | 31.00 | 20.1066 | 30.16 |

## （三）基于三种方法测算的浙江省非市场生产者 R&D 投资规模差异较小，Goldsmith 法测算结果的年均增量相对更大，Griliches 法测算结果的年均增速相对更快

1979—2015 年间,基于三种方法测算的非市场生产者 R&D 投资年均规模分别为 16.34 亿元、16.05 亿元和 16.15 亿元,标准差系数分别为 1.43、1.40 和 1.43。基于三种方法测算的非市场生产者 R&D 投资规模年均增量分别为 2.1056 亿元、2.0618 亿元和 2.0802 亿元,年均增速分别为 20.42％、20.88％和 20.38％(如表 4-7 数据所示)。分时间段看,1979—1990 年间,基于三种方法测算的非市场生产者 R&D 投资规模年均增量分别为 0.0468 亿元、0.0513 亿元和 0.0462 亿元,年均增速分别为 18.88％、20.30％和 18.76％;1991—1995 年间,基于三种方法测算的非市场生产者 R&D 投资规模年均增量分别为 0.3507 亿元、0.3387 亿元和 0.3465 亿元,年均增速分别为 30.12％、30.26％和 30.12％;1996—2000 年间,基于三种方法测算的非市场生产者 R&D 投资规模年均增量分别为 1.0045 亿元、0.9710 亿元和 0.9928 亿元,年均增速分别为 26.04％、26.04％和 26.05％;2001—2005 年间,基于三种方法测算的非市场生

产者 R&D 投资规模年均增量分别为 3.0169 亿元、2.8736 亿元和 2.9813 亿元,年均增速分别为 24.40%、24.21% 和 24.40%;2006—2010 年间,基于三种方法测算的非市场生产者 R&D 投资规模年均增量分别为 4.7194 亿元、4.4895 亿元和 4.6624 亿元,年均增速分别为 15.32%、15.26% 和 15.31%;2011—2015 年间,基于三种方法测算的非市场生产者 R&D 投资规模年均增量分别为 6.3368 亿元、6.0290 亿元和 6.2598 亿元,年均增速分别为 10.99%、10.97% 和 10.99%。

表 4-7　基于三种方法测算的非市场生产者 R&D 投资序列特征比较

| 时间 | Goldsmith 法 | | Griliches 法 | | BEA 法 | |
| --- | --- | --- | --- | --- | --- | --- |
| | 年均增量<br>(亿元) | 年均增速<br>(%) | 年均增量<br>(亿元) | 年均增速<br>(%) | 年均增量<br>(亿元) | 年均增速<br>(%) |
| 1979—1990 | 0.0468 | 18.88 | 0.0513 | 20.30 | 0.0462 | 18.76 |
| 1991—1995 | 0.3507 | 30.12 | 0.3387 | 30.26 | 0.3465 | 30.12 |
| 1996—2000 | 1.0045 | 26.04 | 0.9710 | 26.04 | 0.9928 | 26.05 |
| 2001—2005 | 3.0169 | 24.40 | 2.8736 | 24.21 | 2.9813 | 24.40 |
| 2006—2010 | 4.7194 | 15.32 | 4.4895 | 15.26 | 4.6624 | 15.31 |
| 2011—2015 | 6.3368 | 10.99 | 6.0290 | 10.97 | 6.2598 | 10.99 |
| 合计 | 2.1056 | 20.42 | 2.0618 | 20.88 | 2.0802 | 20.38 |

### (四)基于三种方法测算的浙江省自给性 R&D 投资规模差异较小,Goldsmith 法测算结果的年均增量相对更大, Griliches 法测算结果的年均增速相对更快

1979—2015 年间,基于三种方法测算的自给性 R&D 投资年均规模分别为 130.71 亿元、127.24 亿元和 127.48 亿元,标准差系数分别为 1.66、1.63 和 1.66。基于三种方法测算的自给性 R&D 投资规模年均增量分别为 20.5939 亿元、19.9758 亿元和 20.0680 亿元,年均增速分别为 26.83%、27.47% 和 26.74%(如表 4-8 数据所示)。分时间段看,1979—1990 年间,基于三种方法测算的自给性 R&D 投资规模年均增量分别为 0.1166 亿元、

0.1207 亿元和 0.1140 亿元,年均增速分别为 23.92%、25.81% 和 23.71%;
1991—1995 年间,基于三种方法测算的自给性 R&D 投资规模年均增量分
别为 1.1641 亿元、1.1152 亿元和 1.1385 亿元,年均增速分别为 37.10%、
37.21% 和 37.06%;1996—2000 年间,基于三种方法测算的自给性 R&D 投
资规模年均增量分别为 4.2707 亿元、4.0893 亿元和 4.1765 亿元,年均增速
分别为 32.21%、32.18% 和 32.20%;2001—2005 年间,基于三种方法测算
的自给性 R&D 投资规模年均增量分别为 20.5140 亿元、19.5847 亿元和
20.0350 亿元,年均增速分别为 34.86%、34.84% 和 34.83%;2006—2010 年
间,基于三种方法测算的自给性 R&D 投资规模年均增量分别为 49.8752 亿
元、47.0847 亿元和 48.5964 亿元,年均增速分别为 23.61%、23.43% 和
23.57%;2011—2015 年间,基于三种方法测算的自给性 R&D 投资规模年
均增量分别为 76.1021 亿元、71.5145 亿元和 74.0989 亿元,年均增速分别
为 14.84%、14.74% 和 14.82%。

表 4-8　基于三种方法测算的自给性 R&D 投资序列特征比较

| 时间 | Goldsmith 法 | | Griliches 法 | | BEA 法 | |
|---|---|---|---|---|---|---|
| | 年均增量（亿元） | 年均增速（%） | 年均增量（亿元） | 年均增速（%） | 年均增量（亿元） | 年均增速（%） |
| 1979—1990 | 0.1166 | 23.92 | 0.1207 | 25.81 | 0.1140 | 23.71 |
| 1991—1995 | 1.1641 | 37.10 | 1.1152 | 37.21 | 1.1385 | 37.06 |
| 1996—2000 | 4.2707 | 32.21 | 4.0893 | 32.18 | 4.1765 | 32.20 |
| 2001—2005 | 20.5140 | 34.86 | 19.5847 | 34.84 | 20.0350 | 34.83 |
| 2006—2010 | 49.8752 | 23.61 | 47.0847 | 23.43 | 48.5964 | 23.57 |
| 2011—2015 | 76.1021 | 14.84 | 71.5145 | 14.74 | 74.0989 | 14.82 |
| 合计 | 20.5939 | 26.83 | 19.9758 | 27.47 | 20.0680 | 26.74 |

# 第三节 规模以上工业企业 R&D 投资规模：1978—2015

## ■ 一、数据来源与数据处理

浙江经济是典型的"工业主导型"，工业在浙江产业结构中占据重要地位。随着浙江经济的不断发展，工业企业不断加大研发资金投入力度。表4-9 数据显示，1990—2015 年间，工业企业 R&D 经费支出规模从 0.52 亿元连年拓展至 2015 年的 853.57 亿元，年均增量为 34.12 亿元，年均增速高达34.47%。工业企业 R&D 经费支出占 R&D 经费支出的比例从 25.49% 逐年上升至 2015 年的 84.41%，年均提升幅度为 2.36 个百分点。工业企业是我省 R&D 经费支出的主要执行者，是浙江省 R&D 投资的主体。测算浙江省工业企业的 R&D 投资规模，对推进浙江省工业结构战略性调整，进一步拓展浙江省工业化进程的广度和深度，具有较重要的参考意义。

需要说明的是，鉴于浙江省 R&D 统计调查仅针对规模以上（后简称"规上"）的工业企业展开，无法获取全部工业企业 R&D 活动数据，我们据此仅针对规上工业企业，测算规上工业企业 R&D 投资规模。具体数据来源和数据处理情况是：1990 年及以后年份的"规上工业企业 R&D 经费支出"源于历年的《浙江省科技统计年鉴》，1990 年以前年份的数据通过平均增长率进行推算；R&D 资本化核算所涉及的 R&D 资本性支出、R&D 软件支出等数据基于历年"规上工业企业 R&D 经费支出占企业部门 R&D 经费支出的比重"进行推算。

表 4-9　浙江省按执行部门分类的 R&D 经费支出

| 年份 | R&D 经费支出（亿元） | 按执行部门分类 | | | | 工业企业 R&D 经费支出比例（%） |
|---|---|---|---|---|---|---|
| | | 研究机构（亿元） | 高等院校（亿元） | 工业企业（亿元） | 其他部门（亿元） | |
| 1990 | 2.04 | 0.96 | 0.51 | 0.52 | 0.05 | 25.49 |
| 1991 | 2.27 | 0.87 | 0.69 | 0.64 | 0.06 | 28.19 |
| 1992 | 3.46 | 1.21 | 1.25 | 0.90 | 0.09 | 26.01 |
| 1993 | 4.43 | 1.48 | 1.77 | 1.04 | 0.13 | 23.48 |
| 1994 | 7.88 | 1.33 | 1.82 | 4.52 | 0.21 | 57.36 |
| 1995 | 9.14 | 1.85 | 2.42 | 4.63 | 0.24 | 50.66 |
| 1996 | 10.50 | 2.23 | 2.43 | 5.56 | 0.29 | 52.95 |
| 1997 | 15.19 | 2.96 | 3.04 | 7.85 | 1.34 | 51.68 |
| 1998 | 19.70 | 3.10 | 3.00 | 11.80 | 1.80 | 59.90 |
| 1999 | 27.05 | 3.04 | 3.71 | 17.80 | 2.50 | 65.80 |
| 2000 | 36.59 | 3.21 | 3.33 | 26.54 | 3.51 | 72.53 |
| 2001 | 44.74 | 3.32 | 5.09 | 32.04 | 4.29 | 71.61 |
| 2002 | 57.65 | 2.97 | 6.58 | 42.58 | 5.52 | 73.86 |
| 2003 | 77.76 | 4.35 | 7.88 | 59.62 | 5.91 | 76.67 |
| 2004 | 115.55 | 4.62 | 13.33 | 91.10 | 6.50 | 78.84 |
| 2005 | 163.29 | 11.58 | 13.90 | 130.41 | 7.40 | 79.86 |
| 2006 | 224.03 | 12.38 | 15.99 | 183.39 | 12.27 | 81.86 |
| 2007 | 286.32 | 13.63 | 18.18 | 231.19 | 18.96 | 80.75 |
| 2008 | 345.76 | 13.89 | 19.15 | 274.31 | 28.99 | 79.34 |
| 2009 | 398.84 | 12.85 | 23.91 | 330.10 | 31.98 | 82.77 |
| 2010 | 494.23 | 15.36 | 34.55 | 407.43 | 36.89 | 82.44 |
| 2011 | 612.93 | 18.07 | 40.81 | 479.91 | 52.18 | 78.30 |
| 2012 | 722.59 | 21.83 | 44.72 | 588.61 | 67.43 | 81.46 |
| 2013 | 817.27 | 27.17 | 47.28 | 684.36 | 61.46 | 83.74 |
| 2014 | 907.85 | 27.12 | 49.67 | 768.15 | 62.83 | 84.61 |
| 2015 | 1011.18 | 30.28 | 56.14 | 853.57 | 71.19 | 84.41 |
| 均值 | 246.86 | 9.29 | 16.20 | 201.48 | 18.62 | 81.62 |

## 二、规上工业企业 R&D 投资规模测算结果：1978—2015

我们分别基于 Goldsmith 法、Griliches 法和 BEA 法测算了 1978—2015 年浙江省规上工业企业 R&D 投资序列，如表 4-10 和图 4-4 所示。比较而言，基于 Goldsmith 法测算的规上工业企业 R&D 投资规模相对较大，年均 R&D 投资规模为 107.94 亿元；基于 Griliches 法测算的规上工业企业 R&D 投资规模相对较小，年均 R&D 投资规模为 104.95 亿元；基于 BEA 法测算的规上工业企业 R&D 投资规模居中，年均 R&D 投资规模为 105.09 亿元。基于三种方法测算的规上工业企业 R&D 投资规模序列离散程度相当，标准差系数分别为 1.69、1.66 和 1.69。

表 4-10　基于三种方法测算的规上工业企业 R&D 投资序列

（单位：亿元）

| 时间 | Goldsmith 法 | Griliches 法 | BEA 法 |
|---|---|---|---|
| 1978 | 0.0185 | / | 0.0185 |
| 1979 | 0.0180 | 0.0183 | 0.0181 |
| 1980 | 0.0239 | 0.0225 | 0.0232 |
| 1981 | 0.0319 | 0.0302 | 0.0310 |
| 1982 | 0.0424 | 0.0404 | 0.0414 |
| 1983 | 0.0564 | 0.0538 | 0.0549 |
| 1984 | 0.0747 | 0.0712 | 0.0727 |
| 1985 | 0.1016 | 0.0968 | 0.0990 |
| 1986 | 0.1390 | 0.1324 | 0.1355 |
| 1987 | 0.1838 | 0.1751 | 0.1791 |
| 1988 | 0.2425 | 0.2308 | 0.2363 |
| 1989 | 0.3137 | 0.2980 | 0.3055 |
| 1990 | 0.4059 | 0.3854 | 0.3954 |
| 1991 | 0.5078 | 0.4817 | 0.4944 |

续　表

| 时间 | Goldsmith 法 | Griliches 法 | BEA 法 |
|------|------------|-------------|--------|
| 1992 | 0.7489 | 0.7104 | 0.7298 |
| 1993 | 0.8823 | 0.8401 | 0.8596 |
| 1994 | 3.8558 | 3.6687 | 3.7591 |
| 1995 | 3.9033 | 3.7231 | 3.8020 |
| 1996 | 4.5714 | 4.3361 | 4.4508 |
| 1997 | 6.6091 | 6.2658 | 6.4396 |
| 1998 | 9.8617 | 9.3808 | 9.6098 |
| 1999 | 14.9388 | 14.2228 | 14.5614 |
| 2000 | 22.0847 | 21.0524 | 21.5242 |
| 2001 | 26.1568 | 24.9114 | 25.4833 |
| 2002 | 35.1995 | 33.4629 | 34.2968 |
| 2003 | 50.4837 | 48.0254 | 49.1970 |
| 2004 | 77.6374 | 73.9561 | 75.6966 |
| 2005 | 107.1214 | 102.2687 | 104.4169 |
| 2006 | 151.2194 | 144.1848 | 147.4049 |
| 2007 | 195.0540 | 185.9679 | 190.0937 |
| 2008 | 242.4034 | 230.7534 | 236.1270 |
| 2009 | 257.5661 | 244.4447 | 250.8106 |
| 2010 | 315.9543 | 299.2279 | 307.6102 |
| 2011 | 394.6032 | 373.3138 | 384.1488 |
| 2012 | 446.2162 | 421.8457 | 434.3346 |
| 2013 | 508.5247 | 480.2016 | 494.8771 |
| 2014 | 579.5618 | 546.6827 | 563.9799 |
| 2015 | 644.5625 | 607.7003 | 627.1695 |
| 均值 | 107.9400 | 104.9500 | 105.0900 |

(亿元)

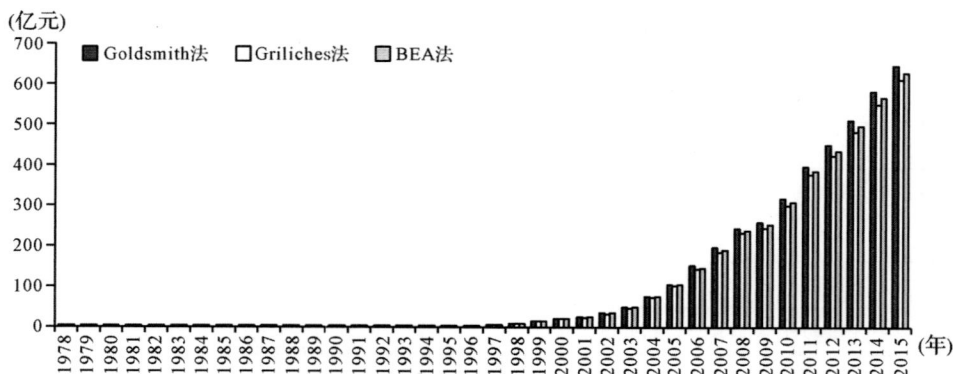

图 4-4 浙江省规上工业企业 R&D 投资规模发展趋势

从增量与增速情况看,1979—2015 年间,基于三种方法测算的规上工业企业 R&D 投资规模年均增量分别为 17.4201 亿元、16.8801 亿元和 16.9500 亿元,年均增速分别为 32.67%、33.53%和 32.57%(如表 4-11 数据所示)。Goldsmith 法测算结果的年均增量相对更大,Griliches 法测算结果的年均增速相对更快。分时间段看,1979—1990 年间,基于三种方法测算的规上工业企业 R&D 投资规模年均增量分别为 0.0323 亿元、0.0334 亿元和 0.0314 亿元,年均增速分别为 29.35%、31.92%和 29.07%;1991—1995 年间,基于三种方法测算的规上工业企业 R&D 投资规模年均增量分别为 0.6995 亿元、0.6675 亿元和 0.6813 亿元,年均增速分别为 57.25%、57.40%和 57.25%;1996—2000 年间,基于三种方法测算的规上工业企业 R&D 投资规模年均增量分别为 3.5027 亿元、3.3433 亿元和 3.4147 亿元,年均增速分别为 41.43%、41.41%和 41.44%;2001—2005 年间,基于三种方法测算的规上工业企业 R&D 投资规模年均增量分别为 17.0073 亿元、16.2433 亿元和 16.5785 亿元,年均增速分别为 37.14%、37.18%和 37.14%;2006—2010 年间,基于三种方法测算的规上工业企业 R&D 投资规模年均增量分别为 41.7666 亿元、39.3918 亿元和 40.6837 亿元,年均增速分别为 24.15%、23.95%和 24.12%;2011—2015 年间,基于三种方法测算的规上工业企业 R&D 投资规模年均增量分别为 65.7216 亿元、61.6945 亿元和 63.9119 亿元,年均增速分别为 15.33%、15.22%和 15.31%。

表 4-11 基于三种方法测算的规上工业企业 R&D 投资序列特征比较

| 时间 | Goldsmith 法 | | Griliches 法 | | BEA 法 | |
|---|---|---|---|---|---|---|
| | 年均增量（亿元） | 年均增速（%） | 年均增量（亿元） | 年均增速（%） | 年均增量（亿元） | 年均增速（%） |
| 1979—1990 | 0.0323 | 29.35 | 0.0334 | 31.92 | 0.0314 | 29.07 |
| 1991—1995 | 0.6995 | 57.25 | 0.6675 | 57.40 | 0.6813 | 57.25 |
| 1996—2000 | 3.5027 | 41.43 | 3.3433 | 41.41 | 3.4147 | 41.44 |
| 2001—2005 | 17.0073 | 37.14 | 16.2433 | 37.18 | 16.5785 | 37.14 |
| 2006—2010 | 41.7666 | 24.15 | 39.3918 | 23.95 | 40.6387 | 24.12 |
| 2011—2015 | 65.7216 | 15.33 | 61.6945 | 15.22 | 63.9119 | 15.31 |
| 合计 | 17.4201 | 32.67 | 16.8801 | 33.53 | 16.9500 | 32.57 |

## 三、规上工业企业 R&D 投资比例与 R&D 经费支出比例比较

我们对规上工业企业 R&D 投资比例与 R&D 经费支出比例的差异进行了考察①。1990—2015 年间,浙江省规上工业企业 R&D 投资比例发展趋势与 R&D 经费支出比例发展趋势如图 4-5 所示。数据表明,1990 年以来,浙江省规上工业企业 R&D 经费支出的年均比例达 81.62%,分别比基于 Goldsmith 法、Griliches 法和 BEA 法测算的规上工业企业 R&D 投资比例高 6.85 个百分点、6.93 个百分点和 6.97 个百分点。

动态地看,规上工业企业 R&D 投资比例与 R&D 经费支出比例的差异呈现较显著的三阶段特征:①1990—1993 年的基本吻合阶段。在该阶段,规上工业企业 R&D 投资比例与 R&D 经费支出比例基本吻合,两者相差幅度不超过 1 个百分点。②1994—2000 年的差距小幅扩大阶段。在该阶段,规

---

① 规上工业企业 R&D 投资比例=规上工业企业 R&D 投资/浙江省 R&D 投资,规上工业企业 R&D 经费支出比例=规上工业企业 R&D 经费支出/浙江省 R&D 经费支出。

上工业企业 R&D 投资比例与 R&D 经费支出比例的差距逐渐小幅扩大,两者相差幅度从 1994 年的 2.5 个百分点左右逐年扩大到 2000 年的 5 个百分点左右。③2001—2015 年的差距加速扩大阶段。在该阶段,规上工业企业 R&D 投资比例与 R&D 经费支出比例的差距不断扩大,两者相差幅度从 2001 年的 5 个百分点左右加速扩大到 2015 年的 8 个百分点左右。规上工业企业 R&D 投资比例总体不及 R&D 经费支出比例的事实也从侧面显示出,浙江省规上工业企业 R&D 活动的效率具有较富余的提升空间,规上工业企业的 R&D 投资转化能力还有待进一步提升。

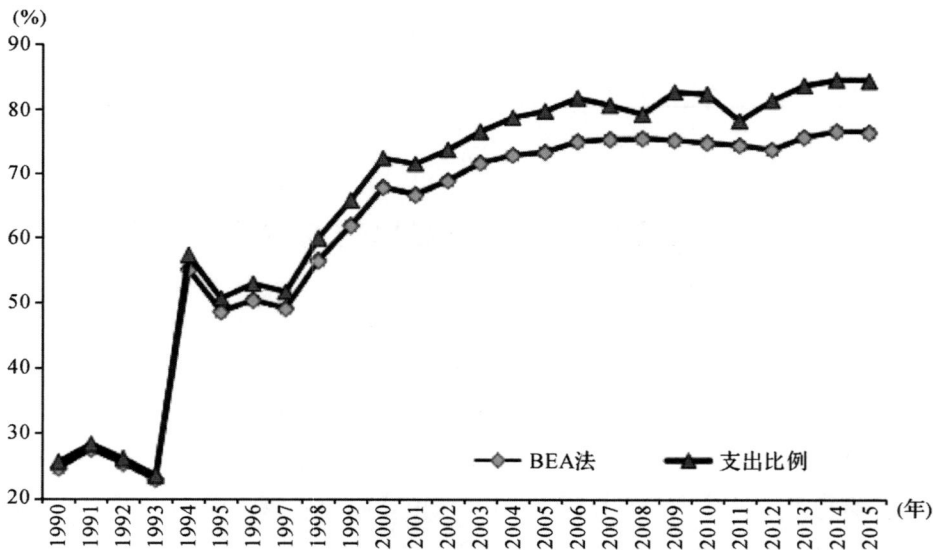

图 4-5 浙江省规上工业企业 R&D 投资比例与支出比例发展趋势

## 四、规上工业企业 R&D 有效投资系数动态考察

我们将 R&D 投资与 R&D 内部经费支出的比值定义为 R&D 有效投资系数,该指标是衡量 R&D 活动投入产出效率最为贴切的指标,没有之一。浙江省规上工业企业的 R&D 有效投资系数计算公式如式(4-8)所示。以 BEA 法的计算结果为例,我们计算了 1990—2015 年浙江省规上工业企业的

R&D 有效投资系数的变化序列,计算结果如图 4-6 所示。

规上工业企业 R&D 有效投资系数＝规上工业企业 R&D 投资规模/ 规上工业企业 R&D 内部经费支出　　　　　　　　　　　　　　　(4-8)

计算结果显示,1990—2015 年间,浙江省规上工业企业 R&D 有效投资系数的年均值为 76.21％,浙江省 R&D 有效投资系数的年均值为 83.26％,规上工业企业 R&D 有效投资系数年均值低于浙江省平均水平 7.05 个百分点。动态地看,规上工业企业 R&D 有效投资系数发展大体呈现"较快速上升→波动趋稳→快速下降"的发展态势。其中,1990—1994 年为较快速上升阶段,其规上工业企业 R&D 有效投资系数从 1990 年的 76.04％上升至 1994 年的 83.17％,年均提升幅度为 1.78 个百分点;1995—2008 年为波动趋稳阶段,其规上工业企业 R&D 有效投资系数基本围绕 82％波动;2009—2015 年为快速下降阶段,其规上工业企业 R&D 有效投资系数从 2009 年的 86.08％降至 2015 年的 73.48％,年均降幅为 1.8 个百分点。同时,一个特别需要引起重视的问题是,规上工业企业 R&D 有效投资系数始终不如浙江省 R&D 有效投资系数平均值,且两者差距从 1990—1995 年的 2.81 个百分点逐步扩大为 1996—2000 年的 5.27 个百分点、2001—2005 年的 6.54 个百分点、2006—2010 年的 6.71 个百分点和 2011—2015 年的 7.23 个百分点,正呈不断扩大的发展趋势。

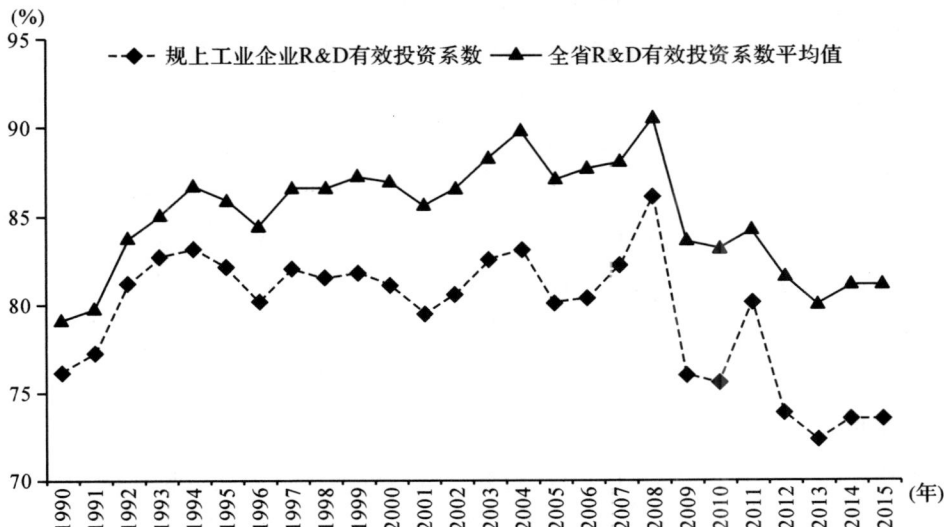

图 4-6　浙江省规上工业企业 R&D 有效投资系数发展趋势

# 第四节　不同研究类别的 R&D 投资规模:1978—2015

## ■ 一、数据来源与数据处理

R&D 活动可分为基础研究、应用研究和试验发展三个类别,测算不同研究类别的 R&D 投资规模以形成基础研究 R&D 投资序列、应用研究 R&D 投资序列和试验发展 R&D 投资序列,对明晰浙江省 R&D 投资的结构、解析浙江省 R&D 支出的效率构成等问题具有十分重要的参考价值。

《浙江省科技统计年鉴》并未统计浙江省历年的基础研究 R&D 内部经费支出、应用研究 R&D 内部经费支出、试验发展 R&D 内部经费支出的构成数据,而《中国科技统计年鉴》统计了 2009 年以来的构成情况。据此,2009—2015 年浙江省三个研究类别的 R&D 内部经费支出数据直接源自《中国科技统计年鉴》。1990—2008 年浙江省三个研究类别的 R&D 内部经费支出数据,我们根据《中国科技统计年鉴》公布的独立研究机构三个研究类别 R&D 内部经费支出数据及独立研究机构的 R&D 经费占比、高等学校三个研究类别 R&D 内部经费支出数据及高等学校的 R&D 经费占比、大中型工业企业三个研究类别 R&D 内部经费支出数据及大中型工业企业的 R&D 经费占比予以估算。对于 1978—1989 年浙江省三个研究类别的 R&D 内部经费支出数据,我们基于年均增长率进行逆推获取。

局限于数据资源,对于测算三个研究类别 R&D 投资序列所需的资本性支出、软件支出、生产税净额和资本回报等数据,我们仅能根据三类研究的特性及浙江省研发工作的开展情况进行估算。比较基础研究、应用研究和试验发展三个类别的 R&D 活动,可知基础研究活动一般以认识现象,发现和开拓新的知识领域为目的,通常不具备特定的应用或使用目的。基础研究工作往往由学术工作者承担,其产出常表现为一般的原则、理论或规律,并多以论文形式在科学期刊上发表或在学术会议上交流。因此,基础研究的资本性支出、软件支出、生产税净额及资本回报数值较小,甚至可以忽略不计。据此,本书根据基础研究 R&D 经费支出占总体 R&D 经费支出中的比重来估算资本性支出、软件支出和生产税净额。同时,由于基础研究一般不考虑其直接应用,我们将基础研究的资本回报直接作零处理。不同于基础研究,应用研究活动是主要针对某一特定的实际目的或目标所专门开展的研究,其活动本质是将基础理论拓展为实际运用形式,其产出常以科学论文、专著、原理性模型或发明专利为主。类似地,试验发展主要指利用从基础研究、应用研究和实际经验中所获得的现有知识,为产生新的产品、材料和装置,建立新的工艺、系统和服务,以及对已产生和建立的上述各项做实质性的改进而进行的系统性工作,其成果形式主要是专利、专有知识,具有新产品基本特征的产品原型或具有新装置基本特征的原始样机等。应用研究和试验发展两类 R&D 活动存在一定规模的资本性支出、软件支出、生产税净额和资本回报数值。据此,我们根据应用研究 R&D 经费支出占总体 R&D 经费支出的比重、试验发展 R&D 经费支出占总体 R&D 经费支出的比重分别估算资本性支出、软件支出及生产税净额。此外,应用研究和试验发展的资本回报数值则通过两类研究的 R&D 经费支出份额估算。

类似地,由于缺乏三个类别 R&D 活动的固定资本消耗资料,我们基于历年的 R&D 固定资本消耗总额,根据三类研究活动的 R&D 经费支出占比估算获得。

## 二、不同研究类别的 R&D 投资规模测算结果:1978—2015

我们分别基于 Goldsmith 法、Griliches 法和 BEA 法测算了 1978—2015 年浙江省基础研究 R&D 投资规模序列、应用研究 R&D 投资规模序列、试验发展 R&D 投资规模序列,具体如表 4-12、表 4-13、表 4-14、图 4-7、图 4-8 和图 4-9 所示。

表 4-12　基于三种方法测算的基础研究 R&D 投资序列

（单位：亿元）

| 时间 | Goldsmith 法 | Griliches 法 | BEA 法 |
|------|------------|------------|--------|
| 1978 | 0.0002 | 0.0002 | 0.0002 |
| 1979 | 0.0001 | 0.0001 | 0.0001 |
| 1980 | 0.0002 | 0.0002 | 0.0002 |
| 1981 | 0.0003 | 0.0002 | 0.0002 |
| 1982 | 0.0003 | 0.0003 | 0.0003 |
| 1983 | 0.0005 | 0.0005 | 0.0005 |
| 1984 | 0.0007 | 0.0006 | 0.0007 |
| 1985 | 0.0009 | 0.0009 | 0.0009 |
| 1986 | 0.0013 | 0.0013 | 0.0013 |
| 1987 | 0.0018 | 0.0017 | 0.0018 |
| 1988 | 0.0025 | 0.0024 | 0.0025 |
| 1989 | 0.0035 | 0.0033 | 0.0034 |
| 1990 | 0.0047 | 0.0044 | 0.0046 |
| 1991 | 0.0056 | 0.0054 | 0.0055 |
| 1992 | 0.0097 | 0.0093 | 0.0095 |
| 1993 | 0.0137 | 0.0130 | 0.0134 |
| 1994 | 0.0267 | 0.0255 | 0.0262 |
| 1995 | 0.0331 | 0.0317 | 0.0324 |
| 1996 | 0.0404 | 0.0384 | 0.0395 |
| 1997 | 0.0646 | 0.0614 | 0.0632 |
| 1998 | 0.0903 | 0.0861 | 0.0883 |
| 1999 | 0.1348 | 0.1287 | 0.1318 |
| 2000 | 0.1959 | 0.1872 | 0.1915 |
| 2001 | 0.2544 | 0.2430 | 0.2488 |
| 2002 | 0.3573 | 0.3407 | 0.3493 |
| 2003 | 0.5303 | 0.5060 | 0.5184 |

续　表

| 时间 | Goldsmith 法 | Griliches 法 | BEA 法 |
|------|-------------|-------------|--------|
| 2004 | 0.8649 | 0.8251 | 0.8447 |
| 2005 | 1.2774 | 1.2199 | 1.2478 |
| 2006 | 1.9004 | 1.8141 | 1.8559 |
| 2007 | 2.6306 | 2.5102 | 2.5681 |
| 2008 | 3.5155 | 3.3497 | 3.4304 |
| 2009 | 4.0402 | 3.8376 | 3.9401 |
| 2010 | 6.7321 | 6.3807 | 6.5650 |
| 2011 | 8.4561 | 8.0097 | 8.2455 |
| 2012 | 10.2180 | 9.6715 | 9.9612 |
| 2013 | 10.8782 | 10.2828 | 10.6019 |
| 2014 | 12.7894 | 12.0753 | 12.4632 |
| 2015 | 15.5291 | 14.6554 | 15.1316 |
| 均值 | 2.1212 | 2.0085 | 2.0682 |

**表 4-13　基于三种方法测算的应用研究 R&D 投资序列**

（单位：亿元）

| 时间 | Goldsmith 法 | Griliches 法 | BEA 法 |
|------|-------------|-------------|--------|
| 1978 | 0.0121 | 0.0121 | 0.0121 |
| 1979 | 0.0091 | 0.0102 | 0.0090 |
| 1980 | 0.0113 | 0.0107 | 0.0111 |
| 1981 | 0.0144 | 0.0136 | 0.0141 |
| 1982 | 0.0181 | 0.0172 | 0.0178 |
| 1983 | 0.0228 | 0.0218 | 0.0224 |
| 1984 | 0.0286 | 0.0274 | 0.0281 |
| 1985 | 0.0364 | 0.0348 | 0.0357 |
| 1986 | 0.0465 | 0.0444 | 0.0456 |
| 1987 | 0.0582 | 0.0556 | 0.0571 |

| 时间 | Goldsmith 法 | Griliches 法 | BEA 法 |
|------|------|------|------|
| 1988 | 0.0728 | 0.0695 | 0.0713 |
| 1989 | 0.0915 | 0.0866 | 0.0893 |
| 1990 | 0.1111 | 0.1059 | 0.1088 |
| 1991 | 0.1220 | 0.1161 | 0.1194 |
| 1992 | 0.1910 | 0.1817 | 0.1871 |
| 1993 | 0.2434 | 0.2325 | 0.2383 |
| 1994 | 0.4321 | 0.4124 | 0.4231 |
| 1995 | 0.4859 | 0.4650 | 0.4754 |
| 1996 | 0.5372 | 0.5110 | 0.5252 |
| 1997 | 0.7802 | 0.7417 | 0.7631 |
| 1998 | 0.9891 | 0.9433 | 0.9673 |
| 1999 | 1.3398 | 1.2789 | 1.3104 |
| 2000 | 1.7669 | 1.6886 | 1.7277 |
| 2001 | 2.0823 | 1.9887 | 2.0357 |
| 2002 | 2.6528 | 2.5302 | 2.5936 |
| 2003 | 3.5724 | 3.4091 | 3.4925 |
| 2004 | 5.2869 | 5.0437 | 5.1638 |
| 2005 | 7.0852 | 6.7659 | 6.9212 |
| 2006 | 9.5639 | 9.1293 | 9.3397 |
| 2007 | 12.0118 | 11.4622 | 11.7263 |
| 2008 | 14.5648 | 13.8780 | 14.2125 |
| 2009 | 15.1878 | 14.4263 | 14.8113 |
| 2010 | 22.8428 | 21.6502 | 22.2758 |
| 2011 | 27.4322 | 25.9842 | 26.7493 |
| 2012 | 28.9474 | 27.3992 | 28.2197 |
| 2013 | 29.0827 | 27.4908 | 28.3440 |
| 2014 | 30.4443 | 28.7444 | 29.6679 |
| 2015 | 32.5719 | 30.7392 | 31.7381 |
| 均值 | 6.5987 | 6.2558 | 6.4355 |

**表 4-14 基于三种方法测算的试验发展 R&D 投资序列**

（单位：亿元）

| 时间 | Goldsmith 法 | Griliches 法 | BEA 法 |
|------|-------------|-------------|--------|
| 1978 | 0.1116 | 0.1116 | 0.1116 |
| 1979 | 0.0976 | 0.1096 | 0.0970 |
| 1980 | 0.1249 | 0.1176 | 0.1226 |
| 1981 | 0.1616 | 0.1526 | 0.1588 |
| 1982 | 0.2088 | 0.1986 | 0.2051 |
| 1983 | 0.2688 | 0.2566 | 0.2640 |
| 1984 | 0.3449 | 0.3296 | 0.3387 |
| 1985 | 0.4480 | 0.4281 | 0.4398 |
| 1986 | 0.5853 | 0.5590 | 0.5739 |
| 1987 | 0.7505 | 0.7171 | 0.7357 |
| 1988 | 0.9590 | 0.9158 | 0.9397 |
| 1989 | 1.2336 | 1.1671 | 1.2033 |
| 1990 | 1.5323 | 1.4604 | 1.5010 |
| 1991 | 1.7205 | 1.6377 | 1.6842 |
| 1992 | 2.7558 | 2.6221 | 2.6987 |
| 1993 | 3.5924 | 3.4304 | 3.5161 |
| 1994 | 6.5226 | 6.2244 | 6.3864 |
| 1995 | 7.5028 | 7.1789 | 7.3396 |
| 1996 | 8.4844 | 8.0708 | 8.2956 |
| 1997 | 12.6047 | 11.9822 | 12.3286 |
| 1998 | 16.3462 | 15.5899 | 15.9868 |
| 1999 | 22.6508 | 21.6214 | 22.1538 |
| 2000 | 30.5573 | 29.2039 | 29.8792 |
| 2001 | 36.8404 | 35.1846 | 36.0165 |
| 2002 | 48.0151 | 45.7952 | 46.9440 |

续　表

| 时间 | Goldsmith 法 | Griliches 法 | BEA 法 |
|------|------------|------------|--------|
| 2003 | 66.1498 | 63.1252 | 64.6703 |
| 2004 | 100.1534 | 95.5462 | 97.8213 |
| 2005 | 137.3190 | 131.1314 | 134.1396 |
| 2006 | 189.6429 | 181.0246 | 185.1968 |
| 2007 | 243.6943 | 232.5445 | 237.9017 |
| 2008 | 302.3369 | 288.0796 | 295.0239 |
| 2009 | 322.5838 | 306.4090 | 314.5875 |
| 2010 | 391.9316 | 371.4699 | 382.2037 |
| 2011 | 493.3840 | 467.3407 | 481.1005 |
| 2012 | 564.9506 | 534.7345 | 550.7475 |
| 2013 | 630.9281 | 596.3936 | 614.9036 |
| 2014 | 712.3641 | 672.5888 | 694.1972 |
| 2015 | 794.5040 | 749.8005 | 774.1651 |
| 均值 | 135.6411 | 128.5593 | 132.2784 |

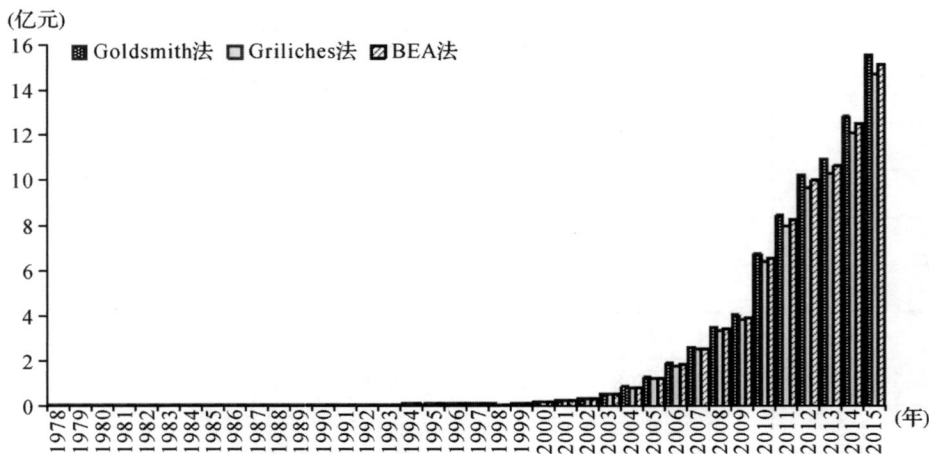

图 4-7　浙江省基础研究 R&D 投资规模发展趋势

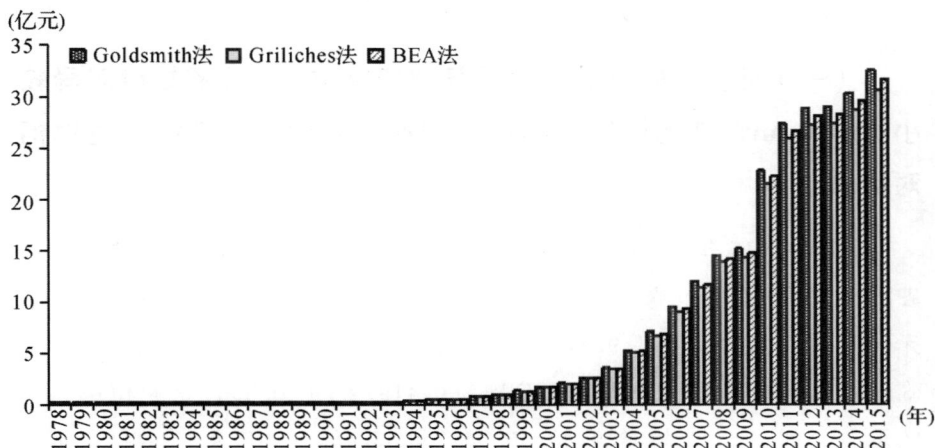

图 4-8　浙江省应用研究 R&D 投资规模发展趋势

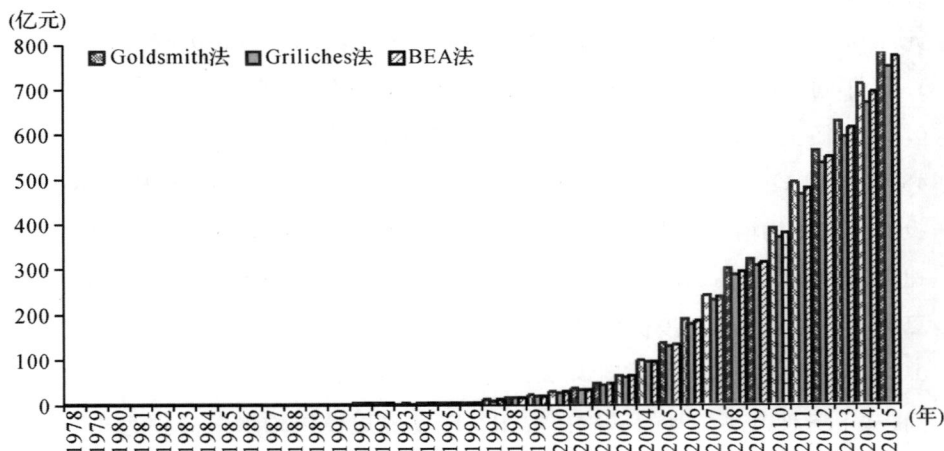

图 4-9　浙江省试验发展 R&D 投资规模发展趋势

## ■ 三、不同研究类别 R&D 投资序列特征比较

我们分别比较了基于三种方法测算的基础研究 R&D 投资序列特征、应
用研究 R&D 投资序列特征和试验发展 R&D 投资序列特征。

### （一）基于三种方法测算的基础研究 R&D 投资规模差异较小，Goldsmith 法测算结果的年均增量相对更大，年均增速也相对更快

1979—2015 年间，基于 Goldsmith 法、Griliches 法和 BEA 法测算的基础研究 R&D 投资年均规模分别为 2.1212 亿元、2.0085 亿元和 2.0682 亿元，标准差系数分别为 1.9227、1.9190 和 1.9219。基于三种方法测算的基础研究 R&D 投资规模年均增量分别为 0.4197 亿元、0.3961 亿元和 0.4090 亿元，年均增速分别为 35.57％、35.36％和 35.48％（如表 4-15 数据所示）。分时间段看，1979—1990 年间，基于 Goldsmith 法、Griliches 法和 BEA 法测算的基础研究 R&D 投资规模年均增量分别为 0.000 38 亿元、0.000 35 亿元和 0.000 37 亿元[①]，年均增速分别为 30.09％、29.38％和 29.86％；1991—1995 年间，基于三种方法测算的基础研究 R&D 投资规模年均增量分别为 0.0057 亿元、0.0055 亿元和 0.0056 亿元，年均增速分别为 47.76％，48.43％和 47.76％；1996—2000 年间，基于三种方法测算的基础研究 R&D 投资规模年均增量分别为 0.0326 亿元、0.0311 亿元和 0.0318 亿元，年均增速分别为 42.71％、42.64％和 42.67％；2001—2005 年间，基于三种方法测算的基础研究 R&D 投资规模年均增量分别为 0.2163 亿元、0.2065 亿元和 0.2113 亿元，年均增速分别为 45.50％、45.48％和 45.48％；2006—2010 年间，基于三种方法测算的基础研究 R&D 投资规模年均增量分别为 1.0909 亿元、1.0322 亿元和 1.0634 亿元，年均增速分别为 39.43％、39.22％和 39.39％；2011—2015 年间，基于三种方法测算的基础研究 R&D 投资规模年均增量分别为 1.7594 亿元、1.6549 亿元和 1.7133 亿元，年均增速分别为 18.20％、18.09％和 18.18％。

---

① 因取小数点后四位无法看出区别，所以这里选取至小数点后五位数。

表 4-15　基于三种方法测算的基础研究 R&D 投资序列特征比较

| 时间 | Goldsmith 法 | | Griliches 法 | | BEA 法 | |
|---|---|---|---|---|---|---|
| | 年均增量（亿元） | 年均增速（%） | 年均增量（亿元） | 年均增速（%） | 年均增量（亿元） | 年均增速（%） |
| 1979—1990 | 0.000 38 | 30.09 | 0.000 35 | 29.38 | 0.000 37 | 29.86 |
| 1991—1995 | 0.0057 | 47.76 | 0.0055 | 48.43 | 0.0056 | 47.76 |
| 1996—2000 | 0.0326 | 42.71 | 0.0311 | 42.64 | 0.0318 | 42.67 |
| 2001—2005 | 0.2163 | 45.50 | 0.2065 | 45.48 | 0.2113 | 45.48 |
| 2006—2010 | 1.0909 | 39.43 | 1.0322 | 39.22 | 1.0634 | 39.39 |
| 2011—2015 | 1.7594 | 18.20 | 1.6549 | 18.09 | 1.7133 | 18.18 |
| 合计 | 0.4197 | 35.57 | 0.3961 | 35.36 | 0.4090 | 35.48 |

## （二）基于三种方法测算的应用研究 R&D 投资规模差异较小，Goldsmith 法测算结果的年均增量相对更大，年均增速也相对更快

1979—2015 年间，基于 Goldsmith 法、Griliches 法和 BEA 法测算的应用研究 R&D 投资年均规模分别为 6.5987 亿元、6.2558 亿元和 6.4355 亿元，标准差系数分别为 1.5913、1.5876 和 1.5904。基于三种方法测算的应用研究 R&D 投资规模年均增量分别为 0.8800 亿元、0.8305 亿元和 0.8575 亿元，年均增速分别为 23.80%、23.60% 和 23.7□%（如表 4-16 数据所示）。分时间段看，1979—1990 年间，基于三种方法测算的应用研究 R&D 投资规模年均增量分别为 0.0083 亿元、0.0078 亿元和 0.0081 亿元，年均增速分别为 20.29%、19.81% 和 20.08%；1991—1995 年间，基于三种方法测算的应用研究 R&D 投资规模年均增量分别为 0.0750 亿元、0.0718 亿元和 0.0733 亿元，年均增速分别为 34.33%、34.44% 和 34.30%；1996—2000 年间，基于三种方法测算的应用研究 R&D 投资规模年均增量分别为 0.2562 亿元、0.2447 亿元和 0.2505 亿元，年均增速分别为 29.46%、29.42% 和 29.44%；2001—2005 年间，基于三种方法测算的应用研究 R&D 投资规模年均增量

分别为 1.0637 亿元、1.0155 亿元和 1.0387 亿元,年均增速分别为 32.02%、32.00% 和 31.99%;2006—2010 年间,基于三种方法测算的应用研究 R&D 投资规模年均增量分别为 3.1515 亿元、2.9769 亿元和 3.0709 亿元,年均增速分别为 26.38%、26.19% 和 26.34%;2011—2015 年间,基于三种方法测算的应用研究 R&D 投资规模年均增量分别为 1.9458 亿元、1.8178 亿元和 1.8925 亿元,年均增速分别为 7.35%、7.26% 和 7.34%。

表 4-16　基于三种方法测算的应用研究 R&D 投资序列特征比较

| 时间 | Goldsmith 法 | | Griliches 法 | | BEA 法 | |
|---|---|---|---|---|---|---|
| | 年均增量（亿元） | 年均增速（%） | 年均增量（亿元） | 年均增速（%） | 年均增量（亿元） | 年均增速（%） |
| 1979—1990 | 0.0083 | 20.29 | 0.0078 | 19.81 | 0.0081 | 20.08 |
| 1991—1995 | 0.0750 | 34.33 | 0.0718 | 34.44 | 0.0733 | 34.30 |
| 1996—2000 | 0.2562 | 29.46 | 0.2447 | 29.42 | 0.2505 | 29.44 |
| 2001—2005 | 1.0637 | 32.02 | 1.0155 | 32.00 | 1.0387 | 31.99 |
| 2006—2010 | 3.1515 | 26.38 | 2.9769 | 26.19 | 3.0709 | 26.34 |
| 2011—2015 | 1.9458 | 7.35 | 1.8178 | 7.26 | 1.8925 | 7.34 |
| 合计 | 0.8800 | 23.80 | 0.8305 | 23.60 | 0.8575 | 23.71 |

## （三）基于三种方法测算的试验发展 R&D 投资规模差异较小，Goldsmith 法测算结果的年均增量相对更大，年均增速也相对更快

1979—2015 年间,基于 Goldsmith 法、Griliches 法和 BEA 法测算的试验发展 R&D 投资年均规模分别为 135.6411 亿元、128.5593 亿元和 132.2784 亿元,标准差系数分别为 1.6634、1.6594 和 1.6625。基于三种方法测算的试验发展 R&D 投资规模年均增量分别为 21.4701 亿元、20.2619 亿元和 20.9204 亿元,年均增速分别为 27.09%、26.89% 和 27.00%(如表 4-17 数据所示)。分时间段看,1979—1990 年间,基于 Goldsmith 法、Griliches 法和 BEA 法测算的试验发展 R&D 投资规模年均增量分别为 0.1184 亿元、

0.1124 亿元和 0.1158 亿元,年均增速分别为 24.40%、23.90% 和 24.18%；1991—1995 年间,基于三种方法测算的试验发展 R&D 投资规模年均增量分别为 1.1941 亿元、1.1437 亿元和 1.1677 亿元,年均增速分别为 37.40%、37.50% 和 37.36%；1996—2000 年间,基于三种方法测算的试验发展 R&D 投资规模年均增量分别为 4.6109 亿元、4.4050 亿元和 4.5079 亿元,年均增速分别为 32.43%、32.40% 和 32.42%；2001—2005 年间,基于三种方法测算的试验发展 R&D 投资规模年均增量分别为 21.3523 亿元、20.3855 亿元和 20.8521 亿元,年均增速分别为 35.06%、35.04% 和 35.03%；2006—2010 年间,基于三种方法测算的试验发展 R&D 投资规模年均增量分别为 50.9225 亿元、48.0667 亿元和 49.6128 亿元,年均增速分别为 23.34%、23.15% 和 23.30%；2011—2015 年间,基于三种方法测算的试验发展 R&D 投资规模年均增量分别为 80.5145 亿元、75.6661 亿元和 78.3923 亿元,年均增速分别为 15.18%、15.08% 和 15.16%。

表 4-17　基于三种方法测算的试验发展 R&D 投资序列特征比较

| 时间 | Goldsmith 法 | | Griliches 法 | | BEA 法 | |
|---|---|---|---|---|---|---|
| | 年均增量<br>(亿元) | 年均增速<br>(%) | 年均增量<br>(亿元) | 年均增速<br>(%) | 年均增量<br>(亿元) | 年均增速<br>(%) |
| 1979—1990 | 0.1184 | 24.40 | 0.1124 | 23.90 | 0.1158 | 24.18 |
| 1991—1995 | 1.1941 | 37.40 | 1.1437 | 37.50 | 1.1677 | 37.36 |
| 1996—2000 | 4.6109 | 32.43 | 4.4050 | 32.40 | 4.5079 | 32.42 |
| 2001—2005 | 21.3523 | 35.06 | 20.3855 | 35.04 | 20.8521 | 35.03 |
| 2006—2010 | 50.9225 | 23.34 | 48.0667 | 23.15 | 49.6128 | 23.30 |
| 2011—2015 | 80.5145 | 15.18 | 75.6661 | 15.08 | 78.3923 | 15.16 |
| 合计 | 21.4701 | 27.09 | 20.2619 | 26.89 | 20.9204 | 27.00 |

## 四、不同研究类别 R&D 有效投资系数动态考察

接下来,进一步考察不同研究类别的 R&D 有效投资系数动态发展趋

势。浙江省的基础研究 R&D 有效投资系数、应用研究 R&D 有效投资系数和试验发展 R&D 有效投资系数的计算公式分别如式(4-9)、(4-10)和(4-11)所示,计算结果如表 4-18、图 4-10、图 4-11 和图 4-12 所示。

基础研究 R&D 有效投资系数

=基础研究 R&D 投资规模/基础研究 R&D 内部经费支出 (4-9)

应用研究 R&D 有效投资系数

=应用研究 R&D 投资规模/应用研究 R&D 内部经费支出 (4-10)

试验发展 R&D 有效投资系数

=试验发展 R&D 投资规模/试验发展 R&D 内部经费支出 (4-11)

比较基于三种方法计算的基础研究 R&D 有效投资系数、应用研究 R&D 有效投资系数和试验发展 R&D 有效投资系数,不同序列之间呈现如下特征。

**表 4-18　不同研究类别的 R&D 有效投资系数①**　　　　(单位:%)

| 时间 | 基础研究 R&D 有效投资系数 | | | 应用研究 R&D 有效投资系数 | | | 试验发展 R&D 有效投资系数 | | |
|------|------|------|------|------|------|------|------|------|------|
| | (1) | (2) | (3) | (1) | (2) | (3) | (1) | (2) | (3) |
| 1979 | 47.80 | 53.68 | 47.51 | 60.78 | 68.26 | 60.41 | 69.12 | 77.63 | 68.70 |
| 1980 | 48.34 | 45.53 | 47.47 | 61.46 | 57.89 | 60.35 | 69.89 | 65.83 | 68.63 |
| 1981 | 49.45 | 46.69 | 48.57 | 62.88 | 59.36 | 61.76 | 71.48 | 67.48 | 70.21 |
| 1982 | 50.49 | 48.03 | 49.60 | 64.19 | 61.07 | 63.06 | 72.96 | 69.41 | 71.67 |
| 1983 | 51.39 | 49.04 | 50.47 | 65.33 | 62.36 | 64.17 | 74.24 | 70.86 | 72.93 |
| 1984 | 52.11 | 49.81 | 51.18 | 66.26 | 63.33 | 65.07 | 75.28 | 71.96 | 73.93 |
| 1985 | 53.52 | 51.15 | 52.54 | 68.04 | 65.03 | 66.80 | 77.30 | 73.87 | 75.88 |
| 1986 | 55.27 | 52.79 | 54.20 | 70.28 | 67.12 | 68.92 | 79.82 | 76.24 | 78.28 |
| 1987 | 56.03 | 53.54 | 54.93 | 71.24 | 68.07 | 69.84 | 80.91 | 77.31 | 79.32 |
| 1988 | 56.61 | 54.06 | 55.48 | 71.98 | 68.74 | 70.53 | 81.73 | 78.05 | 80.09 |
| 1989 | 57.58 | 54.48 | 56.17 | 73.21 | 69.26 | 71.41 | 83.12 | 78.64 | 81.08 |

① 表中(1)表示 Goldsmith 法,(2)表示 Griliches 法,(3)表示 BEA 法。

续　表

| 时间 | 基础研究 R&D 有效投资系数 | | | 应用研究 R&D 有效投资系数 | | | 试验发展 R&D 有效投资系数 | | |
|---|---|---|---|---|---|---|---|---|---|
| | (1) | (2) | (3) | (1) | (2) | (3) | (1) | (2) | (3) |
| 1990 | 56.55 | 53.90 | 55.40 | 71.90 | 68.53 | 70.43 | 81.62 | 77.80 | 79.96 |
| 1991 | 56.99 | 54.25 | 55.79 | 72.46 | 68.97 | 70.93 | 82.25 | 78.29 | 80.52 |
| 1992 | 59.81 | 56.91 | 58.58 | 76.05 | 72.36 | 74.47 | 86.32 | 82.13 | 84.53 |
| 1993 | 60.83 | 58.08 | 59.54 | 77.34 | 73.85 | 75.70 | 87.78 | 83.82 | 85.91 |
| 1994 | 62.02 | 59.18 | 60.72 | 78.85 | 75.25 | 77.20 | 89.49 | 85.40 | 87.62 |
| 1995 | 61.44 | 58.78 | 60.10 | 78.11 | 74.74 | 76.41 | 88.64 | 84.82 | 86.72 |
| 1996 | 60.41 | 57.47 | 59.07 | 76.81 | 73.07 | 75.10 | 87.16 | 82.91 | 85.23 |
| 1997 | 61.98 | 58.92 | 60.62 | 78.80 | 74.91 | 77.08 | 89.42 | 85.01 | 87.46 |
| 1998 | 61.92 | 59.05 | 60.56 | 78.72 | 75.08 | 76.99 | 89.33 | 85.20 | 87.37 |
| 1999 | 62.43 | 59.59 | 61.06 | 79.38 | 75.77 | 77.64 | 90.08 | 85.98 | 88.10 |
| 2000 | 62.21 | 59.46 | 60.83 | 79.10 | 75.60 | 77.35 | 89.77 | 85.79 | 87.77 |
| 2001 | 61.30 | 58.54 | 59.93 | 77.93 | 74.43 | 76.19 | 88.45 | 84.47 | 86.47 |
| 2002 | 61.96 | 59.09 | 60.57 | 78.77 | 75.13 | 77.02 | 89.40 | 85.27 | 87.41 |
| 2003 | 63.24 | 60.35 | 61.83 | 80.41 | 76.73 | 78.61 | 91.27 | 87.09 | 89.23 |
| 2004 | 64.40 | 61.44 | 62.90 | 81.88 | 78.11 | 79.97 | 92.95 | 88.67 | 90.79 |
| 2005 | 62.45 | 59.64 | 61.01 | 79.40 | 75.82 | 77.56 | 90.15 | 86.09 | 88.06 |
| 2006 | 62.84 | 59.98 | 61.36 | 79.89 | 76.26 | 78.02 | 90.72 | 86.60 | 88.60 |
| 2007 | 63.16 | 60.27 | 61.66 | 80.30 | 76.63 | 78.39 | 91.20 | 87.03 | 89.04 |
| 2008 | 64.87 | 61.81 | 63.30 | 82.48 | 78.59 | 80.48 | 93.70 | 89.28 | 91.43 |
| 2009 | 59.99 | 56.98 | 58.50 | 76.27 | 72.45 | 74.38 | 86.67 | 82.33 | 84.52 |
| 2010 | 59.38 | 56.28 | 57.91 | 75.50 | 71.56 | 73.63 | 86.09 | 81.59 | 83.95 |
| 2011 | 61.95 | 58.68 | 60.40 | 78.76 | 74.60 | 76.80 | 89.77 | 85.03 | 87.54 |
| 2012 | 58.52 | 55.39 | 57.05 | 74.41 | 70.43 | 72.54 | 84.80 | 80.26 | 82.67 |
| 2013 | 57.46 | 54.32 | 56.00 | 73.06 | 69.06 | 71.20 | 83.18 | 78.62 | 81.07 |
| 2014 | 58.26 | 55.01 | 56.77 | 74.07 | 69.94 | 72.19 | 84.32 | 79.62 | 82.17 |
| 2015 | 58.33 | 55.05 | 56.84 | 74.16 | 69.99 | 72.26 | 84.46 | 79.71 | 82.30 |

续　表

| 时间 | 基础研究 R&D 有效投资系数 | | | 应用研究 R&D 有效投资系数 | | | 试验发展 R&D 有效投资系数 | | |
|---|---|---|---|---|---|---|---|---|---|
|  | (1) | (2) | (3) | (1) | (2) | (3) | (1) | (2) | (3) |
| 均值 | 58.47 | 55.87 | 57.20 | 74.34 | 71.04 | 72.73 | 84.46 | 80.71 | 82.62 |

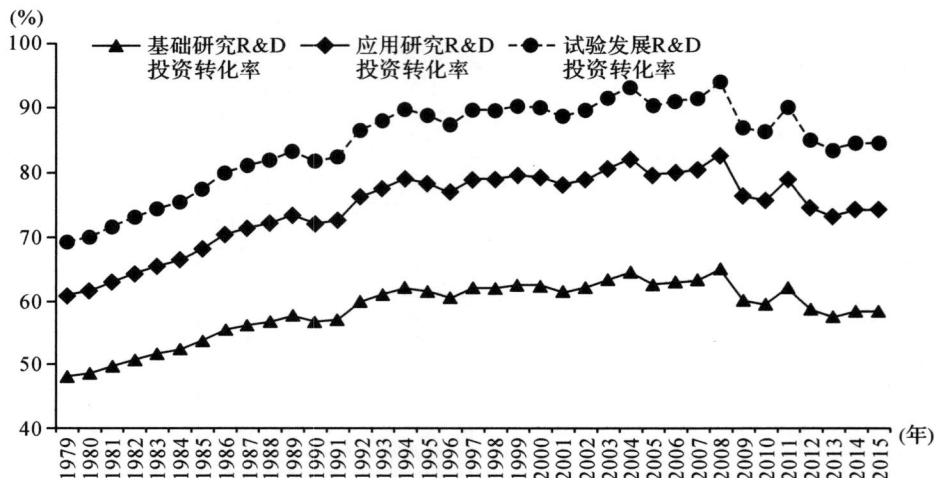

图 4-10　基于 Goldsmith 法测算的三种类别 R&D 有效投资系数发展趋势

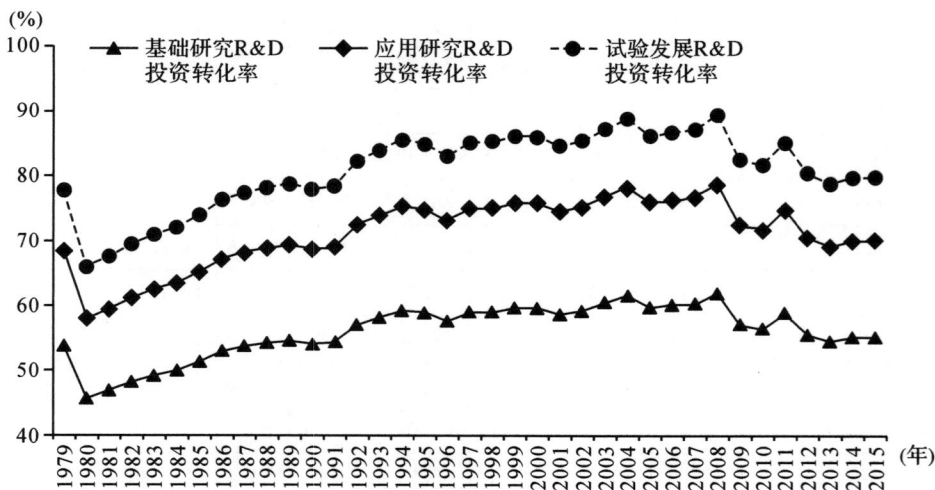

图 4-11　基于 Griliches 法测算的三种类别 R&D 有效投资系数发展趋势

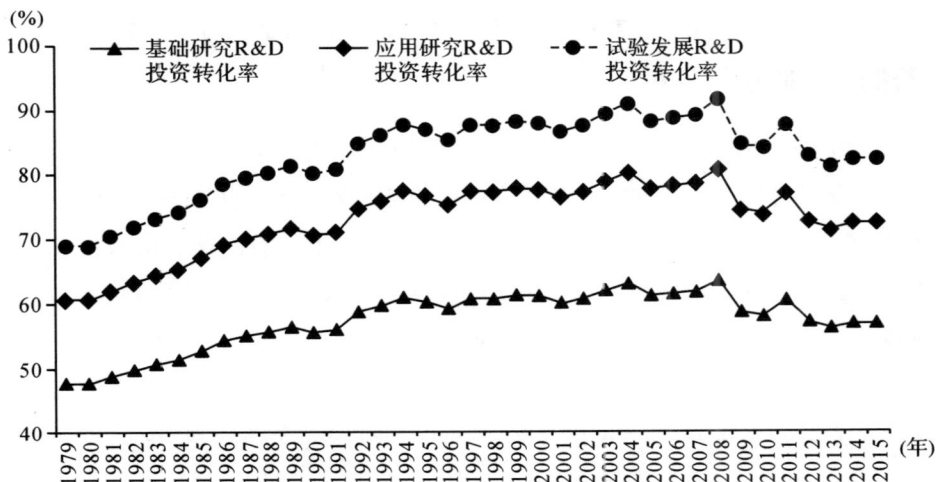

图 4-12    基于 BEA 法测算的三种类别 R&D 有效投资系数发展趋势

## （一）基于三种方法测算的 R&D 有效投资系数序列均维持"基础研究＜应用研究＜试验发展"的差序格局

1979—2015 年间,基于 Goldsmith 法测算的基础研究 R&D 有效投资系数均值、应用研究 R&D 有效投资系数均值和试验发展 R&D 有效投资系数均值分别为 58.47％、74.34％和 84.46％;基于 Griliches 法测算的基础研究 R&D 有效投资系数均值、应用研究 R&D 有效投资系数均值和试验发展 R&D 有效投资系数均值分别为 55.87％、71.04％和 80.71％;基于 BEA 法测算的基础研究 R&D 有效投资系数均值、应用研究 R&D 有效投资系数均值和试验发展 R&D 有效投资系数均值分别为 57.20％、72.73％和 82.62％。基于三种方法测算的 R&D 有效投资系数序列均维持"基础研究＜应用研究＜试验发展"的差序格局,符合三类研究活动的投入产出效率性质,与我们的预期也相匹配。比较而言,基于 Goldsmith 法测算的三类研究 R&D 有效投资系数的差值相对更大,其应用研究 R&D 投资平均转化率比基础研究 R&D 投资平均转化率高 15.87 个百分点,试验发展 R&D 投资平均转化率比应用研究 R&D 投资平均转化率高 10.12 个百分点。

## （二）不同研究类别的 R&D 有效投资系数序列均呈现较显著的"三阶段"特征

1979—2015 年间,基于三种方法测算的基础研究 R&D 有效投资系数序列、应用研究 R&D 有效投资系数序列和试验发展 R&D 有效投资系数序列均呈现较显著的"三阶段"特征:①1979—1989 年的稳步增长阶段。在该阶段,浙江省不同研究类别的 R&D 有效投资系数增长态势稳健。其中,基础研究 R&D 有效投资系数、应用研究 R&D 有效投资系数和试验发展 R&D 有效投资系数的年均提升幅度分别为 0.9 个百分点、1.1 个百分点和 1.2 个百分点。②1990—2008 年的波动增长阶段。在该阶段,浙江省不同研究类别的 R&D 有效投资系数均出现了小幅波动,增长速度较上一阶段有所放缓,整体呈现波动增长的发展态势。其中,基础研究 R&D 有效投资系数、应用研究 R&D 有效投资系数和试验发展 R&D 有效投资系数的年均提升幅度分别下滑 0.4 个百分点、0.5 个百分点和 0.6 个百分点。③2009—2015 年的波动下滑阶段。2009 年,浙江省不同研究类别的 R&D 有效投资系数出现了急速下滑,基础研究 R&D 有效投资系数、应用研究 R&D 有效投资系数和试验发展 R&D 有效投资系数分别比 2008 年下滑了约 5 个百分点、6 个百分点和 7 个百分点。尽管自 2010 年起,不同研究类别的 R&D 有效投资系数并未步入持续快速下滑的轨道,但仍然未出现显著回升的态势。在该阶段,基础研究 R&D 有效投资系数、应用研究 R&D 有效投资系数和试验发展 R&D 有效投资系数的年均下降幅度大致为 0.9 个百分点、1.2 个百分点和 1.3 个百分点。

# 第五章

# 浙江省 R&D 资本存量规模实际核算

## 第一节　对 R&D 资本存量核算的再认识

### 一、对 R&D 投资(流量)和 R&D 资本存量间核算关系的再认识

一个完整的 R&D 资本化核算实践应包括两个层次:R&D 投资(流量)核算和 R&D 资本存量核算。前者也被称为 R&D 固定资本形成核算,主要针对 R&D 资本流量层面的核算与应用;后者主要针对 R&D 资本存量层面的核算与应用,是开展 R&D 生产效率、产出弹性、全要素生产率等分析的必要前提。与 R&D 投资(流量)衡量在一个核算期形成的 R&D 资本价值不同,R&D 资本存量衡量至某一时点核算主体所积累的 R&D 资本价值,两个时点间的 R&D 资本价值变化则等于该时期所形成的 R&D 投资(流量)。

根据 PIM 公式,R&D 资本存量核算需要初始 R&D 资本存量、历年 R&D 投资规模、R&D 产品价格指数、R&D 折旧率与使用年限等关键信息;R&D 投资(流量)核算需要 R&D 产出、R&D 净出口、R&D 中间消耗与 R&D 最终消费等关键信息。重要的是,基于资本存量测算的 R&D 固定资本消耗是 R&D 产出的重要组成部分。据此,R&D 资本存量核算与 R&D 投资(流量)核算之间相互影响、循环交替的关系易使我们陷入"先存量后流

量"或"先流量后存量"的形而上学主义。

综观国内的相关文献,在 2008 版 SNA 提出 R&D 资本化核算改革之前,国内学者已对 R&D 资本存量展开了系列测算。如吴瑛和杨宏进(2006)[1],程华和吴晓晖(2006)[2],吴延兵(2006;2008)[3][4],李小胜(2007)[5],王俊(2009)[6],石岿然和赵顺龙(2010)[7],王国顺、张涵和邓路(2010)[8],王孟欣(2011)[9],徐欣和唐清泉(2012)[10],周文光和黄瑞华(2012)[11],周密(2012)[12],李淑梅、单松和范鹏翔等(2013)[13],彭建平和李永苍(2014)[14],张同

[1] 吴瑛、杨宏进:《基于 R&D 存量的高技术产业科技资源配置效率 DEA 度量模型》,《科学学与科学技术管理》2006 年第 9 期,第 28—32 页。

[2] 程华、吴晓晖:《R&D 投入、存量及产出弹性研究——基于年份/功效函数的实证研究》,《科学学研究》2006 年 A1 期,第 108—124 页。

[3] 吴延兵:《R&D 存量、知识函数与生产效率》,《经济学(季刊)》2006 年第 3 期,第 129—156 页。

[4] 吴延兵:《中国工业 R&D 产出弹性测算(1993—2002)》,《经济学(季刊)》2008 年第 3 期,第 869—890 页。

[5] 李小胜:《中国 R&D 资本存量的估计与经济增长》,《中国统计》2007 年第 11 期,第 40—41 页。

[6] 王俊:《我国制造业 R&D 资本存量的测算(1998—2005)》,《统计研究》2009 年第 4 期,第 13—18 页。

[7] 石岿然、赵顺龙:《R&D 资本存量与我国高技术产业若干指标的相关性分析》,《科学学与科学技术管理》2010 年第 1 期,第 107—111 页。

[8] 王国顺、张涵、邓路:《R&D 存量、所有制结构与技术创新效率——高技术产业面板数据的实证研究》,《湘潭大学学报(哲学社会科学版)》2010 年第 2 期,第 71—75 页。

[9] 王孟欣:《我国区域 R&D 资本存量的测算》,《江苏大学学报(社会科学版)》2011 年第 1 期,第 84—88 页。

[10] 徐欣、唐清泉:《R&D 投资、知识存量与专利产出:基于专利产出类型和企业最终控制人视角的分析》,《经济管理》2012 年第 7 期,第 49—59 页。

[11] 周文光、黄瑞华:《创新绩效、R&D 资本存量与吸收能力的增长路径》,《科研管理》2012 年第 11 期,第 24—31 页。

[12] 周密:《研发存量、研发经费来源与知识生产效率》,《经济评论》2012 年第 5 期,第 61—68 页。

[13] 李淑梅、单松、范鹏翔等:《我国 R&D 资本存量估算》,《特区经济》2013 年第 6 期,第 173—175 页。

[14] 彭建平、李永苍:《FDI 存量、R&D 存量与自主创新》,《经济经纬》2014 年第 1 期,第 79—83 页。

斌和高铁梅(2014)①,孟卫东和孙广绪(2014)②,陈蓉和许培源(2015)③,陈宇峰和朱荣军(2016)④等分别基于全国层面或省级区域层面,对制造产业、高新技术产业等相关产业的R&D资本存量予以测算。在测算过程中,尽管大部分学者均选择PIM模型,但他们对所涉技术参数的选择、基础数据的获取等方面却提出了不尽相同的观点。同时,该类文献几乎一致地将"科技活动经费支出"或"R&D经费支出"作为历年R&D投资(流量)的代理变量,并未对科技经费投入与创新成果产出、科技创新能力累积之间的对应匹配关系予以充分的论述。在2008版SNA提出R&D资本化核算改革之后,国内学者的研究重心已逐渐转移至R&D投资(流量)核算与R&D资本存量核算并重的层面,也涌现出系列较具参考价值的文献,但R&D投资(流量)核算与R&D资本存量核算间的逻辑关系、R&D投资(流量)核算与R&D资本存量核算过程中的细节问题仍有待进一步阐释。如对R&D资本存量核算所需的历年R&D投资规模,孙凤娥和江永宏(2017)⑤将历年R&D内部经费支出中的资本性支出下调5%(剔除不能作为固定资本存量的土地价值)作为替代,以此形成R&D投资序列;杨林涛、韩兆洲和王昭颖(2015)⑥则根据"本年R&D资本存量-上年R&D资本存量=本年R&D资本净增加量"的等式关系估算出本年R&D固定资本形成额,而对于测算存量所需的R&D投资序列则仅以"查阅相关数据库和统计年鉴,整理出现价R&D资本支出额或投资额"含糊带过。

① 张同斌、高铁梅:《研发存量、知识溢出效应和产出空间依赖性对我国高新技术产业产出的影响》,《系统工程理论与实践》2014年第7期,第60—67页。

② 孟卫东、孙广绪:《中国高技术产业各行业资源配置效率研究——基于R&D存量Malmquist指数方法》,《科技管理研究》2014年第4期,第38—79页。

③ 陈蓉、许培源:《研发投入、知识存量与内资企业创新产出——基于高技术产业的经验分析》,《经济与管理评论》2015年第2期,第39—45页。

④ 陈宇峰、朱荣军:《中国区域R&D资本存量的再估算:1998—2012》,《科学学研究》2016年第1期,第69—80页。

⑤ 孙凤娥、江永宏:《中国研发资本测算及其经济增长贡献》,《经济与管理研究》2017年第2期,第3—12页。

⑥ 杨林涛、韩兆洲、王昭颖:《多视角下R&D资本化测算方法比较与应用》,《数量经济技术经济研究》2015年第12期,第90—106页。

## ■ 二、对 PIM 所需"历年投资数据"的再认识

从一般的固定资本使用存量测算来看,PIM 测算过程需要四种数据:历年投资数据、资本存量初始值数据、资产价格变化数据、资本使用寿命和折旧率数据。其中,资本存量初始值数据一般可根据历年的投资数据进行推算,资产价格变化数据、资本使用寿命和折旧率数据的测算相对独立,历年投资数据的获取往往面临多种选择。就已有的研究成果来看,在不同层次的固定资本存量测算文献中所选择的"历年投资数据"主要包括四类,即固定资产积累数据、固定资本形成数据、固定资产投资数据和新增固定资产数据。尽管指标名称大同小异,但统计含义却大不相同。对此,统计年鉴对于四类指标均有明确的阐释:①固定资产积累数据是用于扩大再生产和非生产性建设及增加社会储备的物质产品价值,即国民收入中扣除当年消费后的余额,包括固定资产积累(新增固定资产扣除固定资产消耗)和流动资产积累(原材料、燃料、半成品和属于生产资料的产成品库存、商品库存、物资储备库存等流动资产增加额),还可以分为生产性积累和非生产性积累。②固定资本形成数据指一定时期内获得减去处置的固定资本和存货的净额,包括固定资本形成总额和存货增加。其中,固定资本形成总额指一定时期的建筑、设备和土地改良获得减去处置的固定资本投资净额,存货增加表示期末存货价值减去期初存货价值。③固定资产投资额是指一定时期内以货币形式表示的建造和购置固定资产的工作量。④新增固定资产是指已经建成并投入生产或交付使用的工程和对达到固定资产标准的设备、工具、器具的投资,以及有关应摊入的费用。据此,固定资产积累、固定资本形成、固定资产投资之间满足如下等式:

固定资产积累额=固定资产形成总额-折旧           (5-1)

固定资本形成总额=固定资产投资总额-退役的资本品价值+土地改良投资           (5-2)

那么,哪一个指标更适用于固定资本存量,尤其是 R&D 资本存量的测算实践呢? 2008 版 SNA 及《资本存量测算手册(第二版)》(OECD,2009)推荐使用"固定资本形成总额"这一指标作为资本存量测度的基础数据。相较于其他指标,固定资本形成总额数据主要有以下几点优势:一是基于 PIM 的方法论,测算固定资产存量的数据不应该考虑资产退役、资本品效率下降或折旧的固定资产投资数据,固定资本形成总额数据是与之比较接近的概念(不涉及资本的退役和折旧);二是固定资本形成总额数据是形成可再生资本的数据,不包含无法形成可再生资本的存货数据;三是与固定资产投资数据相比,固定资本形成总额将城镇和农村非农户 50 万元以下项目的固定资产投资、矿藏勘探及计算机软件等无形生产资产方面的支出、房地产开发商的房屋销售收入和房屋建造投资成本之间的差额等包括在内(许宪春,2010),更加全面地体现了生产性资本存量的测度内容。因此,PIM 所需的"历年投资数据"应该是"固定资本形成总额数据"。类似地,基于 PIM 测算 R&D 资本形成所需的"历年投资数据"正是"历年 R&D 固定资本形成总额数据",也就是我们所核算的流量层面的"历年 R&D 投资规模"。

# 第二节　R&D 资本存量测算方法选择

## 一、基于 Goldsmith（1951）的测算法

1951 年,美国耶鲁大学教授 Goldsmith 首创了测算实物固定资本存量的 PIM,并用于定期估计美国的年度资本存量①。PIM 的理论基础源于耐用资本品生产模型,其实质是将过去不同时期购买的固定资产通过年度调

---

① Goldsmith Raymond W. "A Perpetual Inventory of National Wealth". *Studies in Income and Wealth*. 1951(14),pp. 5-73.

整和处理从而加总获得资本存量。耐用资本品的效率会随着使用年限的增加而发生改变,即资产能够提供的生产能力会发生改变,由此其资产价值也会发生改变,因而利用 PIM 对资产进行累加时要根据耐用品生产模型考虑资产效率的改变(向蓉美和叶樊妮,2011)[①]。根据 PIM,R&D 资本存量的计算公式如式(5-3)所示:

$$K_t = (1-\delta)K_{t-1} + R_t \qquad (5-3)$$

其中,$K_t$ 为第 $t$ 期的不变价 R&D 资本存量,$K_{t-1}$ 为第 $t-1$ 期的不变价 R&D 资本存量,$R_t$ 为第 $t$ 期的不变价 R&D 投资(流量),$\delta$ 为 R&D 资本折旧率。

## ■ 二、基于 Griliches(1980)的创新产出测算法[②]

美国哈佛大学教授 Griliches(1980)对 R&D 投资转化为 R&D 资本的时间差进行了强调。他认为,当期 R&D 投资需经过一定时长的滞后期才能转化为 R&D 资本[③]。因此,Griliches 基于 PIM 明确指出,R&D 投资是一种流量,只有通过投资主体开展 R&D 活动并获得创新产出才能转化为 R&D 资本存量。进一步地,根据 Griliches(1984,1998)[④][⑤]的研究成果,R&D 资本存量的计算公式如式(5-4)所示:

---

① 向蓉美、叶樊妮:《永续盘存法核算资本存量的两种途径及其比较》,《统计与信息论坛》2011 年第 3 期,第 20—26 页。

② 关于 R&D 资本存量测算的研究,Griliches(1980,1986,1998),Goto & Suzuki (1989),Coe(1995)等学者均有深入的研究,为了保证行文简洁,文中不再赘述。

③ Griliches Zvi. "R&D and Productivity Slowdown". *The American Economic Review*, 1980, 70(2), pp. 343-348.

④ Griliches Zvi, Lichtenberg Frank. "Interindustry Technology Flows and Productivity Growth: A Re-examination". *Review of Economics & Statistics*, 1984, 66 (2), pp. 324-329.

⑤ Griliches Zvi. "Productivity Growth and R&D at the Business Level: Results from the PIMS Data Base". New York: National Bureau of Economic Research, Inc., 1998.

$$K_t = (1-\delta)K_{t-1} + \sum_{k=1}^{n} U_k R_{t-k} \tag{5-4}$$

其中，$K_t$ 为第 $t$ 期的不变价 R&D 资本存量，$\delta$ 为 R&D 资本折旧率，$K_{t-1}$ 为第 $t-1$ 期的不变价 R&D 资本存量，$R_{t-k}$ 为第 $t-k$ 期的不变价 R&D 投资（流量），$U_k$ 为 R&D 投资滞后 $k$ 期转化为 R&D 资本的系数。当滞后期为 1 时，公式(5-4)便可调整成公式(5-5)：

$$K_t = R_{t-1} + (1-\delta)K_{t-1} \tag{5-5}$$

## 三、基于 BEA(2010)的拓展测算法

美国经济分析局(Bureau of Economic Analysis，BEA)分别于 1994 年、2006 年、2007 年和 2010 年开发编制了美国 R&D 卫星账户。在对 R&D 卫星账户编制方法的说明中，BEA 深入探讨了 R&D 资本存量的测算方法，并采用了不同于 Goldsmith(1951)和 Griliches(1980)的测算思路。根据 BEA(2007)的实际操作，R&D 资本存量计算公式如式(5-6)所示[①]：

$$K_t = K_{t-1} - D_t + R_t \tag{5-6}$$

其中，$K_t$ 表示第 $t$ 期的不变价 R&D 资本存量，$K_{t-1}$ 为第 $t-1$ 期的不变价 R&D 资本存量，$D_t$ 为第 $t$ 期的不变价 R&D 折旧额，$R_t$ 为第 $t$ 期的不变价 R&D 投资（流量）。BEA(2010)指出，测算第 $t$ 期的不变价 R&D 折旧额 $D_t$ 应基于第 $t-1$ 期的不变价 R&D 资本存量和第 $t$ 期的不变价 R&D 投资（流量），其计算公式如式(5-7)所示：

$$D_t = \delta\left(K_{t-1} + \frac{1}{2}R_t\right) \tag{5-7}$$

据此，公式(5-6)可调整为公式(5-8)：

$$K_t = (1-\delta)K_{t-1} + R_t - \frac{1}{2}\delta R_t \tag{5-8}$$

---

① Sliker B. K. 2007 *R&D Satellite Account Methodologies：R&D Capital Stocks and Net Rates of Return*. Washington：Bureau of Economic Analysis/National Science Foundation R&D Satellite Account Background Paper，2007.

## 四、三种测算方法的简单比较

比较来看,基于 Griliches(1980)的创新产出测算法和基于 BEA(2010)的拓展测算法均形成于 PIM,与基于 Goldsmith(1951)的测算法并无本质差异。三种方法均依赖对历年 R&D 投资序列、R&D 价格指数、R&D 资本折旧率等关键参数的选择与计算,其不同之处主要在于测算细节的处理方式,如表 5-1 所示。

表 5-1　三种 R&D 资本存量测算方法的细节比较

| 测算方法 | Goldsmith(1951)的测算法 | Griliches(1980)的创新产出测算法 | BEA(2010)的拓展测算法 |
|---|---|---|---|
| 第 $t$ 期 R&D 资本存量公式 | $K_t = (1-\delta)K_{t-1} + R_t$ | $K_t = (1-\delta)K_{t-1} + R_{t-1}$ | $K_t = (1-\delta)K_{t-1} + R_t - \dfrac{1}{2}\delta R_t$ |
| 第 $t$ 期 R&D 资本存量构成 | 第 $t-1$ 期 R&D 资本存量净额＋第 $t$ 期不变价 R&D 投资（流量） | 第 $t-1$ 期 R&D 资本存量净额＋第 $t-k$ 期不变价 R&D 投资（流量） | 第 $t-1$ 期 R&D 资本存量净额＋第 $t$ 期不变价 R&D 投资（流量）－ 当期不变价 R&D 资本折旧（以第 $t$ 期不变价 R&D 投资额的一半计算） |
| R&D 投资形成第 $t$ 期 R&D 资本存量的范围 | $R_t$ | $R_{t-1}$ | $(1-\delta/2)R_t$ |
|  | 100% 的当期不变价 R&D 投资（流量）转化为第 $t$ 期资本存量 | 100% 的第 $t-1$ 期不变价 R&D 投资（流量）转化为第 $t$ 期资本存量 | 50% 的第 $t$ 期不变价 R&D 投资（流量）形成折旧 |
| 第 $t$ 期 R&D 资本消耗 | $\delta K_{t-1}$ | $\delta K_{t-1}$ | $\delta\left(K_{t-1} + \dfrac{1}{2}R_t\right)$ |
| 基期 R&D 资本存量 | $\dfrac{R_1}{g_k + \delta}$ | $\dfrac{R_0}{g_k + \delta}$ | $\dfrac{R_1(1-\delta/2)}{g_k + \delta}$ |
| 关键参数 | 历年 R&D 投资序列,R&D 价格指数,R&D 资本折旧率 | | |

## （一）第 $t$ 期 R&D 资本存量构成内容略有不同

从 R&D 资本存量构成的角度看，Goldsmith（1951）的测算法中由"上一期 R&D 资本存量净额与当期不变价 R&D 投资（流量）"构成；Griliches（1980）的创新产出测算法中由"上一期 R&D 资本存量净额、滞后 $k$ 期的不变价 R&D 投资（流量）"之和构成；BEA（2010）的拓展测算法中则由"上一期 R&D 资本存量净额、当期不变价 R&D 投资（流量）"之和并扣除"当期不变价 R&D 资本折旧"构成。

## （二）R&D 投资形成第 $t$ 期 R&D 资本存量的范围略有不同

从 R&D 投资形成第 $t$ 期 R&D 资本的范围看，Goldsmith（1951）的测算法将"100％的第 $t$ 期不变价 R&D 投资（流量）转化为第 $t$ 期 R&D 资本存量"；Griliches（1980）的创新产出测算法将"100％的第 $t-1$ 期不变价 R&D 投资（流量）转化为第 $t$ 期 R&D 资本存量"；BEA（2010）的拓展测算法则将"第 $t$ 期不变价 R&D 投资（流量）扣除 R&D 资本折旧[以 50％的第 $t$ 期不变价 R&D 投资（流量）额计算]转化为第 $t$ 期 R&D 资本存量"。具体如表 5-1 所示。

## （三）第 $t$ 期 R&D 资本消耗的计算基础略有不同

从第 $t$ 期 R&D 资本消耗计算公式看，在 Goldsmith（1951）的测算法和 Griliches（1980）的创新产出测算法中均为 $\delta K_{t-1}$，其 R&D 资本消耗以第 $t-1$ 期不变价 R&D 资本存量为计算基础；在 BEA（2010）的拓展测算法中为 $\delta\left(K_{t-1}+\dfrac{1}{2}R_t\right)$，其 R&D 资本消耗以第 $t-1$ 期不变价 R&D 资本存量和 50％的第 $t$ 期不变价 R&D 投资（流量）额为计算基础。

## （四）基期 R&D 资本存量计算公式略有不同

从基期 R&D 资本存量计算公式看，在 Goldsmith（1951）的测算法中为 $\dfrac{R_1}{g_k+\delta}$，在 Griliches（1980）的创新产出测算法中为 $\dfrac{R_0}{g_k+\delta}$，在 BEA（2010）的拓展测算法中为 $\dfrac{R_1(1-\delta/2)}{g_k+\delta}$ [1]。

# 第三节　R&D 资本存量测算相关参数选择

## 一、历年 R&D 投资序列形成

我们以 1978 年为基期，测算 1978—2015 年浙江省 R&D 资本存量历年规模。1978 年浙江省 R&D 内部经费支出的推算值为 0.1238 亿元。考虑到较小规模的基期 R&D 资本存量并不会对后续年份的测算结果带来显著影响 [2]，以及尚不能找到之前年份的浙江省研发支出信息资料，我们据此将 1978 年的 R&D 内部经费支出视为基期 R&D 投资额。当然，之后年份的 R&D 投资额则调整为估算的 R&D 固定资本形成，即 R&D 投资（流量）。

---

[1]　$g_k$ 表示 R&D 资本存量平均增长率，$R_0$ 表示 0 期的不变价 R&D 资本存量，$R_1$ 表示 1 期的不变价 R&D 资本存量。

[2]　Hall Bronwyn., Mairesse Jacques. "Exploring the Relationship Between R&D and Productivity in Frecn Manufacturing Firms". *Journal of Econometrics*，1995（65），pp. 263-293.

## ■ 二、基期 R&D 资本存量测算

对于基期 R&D 资本存量的估计主要存在三种方法：(1)按照 PIM 要求，通过追溯往年资料获取或构造足够长的时间序列来直接测算基期 R&D 资本存量，如黄勇峰、任若恩和刘晓生(2002)[①]构建了 1921—1978 年的投资序列，据此推算我国 1978 年的资本存量；(2)利用资本产出比推算基期 R&D 资本存量，如张军扩(1991)[②]根据我国国民收入序列、美国经济学家 Perkins 估算的我国 1953 年资本产出比，推算我国 1952 年的资本存量；(3)利用当期投资与资本存量的比例关系推算基期 R&D 资本存量，如 Young(2000)[③]、张军、吴桂英和张吉鹏(2004)[④]先是计算初始投资对比投资增长率与折旧率之和，并以该商值来推算我国 1952 年的初始资本存量。相较而言，选用第三种方法的学者较多，如 Goto & Suzuki(1989)[⑤]、Trajtenberg (1989)[⑥]、Klette & Griliches(1998)[⑦]、

① 黄勇峰、任若恩、刘晓生：《中国制造业资本存量永续盘存法估计》，《经济学(季刊)》2002 年第 1 期，第 377—396 页。

② 张军扩：《"七五"期间经济效益的综合分析——各要素对经济增长贡献率测算》，《经济研究》1991 年第 4 期，第 8—17 页。

③ Young Alwyn . "Gold into Base Metals：Productivity Growth in the People's Republic of China during the Reform Period". *Journal of political economy*，2005，111(6)，pp. 1220-1261.

④ 张军、吴桂英、张吉鹏：《中国省际物质资本存量估算：1952—2000》，《经济研究》2004 年 10 期，第 35—44 页。

⑤ Goto Akira，Suzuki kazukuki . "R&D Capital，Rate of Return on R&D Investment and Spillover of R&D in Japanese Manufacturing Industries". *The Review of Economics and Statistics*，1989，71(4)，pp. 555-564.

⑥ Trajtenberg Manuel. "The Welfare Analysis of Product Innovations，with an Application to Computed Tomography Scanners". *Journal of Political Economy*，1989，97(2)，pp. 444-479.

⑦ Klette Tor Jakob，Griliches Zvi. "Empirical Patterns of Firm Growth and R&D Investment：A Quality Ladder Model Interpretation". *The Economic Journal*，1998，110(463)，pp. 363-387.

吴延兵(2006)①、王俊(2009)②、孙凤娥和江永宏(2017)③等。

我们亦选用第三种方法,以 R&D 投资(流量)的平均增长率替代 R&D 资本的平均增长率,推算浙江省 1978 年的 R&D 资本存量,具体估算公式如表 5-1 所示。需要指出的是,我们基于"最小二乘法"对 R&D 资本存量平均增长率 $g_k$ 进行估算。"最小二乘法"的估算思路是,假定 R&D 投资(流量)按照固定的指数增长率 $r$ 增长,其计算公式为

$$Y_t = Y_0 e^{rt} \tag{5-9}$$

对公式(5-9)两边取对数,则转化为公式(5-10):

$$\ln Y_t = \ln Y_0 + rt + \varepsilon_t \tag{5-10}$$

其中,$Y_0$ 与 $Y_t$ 分别表示基期的 R&D 投资(流量)和第 $t$ 期的 R&D 投资(流量),$\varepsilon_t$ 表示随机干扰项。

## 三、R&D 综合投入价格指数编制

对于 R&D 价格指数的选择,2008 版 SNA 建议在虚拟产出价格指数(Pseudo Output Price Index)和投入类价格指数(Input Price Index)之间进行选择(2008 版 SNA,第 15.148、15.155 段)。其中,投入类价格指数通过对不同 R&D 产品投入类价格指数的加权平均计算获得。因并不体现生产率的增长,2008 版 SNA 并不认为投入类价格指数是最佳指数选择(2008 版 SNA,第 15.153 段)。尽管如此,鉴于虚拟产出价格指数尚缺乏必要的资料,在目前的 R&D 资本化核算实践中仍广泛采用投入类价格指数。对此,IPP 亦认为,选用投入类价格指数也是目前的权宜之计(IPP,第 2.6 段)。

---

① 吴延兵:《R&D 存量、知识函数与生产效率》,《经济学季刊》2006 年第 4 期,第 1129—1156 页。

② 王俊:《我国制造业 R&D 资本存量的测算(1998—2005)》,《统计研究》2009 年 4 期,第 13—18 页。

③ 孙凤娥、江永宏:《中国研发资本测算及其经济增长贡献》,《经济与管理研究》2017 年第 2 期,第 3—12 页。

我们亦选择 R&D 投入类价格指数,这一方面是由于目前对如何编制 R&D 虚拟产出价格指数仍充满争论,编制的实际困难较大;另一方面是考虑到浙江省 R&D 产出均以成本法估价,选择 R&D 投入类价格指数与成本法的估算思路更为匹配。我们根据不同的 R&D 投入成本项价格指数构造浙江省 R&D 综合投入价格指数。具体地,R&D 投入类价格指数的构成项包括三类指数,分别是中间消耗价格指数、劳动者报酬价格指数及固定资本折旧价格指数。鉴于数据的可获得性,我们分别以工业生产者购进价格指数、R&D 人员工资价格指数①、固定资产投资价格指数对上述三项指数进行替代。进一步地,以各指数对应投入项占 R&D 产出的比重为权重,加权形成浙江省 R&D 综合投入价格指数。

另外,鉴于我国固定资产投资价格指数编制始于 1990 年,我们以固定资本形成总额缩减指数对 1990 年之前的 R&D 固定资产投资价格指数进行替代,相关数据来源于《中国国内生产总值核算历史资料:1952—2004》。

## 四、R&D 资产的平均役龄与折旧率选择

R&D 资产的折旧并非指 R&D 产品本身的物理损耗,而是指模仿者的跟随或新技术(知识)的更新导致的"旧的"R&D 产品的获利能力下降而逐步退出市场的现象。欧盟 R&D 特别工作组(R&D Task Force,2009)②、OECD(2010)③和欧盟统计局(2012)一致认为,各国应通过调查分析确定不同类型的 R&D 资产的产品役龄。但是,鉴于实施难度较大且缺乏其他可用

---

① R&D 人员工资价格指数:用 R&D 内部经费支出的人员劳务费除以 R&D 人员全时当量,得到每单位的 R&D 全时当量的劳务费,进而计算出相邻时期的 R&D 人员工资价格指数。

② R&D Task Force. *Minutes of the Meetings the Task Force on Research and Development*. Luxemboury:Publications Office of the European Union,2009.

③ OECD. *Handbook on Deriving Capital Measures of Intellectual Property Products*. Paries:OECD Publishing,2010.

的替代信息,欧盟 R&D 特别工作组(2009)、OECD(2010)和欧盟统计局(2012)统一推荐,各国在设定 R&D 产品役龄时可暂定为 10 年(OECD,2010;Eurostat,2014①)。

对于 R&D 资产的相对效率模式,大部分国家较青睐几何递减模式,如芬兰、英国、美国、加拿大、丹麦、比利时、奥地利、意大利、瑞典等国家。但是,各国对 R&D 资产平均役龄的确定和折旧率的估算却呈现五花八门的结果,如丹麦将基础研究、应用研究、试验发展的役龄分别设为 13 年、11 年、9 年②;荷兰(双曲线递减模式,参数设定为 0.75)将专利平均役龄设为 12.5 年,但将化工行业 R&D 资产的平均役龄和电子技术行业 R&D 资产的平均役龄另设为 15.5 年和 9.5 年③;美国、加拿大、英国、日本、芬兰、德国和以色列分别将 R&D 资产的平均役龄笼统地设定为 13.3 年、5~10 年、4~12 年、10 年、7~20 年、9~13 年和 7 年。同时,R&D 资产折旧率的设定同样具有一定的随意性,如加拿大取 10% 或 25%,以色列取 15%,英国取 10%~25%,荷兰取 11%~25% 等。我们列示了美国 R&D 资产的折旧率设定情况,如表 5-2 和表 5-3 所示④。

表 5-2　BEA 对部分行业 R&D 产品折旧率的设定

| NAICS 代码 | 行业 | 折旧率(%) |
|---|---|---|
| 3254 | 制药和医药制造 | 10 |
| 3341 | 电脑及周边设备制造 | 40 |
| 3342 | 通信设备制造 | 27 |
| 3344 | 半导体及其他电子元件制造 | 25 |

---

① Eurostat. *Manual on Measuring Research and Development in ESA* 2010. Luxemboury: Publications Office of the European Union, 2014.

② Finland Statistics. "Report on Developing a Satellite Account for Research and Development in Finland". *Statistics Finland*, 2009.

③ Rooijen-Horsten Van, Myriam, Tanriseven Murat, et al. *R&D Satellite Accounts in the Netherlands*. Paris: Statistics Netherlands, 2014.

④ Crawford MarissaJ. , Lee J. ,Jankowski J. E. "Measuring R&D in the National Economic Accounting System". *Survey of Current Business*, 2014, 34(4), pp. 435-442.

续　表

| NAICS 代码 | 行业 | 折旧率(%) |
|---|---|---|
| 3345 | 导航,测量,电子医药及控制仪表制造 | 29 |
| 3361—3363 | 机动车辆,团体,拖车及零部件制造 | 31 |
| 3364 | 航空航天产品及零部件制造 | 22 |
| 5112 | 软件发行 | 22 |
| 5415 | 计算机系统开发及相关服务 | 36 |
| 5417 | 科研开发服务 | 16 |

表 5-3　BEA 对政府 R&D 产品折旧率的设定

| 类　型 | | | 折旧率(%) |
|---|---|---|---|
| 1.联邦政府 | (1)国防 | 外部购买 R&D | 20 |
| | | 内部生产 R&D | 16 |
| | (2)非国防 | 空间 R&D | 7 |
| | | 健康 R&D | 9 |
| | | 交通 R&D | 16 |
| | | 能源 R&D | 9 |
| | | 其他 R&D | 16 |
| 2.州及地方政府 | 内部生产 R&D | | 16 |

对浙江省 R&D 资产折旧情况的相关假设,我们从学者的研究文献、会计核算准则和国家层面的实践操作中采集到三项线索:其一,国家统计局核算司 GDP 生产核算处于 2014 年提出了处理 R&D 产品折旧的参考建议,其明确指出"采用一定的折旧率(10%)对研发产品的历史成本价进行直线折旧"[1];其二,《中华人民共和国企业所得税法实施条例》第六十七条规定,"无形资产的摊销年限不得低于 10 年";其三,在国家层面的 R&D 资本化核算

---

①　王益烜、江永宏、柳楠等:《将研发支出纳入 GDP 核算的思考》,《中国统计》2014年第 2 期,第 4—6 页。

实践中,R&D 资产的相对效率模式为几何递减模式(非直线折旧)①。综合上述三项线索,我们亦假定浙江省 R&D 资产的相对效率模式符合几何递减模式,进而借助公式(5-11)对 R&D 资产的折旧率(δ)进行估算。

$$d_\tau = (1 - \delta)^\tau \quad \tau = 0, 1, \cdots, T \tag{5-11}$$

其中,$d_\tau$ 表示 R&D 资产的相对效率,$\tau$ 表示时期,$T$ 表示 R&D 资产的平均役龄。对公式(5-11)的直观解释是,当 R&D 资产处于全新状态时,相对效率为1( $d_\tau = 1$);当 R&D 资产处于退役状态时,相对效率为残值率( $d_\tau =$ 残值率)。在诸多 R&D 资本化核算实践中,研究者为方便计算,往往直接将 R&D 资产的残值率设为 0,认为退役时的 R&D 资产不再具有价值。对此,我们并不认同。

科学技术的日新月异必然带来 R&D 产品的快速更新。我们以专利为例,考察 R&D 产品在其生命周期中的价值演化。在企业的生产经营中,经常会出现这种情况:企业在产品研发中申请了专利,又在此项专利的基础上做进一步的改进并形成新的专利。如果把前一项专利称为"老专利",那后一项专利就称为"新专利"。"老专利"于企业生产之初当然是具有较高价值的,但"新专利"的形成往往导致专利权人放弃"老专利"。那么,被放弃的"老专利"是否不再具有市场价值了呢? 当然不是。诸如专利权人已经放弃的专利、过了专利权保护期限的专利等"老专利"并非没有价值,相反,许多已经失效的专利仍然会给经营者带来丰厚的利润。对此,许多研发能力强的企业在开发出新产品或新专利后,往往进行全面的市场分析,即使自己不再组织生产,也可利用"老专利"阻止或打击竞争对手。因此,R&D 资产相对效率的演化并不遵循"衰减至 0"的动态轨迹,即"将 R&D 资产的残值率设为 0"既不符合 R&D 产品的性质,也不符合现代企业使用 R&D 产品的策略安排。

那么,该如何设定 R&D 产品的残值率? 检索国内文献,唯一的线索源自江永宏和孙凤娥(2016)的研究。两位学者在开展中国 R&D 资本存量测

① 许宪春、郑学工:《改革研发支出核算方法 更好地反映创新驱动作用》,《国家行政学院学报》2016 年第 5 期,第 4—12 页。

算实践中,参考一般固定资产残值率的设定区间(3%～5%),将 R&D 资本的残值率设定为 4%[①]。我们进一步考察了荷兰[②]、英国[③]、丹麦[④]等国的 R&D 资本化核算实践发现,尽管大部分国家并未明确设定 R&D 资产的残值率,但残值率仍可基于 R&D 资产的折旧模式、折旧率、平均役龄等因素,根据公式进行逆推获得。推算结果表明,荷兰、英国、丹麦等国的 R&D 资产残值率均在 12% 左右。

据此,我们将浙江省 R&D 资产的平均残值率设为 12%。同时,考虑到仪器和设备类 R&D 资产的使用年限较其他 R&D 资产更短的性质,我们将仪器和设备类 R&D 资产的平均役龄设为 10 年,将其他 R&D 资产的平均役龄设为 20 年,据此推算出仪器和设备类 R&D 资产的平均折旧率为 19.11%,其他 R&D 资产的平均折旧率为 10.06%。进一步地,我们分别计算了仪器和设备支出占市场生产者固定资产总额之比重、仪器和设备支出占非市场生产者固定资产总额之比重、其他 R&D 资产占市场生产者固定资产总额之比重、其他 R&D 资产占非市场生产者固定资产总额之比重,据此对市场生产者 R&D 资产的折旧率、非市场生产者 R&D 资产的折旧率进行推算。推算表明,市场生产者 R&D 资产的折旧率为 18.97%,非市场生产者 R&D 资产的折旧率为 14.86%。

① 江永宏、孙凤娥:《中国 R&D 资本存量测算:1952—2014 年》,《数量经济技术经济研究》2016 年第 7 期,第 112—129 页。

② Van Rooijen-Horsten Myriam, Van den Bergen D., de Haan M. "Intangible Capital in the Netherlands: Measurement and Contribution to Economic Growth". *Statistics Netherlands*, *The Hague-Heerlen*, *Discussion Paper*, 2008.

③ Galindo-Rueda Fernando. "Developing an R&D Satellite Account for the UK: A Preliminary Analysis". *The Labour Gazette*, 2007, 1(12), pp. 18-29.

④ Gysting Christian. "A Satellite Account for Research and Development, 1990-2003". *Statistics Denmark*, *TemaPubl*, 2006(2), pp. 1-52.

# 第四节　R&D 资本存量规模:1978—2015

## ■ 一、R&D 资本存量规模测算结果:1978—2015

我们分别基于 Goldsmith 法、Griliches 法和 BEA 法测算了 1978—2015年浙江省 R&D 资本存量规模、市场生产者 R&D 资本存量规模、非市场生产者 R&D 资本存量规模、自给性 R&D 资本存量规模,其结果如表 5-4、表5-5、表 5-6、图 5-1、图 5-2 和图 5-3 所示。

数据表明,基于三种方法测算的 R&D 资本存量变化趋势基本一致。其中,基于 Goldsmith 法测算的 R&D 资本存量规模测算结果、市场生产者R&D 资本存量规模测算结果、非市场生产者 R&D 资本存量规模测算结果、自给性 R&D 资本存量规模测算结果均相对高于基于 Griliches 法和 BEA法的测算结果。我们认为,Goldsmith 法所内含的"将当期不变价 R&D 固定资本形成全部转化为当期资本存量"的测算思路是致使其测算结果相对更大的主要原因。当然,对于 R&D 资本本身所存在的非竞争性、不可分割性、一定的时滞性等特性而言,基于 Goldsmith 法的测算结果可能存在一定程度的高估。

表 5-4　基于 Goldsmith 法测算的浙江省 R&D 资本存量

(1978＝100,单位:亿元)

| 时间 | 价格指数<br>(1978＝100) | 市场生产者 | | 非市场生产者 | | R&D 固定<br>资本存量 |
|------|------|------|------|------|------|------|
| | | 自给性生产 | 外部购买 | 自给性生产 | 外部购买 | |
| 1978 | 100.00 | 0.1082 | 0.0091 | 0.1758 | 0.0093 | 0.3022 |
| 1979 | 103.57 | 0.1248 | 0.0115 | 0.2083 | 0.0111 | 0.3556 |
| 1980 | 107.42 | 0.1489 | 0.0115 | 0.2472 | 0.0134 | 0.4210 |

| 时间 | 价格指数<br>(1978＝100) | 市场生产者 | | 非市场生产者 | | R&D 固定<br>资本存量 |
|------|------|------|------|------|------|------|
| | | 自给性生产 | 外部购买 | 自给性生产 | 外部购买 | |
| 1981 | 109.99 | 0.1839 | 0.0164 | 0.2959 | 0.0161 | 0.5123 |
| 1982 | 109.85 | 0.2338 | 0.0228 | 0.3587 | 0.0196 | 0.6348 |
| 1983 | 111.13 | 0.3015 | 0.0310 | 0.4364 | 0.0239 | 0.7928 |
| 1984 | 116.63 | 0.3865 | 0.0409 | 0.5258 | 0.0289 | 0.9821 |
| 1985 | 128.48 | 0.4896 | 0.0528 | 0.6198 | 0.0341 | 1.1963 |
| 1986 | 134.48 | 0.6280 | 0.0685 | 0.7303 | 0.0402 | 1.4670 |
| 1987 | 141.33 | 0.8003 | 0.0879 | 0.8585 | 0.0472 | 1.7939 |
| 1988 | 158.46 | 0.9913 | 0.1094 | 0.9885 | 0.0544 | 2.1435 |
| 1989 | 172.09 | 1.2109 | 0.1473 | 1.1312 | 0.0623 | 2.5518 |
| 1990 | 181.94 | 1.4789 | 0.1744 | 1.2978 | 0.0714 | 3.0226 |
| 1991 | 194.15 | 1.7428 | 0.2016 | 1.4340 | 0.0789 | 3.4574 |
| 1992 | 209.99 | 2.2415 | 0.2554 | 1.6822 | 0.0925 | 4.2716 |
| 1993 | 241.90 | 2.7837 | 0.3143 | 1.9219 | 0.1057 | 5.1256 |
| 1994 | 291.79 | 3.7303 | 0.4184 | 2.3513 | 0.1292 | 6.6293 |
| 1995 | 331.91 | 4.5483 | 0.5085 | 2.6861 | 0.1476 | 7.8906 |
| 1996 | 348.18 | 5.3563 | 0.5976 | 2.9944 | 0.1645 | 9.1128 |
| 1997 | 369.81 | 6.7267 | 0.7494 | 3.4835 | 0.1913 | 11.1508 |
| 1998 | 376.52 | 8.5372 | 0.9501 | 4.1021 | 0.2252 | 13.8147 |
| 1999 | 382.37 | 11.1995 | 1.2456 | 4.9637 | 0.2725 | 17.6813 |
| 2000 | 412.78 | 14.5038 | 1.6125 | 5.9764 | 0.3280 | 22.4208 |
| 2001 | 424.27 | 18.0504 | 2.0064 | 7.2084 | 0.3955 | 27.6607 |
| 2002 | 432.83 | 22.6860 | 2.5213 | 8.8233 | 0.4841 | 34.5146 |
| 2003 | 459.89 | 29.0064 | 3.2234 | 10.8033 | 0.5927 | 43.6258 |
| 2004 | 519.41 | 39.4879 | 4.3879 | 11.7636 | 0.6453 | 56.2847 |
| 2005 | 552.53 | 52.0281 | 5.7812 | 13.9113 | 0.7630 | 72.4836 |
| 2006 | 589.79 | 68.7610 | 7.6404 | 16.1476 | 0.8855 | 93.4345 |

续　表

| 时间 | 价格指数<br>(1978＝100) | 市场生产者 | | 非市场生产者 | | R&D固定<br>资本存量 |
|---|---|---|---|---|---|---|
| | | 自给性生产 | 外部购买 | 自给性生产 | 外部购买 | |
| 2007 | 619.84 | 88.6335 | 9.8484 | 18.5867 | 1.0192 | 118.0878 |
| 2008 | 683.51 | 108.8753 | 12.0974 | 21.2334 | 1.1643 | 143.3704 |
| 2009 | 664.45 | 129.8177 | 14.4243 | 23.0313 | 1.2628 | 168.5361 |
| 2010 | 713.78 | 152.5007 | 16.9446 | 25.7588 | 1.4123 | 196.6164 |
| 2011 | 780.66 | 177.8999 | 19.7667 | 28.9780 | 1.5888 | 228.2333 |
| 2012 | 796.72 | 205.4648 | 22.8295 | 31.9723 | 1.7529 | 262.0195 |
| 2013 | 808.21 | 233.9371 | 25.9931 | 34.8681 | 1.9116 | 296.7099 |
| 2014 | 813.20 | 265.3928 | 29.4881 | 37.8932 | 2.0775 | 334.8517 |
| 2015 | 818.23 | 299.1507 | 33.2390 | 41.2981 | 2.2641 | 375.9519 |

表 5-5　基于 Griliches 法测算的浙江省 R&D 资本存量

(1978＝100,单位:亿元)

| 时间 | 价格指数<br>(1978＝100) | 市场生产者 | | 非市场生产者 | | R&D固定<br>资本存量 |
|---|---|---|---|---|---|---|
| | | 自给性生产 | 外部购买 | 自给性生产 | 外部购买 | |
| 1978 | 100.00 | 0.0816 | 0.0091 | 0.1758 | 0.0093 | 0.2757 |
| 1979 | 103.57 | 0.1050 | 0.0117 | 0.2262 | 0.0119 | 0.3548 |
| 1980 | 107.42 | 0.1227 | 0.0470 | 0.2302 | 0.0132 | 0.4131 |
| 1981 | 109.99 | 0.1352 | 0.0403 | 0.2617 | 0.0149 | 0.4521 |
| 1982 | 109.85 | 0.1695 | 0.0384 | 0.3042 | 0.0172 | 0.5293 |
| 1983 | 111.13 | 0.2181 | 0.0394 | 0.3611 | 0.0203 | 0.6389 |
| 1984 | 116.63 | 0.2835 | 0.0433 | 0.4332 | 0.0242 | 0.7842 |
| 1985 | 128.48 | 0.3653 | 0.0497 | 0.5171 | 0.0288 | 0.9609 |
| 1986 | 134.48 | 0.4641 | 0.0587 | 0.6057 | 0.0336 | 1.1620 |
| 1987 | 141.33 | 0.5962 | 0.0718 | 0.7102 | 0.0393 | 1.4175 |
| 1988 | 158.46 | 0.7606 | 0.0888 | 0.8320 | 0.0460 | 1.7274 |
| 1989 | 172.09 | 0.9426 | 0.1080 | 0.9557 | 0.0527 | 2.0591 |

续　表

| 时间 | 价格指数(1978＝100) | 市场生产者 | | 非市场生产者 | | R&D固定资本存量 |
|------|------|------|------|------|------|------|
| | | 自给性生产 | 外部购买 | 自给性生产 | 外部购买 | |
| 1990 | 181.94 | 1.1511 | 0.1376 | 1.0915 | 0.0602 | 2.4403 |
| 1991 | 194.15 | 1.4052 | 0.1639 | 1.2501 | 0.0689 | 2.8881 |
| 1992 | 209.99 | 1.6551 | 0.1899 | 1.3795 | 0.0760 | 3.3005 |
| 1993 | 241.90 | 2.1279 | 0.2411 | 1.6159 | 0.0889 | 4.0738 |
| 1994 | 291.79 | 2.6453 | 0.2976 | 1.8462 | 0.1016 | 4.8907 |
| 1995 | 331.91 | 3.5465 | 0.3969 | 2.2586 | 0.1242 | 6.3262 |
| 1996 | 348.18 | 4.3290 | 0.4832 | 2.5826 | 0.1419 | 7.5366 |
| 1997 | 369.81 | 5.0926 | 0.5675 | 2.8766 | 0.1580 | 8.6947 |
| 1998 | 376.52 | 6.3890 | 0.7112 | 3.3435 | 0.1836 | 10.6273 |
| 1999 | 382.37 | 8.1131 | 0.9025 | 3.9384 | 0.2162 | 13.1702 |
| 2000 | 412.78 | 10.6506 | 1.1842 | 4.7687 | 0.2617 | 16.8652 |
| 2001 | 424.27 | 13.8054 | 1.5345 | 5.7469 | 0.3153 | 21.4021 |
| 2002 | 432.83 | 17.1845 | 1.9099 | 6.9353 | 0.3805 | 26.4102 |
| 2003 | 459.89 | 21.5868 | 2.3989 | 8.4930 | 0.4658 | 32.9445 |
| 2004 | 519.41 | 27.5983 | 3.0668 | 10.4049 | 0.5706 | 41.6407 |
| 2005 | 552.53 | 37.5891 | 4.1768 | 11.3302 | 0.6213 | 53.7173 |
| 2006 | 589.79 | 49.5820 | 5.5093 | 13.3719 | 0.7332 | 69.1963 |
| 2007 | 619.84 | 65.5415 | 7.2825 | 15.5228 | 0.8510 | 89.1978 |
| 2008 | 683.51 | 84.4914 | 9.3880 | 17.8621 | 0.9792 | 112.7207 |
| 2009 | 664.45 | 103.7380 | 11.5265 | 20.3967 | 1.1181 | 136.7793 |
| 2010 | 713.78 | 123.5358 | 13.7263 | 22.1058 | 1.2117 | 160.5796 |
| 2011 | 780.66 | 144.9060 | 16.1007 | 24.6861 | 1.3530 | 187.0459 |
| 2012 | 796.72 | 168.8148 | 18.7572 | 27.7595 | 1.5214 | 216.8530 |
| 2013 | 808.21 | 194.7545 | 21.6394 | 30.6175 | 1.6780 | 248.6895 |
| 2014 | 813.20 | 221.5018 | 24.6113 | 33.3643 | 1.8285 | 281.3061 |
| 2015 | 818.23 | 251.0144 | 27.8905 | 36.2262 | 1.9854 | 317.1166 |

表 5-6　基于 BEA 法测算的浙江省 R&D 资本存量

（1978＝100，单位：亿元）

| 时间 | 价格指数<br>（1978＝100） | 市场生产者 | | 非市场生产者 | | R&D 固定<br>资本存量 |
| --- | --- | --- | --- | --- | --- | --- |
| | | 自给性生产 | 外部购买 | 自给性生产 | 外部购买 | |
| 1978 | 100.00 | 0.0979 | 0.0082 | 0.1627 | 0.0086 | 0.2774 |
| 1979 | 103.57 | 0.1131 | 0.0103 | 0.1921 | 0.0103 | 0.3258 |
| 1980 | 107.42 | 0.1337 | 0.0101 | 0.2275 | 0.0123 | 0.3837 |
| 1981 | 109.99 | 0.1641 | 0.0146 | 0.2718 | 0.0148 | 0.4653 |
| 1982 | 109.85 | 0.2077 | 0.0203 | 0.3290 | 0.0180 | 0.5750 |
| 1983 | 111.13 | 0.2671 | 0.0277 | 0.4000 | 0.0219 | 0.7167 |
| 1984 | 116.63 | 0.3419 | 0.0366 | 0.4816 | 0.0265 | 0.8865 |
| 1985 | 128.48 | 0.4326 | 0.0472 | 0.5675 | 0.0312 | 1.0786 |
| 1986 | 134.48 | 0.5546 | 0.0610 | 0.6685 | 0.0368 | 1.3208 |
| 1987 | 141.33 | 0.7063 | 0.0780 | 0.7857 | 0.0432 | 1.6132 |
| 1988 | 158.46 | 0.8746 | 0.0968 | 0.9045 | 0.0498 | 1.9257 |
| 1989 | 172.09 | 1.0682 | 0.1273 | 1.0350 | 0.0570 | 2.2875 |
| 1990 | 181.94 | 1.3043 | 0.1517 | 1.1874 | 0.0653 | 2.7087 |
| 1991 | 194.15 | 1.5367 | 0.1761 | 1.3119 | 0.0722 | 3.0969 |
| 1992 | 209.99 | 1.9768 | 0.2239 | 1.5388 | 0.0847 | 3.8241 |
| 1993 | 241.90 | 2.4549 | 0.2761 | 1.7581 | 0.0967 | 4.5858 |
| 1994 | 291.79 | 3.2904 | 0.3682 | 2.1509 | 0.1182 | 5.9278 |
| 1995 | 331.91 | 4.0113 | 0.4478 | 2.4572 | 0.1350 | 7.0513 |
| 1996 | 348.18 | 4.7228 | 0.5264 | 2.7391 | 0.1505 | 8.1388 |
| 1997 | 369.81 | 5.9316 | 0.6604 | 3.1865 | 0.1750 | 9.9534 |
| 1998 | 376.52 | 7.5288 | 0.8376 | 3.7524 | 0.2060 | 12.3248 |
| 1999 | 382.37 | 9.8784 | 1.0984 | 4.5406 | 0.2493 | 15.7666 |
| 2000 | 412.78 | 12.7937 | 1.4222 | 5.4671 | 0.3000 | 19.9829 |
| 2001 | 424.27 | 15.9205 | 1.7694 | 6.5941 | 0.3618 | 24.6459 |
| 2002 | 432.83 | 20.0086 | 2.2236 | 8.0715 | 0.4428 | 30.7464 |

续　表

| 时间 | 价格指数 (1978＝100) | 市场生产者 | | 非市场生产者 | | R&D 固定资本存量 |
|---|---|---|---|---|---|---|
| | | 自给性生产 | 外部购买 | 自给性生产 | 外部购买 | |
| 2003 | 459.89 | 25.5841 | 2.8430 | 9.8829 | 0.5422 | 38.8522 |
| 2004 | 519.41 | 34.8371 | 3.8710 | 10.7607 | 0.5903 | 50.0591 |
| 2005 | 552.53 | 45.9018 | 5.1004 | 12.7254 | 0.6979 | 64.4256 |
| 2006 | 589.79 | 60.6663 | 6.7409 | 14.7709 | 0.8100 | 82.9881 |
| 2007 | 619.84 | 78.1945 | 8.6884 | 17.0019 | 0.9323 | 104.8172 |
| 2008 | 683.51 | 96.0334 | 10.6705 | 19.4227 | 1.0650 | 127.1916 |
| 2009 | 664.45 | 114.4790 | 12.7200 | 21.0664 | 1.1551 | 149.4205 |
| 2010 | 713.78 | 134.4535 | 14.9393 | 23.5609 | 1.2918 | 174.2456 |
| 2011 | 780.66 | 156.8204 | 17.4245 | 26.5053 | 1.4532 | 202.2034 |
| 2012 | 796.72 | 181.0908 | 20.1212 | 29.2437 | 1.6033 | 232.0590 |
| 2013 | 808.21 | 206.1508 | 22.9057 | 31.8917 | 1.7485 | 262.6967 |
| 2014 | 813.20 | 233.8394 | 25.9822 | 34.6579 | 1.9001 | 296.3796 |
| 2015 | 818.23 | 263.5516 | 29.2835 | 37.7716 | 2.0708 | 332.6775 |

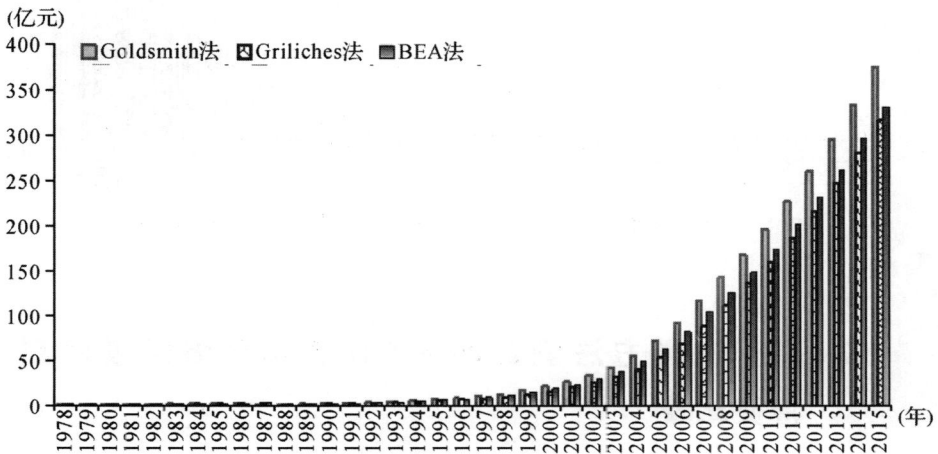

图 5-1　浙江省 R&D 资本存量规模发展趋势(1978＝100)

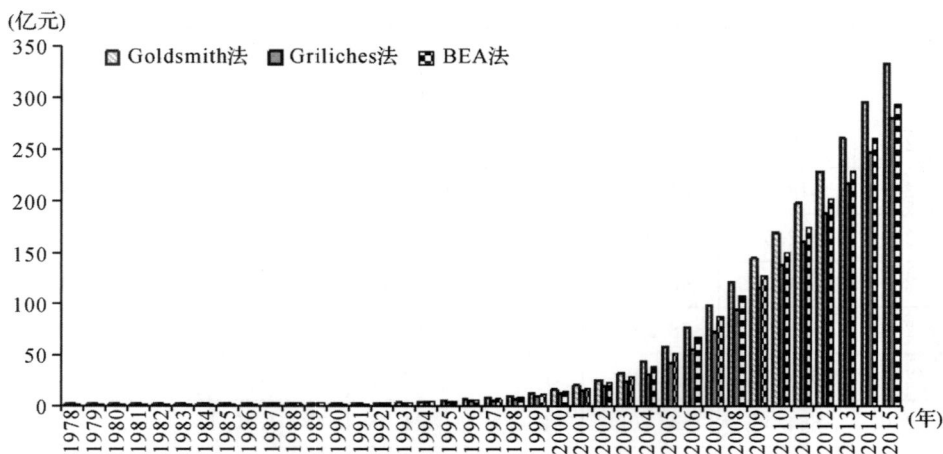

图 5-2　浙江省市场生产者 R&D 资本存量规模发展趋势(1978＝100)

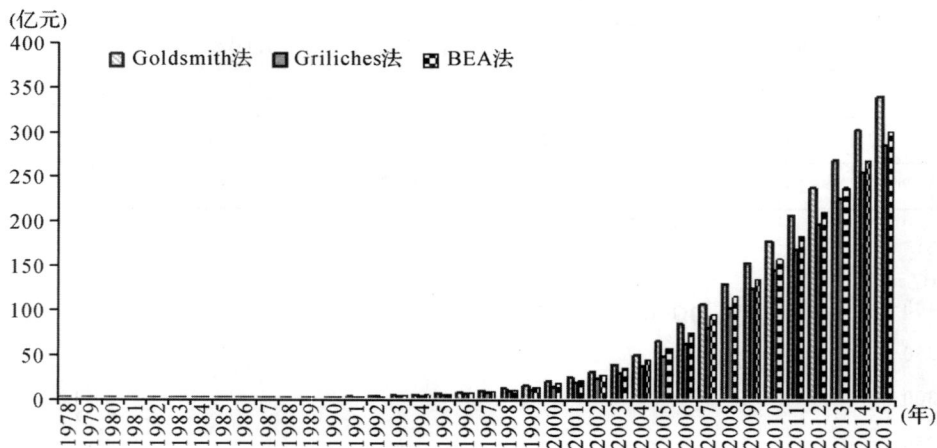

图 5-3　浙江省自给性 R&D 资本存量规模发展趋势(1978＝100)

## ■ 二、基于三种方法测算的 R&D 资本存量规模序列特征比较

我们进一步比较了基于三种方法测算的 R&D 资本存量序列特征、市场生产者 R&D 资本存量序列特征和自给性 R&D 资本存量序列特征。

## （一）基于三种方法测算的 R&D 资本存量变化趋势一致，Goldsmith 法测算结果的年均增量相对更大，年均增速相对更快

基于三种方法测算的 R&D 资本存量年均增量分别为 10.1527 亿元、8.5633 亿元和 8.9838 亿元，年均增速分别为 21.24%、20.98% 和 21.12%（如表 5-7 数据所示）。分时间段看，1978—1990 年间，基于三种方法测算的 R&D 资本存量年均增量分别为 0.2267 亿元、0.1804 亿元和 0.2026 亿元，年均增速分别为 21.15%、19.93% 和 20.91%；1991—1995 年间，基于三种方法测算的 R&D 资本存量年均增量分别为 0.9736 亿元、0.7772 亿元和 0.8685 亿元，年均增速分别为 21.16%、20.99% 和 21.09%；1996—2000 年间，基于三种方法测算的 R&D 资本存量年均增量分别为 2.6616 亿元、1.8657 亿元和 2.3688 亿元，年均增速分别为 23.23%、21.67% 和 23.16%；2001—2005 年间，基于三种方法测算的 R&D 资本存量年均增量分别为 10.0126 亿元、7.3704 亿元和 8.8885 亿元，年均增速分别为 26.45%、26.07% 和 26.38%；2006—2010 年间，基于三种方法测算的 R&D 资本存量年均增量分别为 24.8266 亿元、21.3725 亿元和 21.9640 亿元，年均增速分别为 22.09%、24.48% 和 22.02%；2011—2015 年间，基于三种方法测算的 R&D 资本存量年均增量分别为 35.8671 亿元、31.3074 亿元和 31.6864 亿元，年均增速分别为 13.84%、14.58% 和 13.81%。

表 5-7 基于三种方法测算的 R&D 资本存量序列特征比较

| 时间 | Goldsmith 法 | | Griliches 法 | | BEA 法 | |
|---|---|---|---|---|---|---|
| | 年均增量（亿元） | 年均增速（%） | 年均增量（亿元） | 年均增速（%） | 年均增量（亿元） | 年均增速（%） |
| 1978—1990 | 0.2267 | 21.15 | 0.1804 | 19.93 | 0.2026 | 20.91 |
| 1991—1995 | 0.9736 | 21.16 | 0.7772 | 20.99 | 0.8685 | 21.09 |
| 1996—2000 | 2.6616 | 23.23 | 1.8657 | 21.67 | 2.3688 | 23.16 |
| 2001—2005 | 10.0126 | 26.45 | 7.3704 | 26.07 | 8.8885 | 26.38 |
| 2006—2010 | 24.8266 | 22.09 | 21.3725 | 24.48 | 21.9640 | 22.02 |
| 2011—2015 | 35.8671 | 13.84 | 31.3074 | 14.58 | 31.6864 | 13.81 |
| 合计 | 10.1527 | 21.24 | 8.5633 | 20.98 | 8.9838 | 21.12 |

## （二）基于三种方法测算的市场生产者 R&D 资本存量变化趋势一致，Goldsmith 法测算结果的年均增量相对更大，Griliches 法测算结果的年均增速相对更快

基于三种方法测算的市场生产者 R&D 资本存量年均增量分别为 8.9803 亿元、7.5355 亿元和 7.9116 亿元，年均增速分别为 23.97％、24.24％和 23.88％（如表 5-8 数据所示）。分时间段看，1978—1990 年间，基于三种方法测算的市场生产者 R&D 资本存量年均增量分别为 0.1280 亿元、0.0998 亿元和 0.1125 亿元，年均增速分别为 24.67％、24.75％和 24.39％；1991—1995 年间，基于三种方法测算的市场生产者 R&D 资本存量年均增量分别为 0.6807 亿元、0.5309 亿元和 0.6006 亿元，年均增速分别为 25.06％、25.07％和 25.09％；1996—2000 年间，基于三种方法测算的市场生产者 R&D 资本存量年均增量分别为 2.0325 亿元、1.4045 亿元和 1.7933 亿元，年均增速分别为 26.09％、24.58％和 26.10％；2001—2005 年间，基于三种方法测算的市场生产者 R&D 资本存量年均增量分别为 8.3386 亿元、5.9862 亿元和 7.3573 亿元，年均增速分别为 29.11％、28.69％和 29.11％；2006—2010 年间，基于三种方法测算的市场生产者 R&D 资本存量年均增量分别为 22.3272 亿元、19.0992 亿元和 19.6781 亿元，年均增速分别为 24.00％、26.87％和 23.98％；2011—2015 年间，基于三种方法测算的市场生产者 R&D 资本存量年均增量分别为 32.5889 亿元、28.3286 亿元和 28.6885 亿元，年均增速分别为 14.43％、15.23％和 14.41％。

表 5-8　基于三种方法测算的市场生产者 R&D 资本存量特征比较

| 时间 | Goldsmith 法 | | Griliches 法 | | BEA 法 | |
|---|---|---|---|---|---|---|
| | 年均增量（亿元） | 年均增速（％） | 年均增量（亿元） | 年均增速（％） | 年均增量（亿元） | 年均增速（％） |
| 1978—1990 | 0.1280 | 24.67 | 0.0998 | 24.75 | 0.1125 | 24.39 |
| 1991—1995 | 0.6807 | 25.06 | 0.5309 | 25.07 | 0.6006 | 25.09 |

| 时间 | Goldsmith 法 | | Griliches 法 | | BEA 法 | |
| --- | --- | --- | --- | --- | --- | --- |
| | 年均增量<br>（亿元） | 年均增速<br>（%） | 年均增量<br>（亿元） | 年均增速<br>（%） | 年均增量<br>（亿元） | 年均增速<br>（%） |
| 1996—2000 | 2.0325 | 26.09 | 1.4045 | 24.58 | 1.7933 | 26.10 |
| 2001—2005 | 8.3386 | 29.11 | 5.9862 | 28.69 | 7.3573 | 29.11 |
| 2006—2010 | 22.3272 | 24.00 | 19.0992 | 26.87 | 19.6781 | 23.98 |
| 2011—2015 | 32.5889 | 14.43 | 28.3286 | 15.23 | 28.6885 | 14.41 |
| 合计 | 8.9803 | 23.97 | 7.5355 | 24.24 | 7.9116 | 23.88 |

### （三）基于三种方法测算的自给性 R&D 资本存量变化趋势一致，Goldsmith 法测算结果的年均增量相对更大，年均增速相对更快

基于三种方法测算的自给性 R&D 资本存量年均增量分别为 9.1936 亿元、7.7563 亿元和 8.1368 亿元，年均增量分别为 21.12%、20.88% 和 21.00%（如表 5-9 数据所示）。分时间段看，1978—1990 年间，基于三种方法测算的自给性 R&D 资本存量年均增量分别为 0.2077 亿元、0.1654 亿元和 0.1859 亿元，年均增速分别为 20.93%、19.77% 和 20.70%；1991—1995 年间，基于三种方法测算的自给性 R&D 资本存量年均增量分别为 0.8915 亿元、0.7125 亿元和 0.7954 亿元，年均增速分别为 21.11%、20.95% 和 21.02%；1996—2000 年间，基于三种方法测算的自给性 R&D 资本存量年均增量分别为 2.4259 亿元、1.7015 亿元和 2.1598 亿元，年均增速分别为 23.14%、21.58% 和 23.07%；2001—2005 年间，基于三种方法测算的自给性 R&D 资本存量年均增量分别为 9.0918 亿元、6.7000 亿元和 8.0733 亿元，年均增速分别为 26.35%、25.97% 和 26.27%；2006—2010 年间，基于三种方法测算的自给性 R&D 资本存量年均增量分别为 22.4640 亿元、19.3445 亿元和 19.8774 亿元，年均增速分别为 22.01%、24.38% 和 21.93%；2011—2015 年间，基于三种方法测算的自给性 R&D 资本存量年均增量分别为 32.4379 亿元、28.3198 亿元和 28.6618 亿元，年均增速分别为 13.82%、14.55% 和 13.78%。

表 5-9　基于三种方法测算的自给性 R&D 资本存量序列特征比较

| 时间 | Goldsmith 法 | | Griliches 法 | | BEA 法 | |
|---|---|---|---|---|---|---|
| | 年均增量（亿元） | 年均增速（%） | 年均增量（亿元） | 年均增速（%） | 年均增量（亿元） | 年均增速（%） |
| 1978—1990 | 0.2077 | 20.93 | 0.1654 | 19.77 | 0.1859 | 20.70 |
| 1991—1995 | 0.8915 | 21.11 | 0.7125 | 20.95 | 0.7954 | 21.02 |
| 1996—2000 | 2.4259 | 23.14 | 1.7015 | 21.58 | 2.1598 | 23.07 |
| 2001—2005 | 9.0918 | 26.35 | 6.7000 | 25.97 | 8.0733 | 26.27 |
| 2006—2010 | 22.4640 | 22.01 | 19.3445 | 24.38 | 19.8774 | 21.93 |
| 2011—2015 | 32.4379 | 13.82 | 28.3198 | 14.55 | 28.6618 | 13.78 |
| 合计 | 9.1936 | 21.12 | 7.7563 | 20.88 | 8.1368 | 21.00 |

## 三、规上工业企业 R&D 资本存量规模与序列特征比较

我们分别基于三种方法测算了 1978—2015 年浙江省规上工业企业 R&D 资本存量规模，其结果如表 5-10 和图 5-4 所示。数据表明，基于三种方法测算的规上工业企业的 R&D 资本存量变化趋势基本一致。与 R&D 资本存量规模类似，基于 Goldsmith 法的规上工业企业 R&D 资本存量测算结果相对较大。从增量角度看，基于 Goldsmith 法的测算结果的年均增量较大，基于 Griliches 法的测算结果的年均增速较快，基于 BEA 法的测算结果的年均增量与年均增速居于其间。

分时间段看（如表 5-11 数据所示），1978—1990 年间，基于三种方法测算的规上工业企业 R&D 资本存量年均增量分别为 0.0571 亿元、0.0446 亿元和 0.0502 亿元，年均增速分别为 24.07%、24.15% 和 23.79%；1991—1995 年间，基于三种方法测算的规上工业企业 R&D 资本存量年均增量分别为 0.6313 亿元、0.4924 亿元和 0.5569 亿元，年均增速分别为 39.37%、39.39% 和 39.41%；1996—2000 年间，基于三种方法测算的规上工业企业 R&D 资本存量年均增量分别为 2.2408 亿元、1.5764 亿元和 1.9770 亿元，

年均增速分别为 32.44%、30.86% 和 32.45%；2001—2005 年间，基于三种方法测算的规上工业企业 R&D 资本存量年均增量分别为 8.0137 亿元、5.7521 亿元和 7.0706 亿元，年均增速分别为 28.64%、28.22% 和 28.65%；2006—2010 年间，基于三种方法测算的规上工业企业 R&D 资本存量年均增量分别为 20.5181 亿元、17.6012 亿元和 18.0833 亿元，年均增速分别为 23.16%、26.01% 和 23.14%；2011—2015 年间，基于三种方法测算的规上工业企业 R&D 资本存量年均增量分别为 30.5582 亿元、26.5614 亿元和 26.9009 亿元，年均增速分别为 14.45%、15.26% 和 14.43%。

表 5-10　基于三种方法测算的规上工业企业 R&D 资本存量

（1978＝100，亿元）

| 时间 | Goldsmith 法 | Griliches 法 | BEA 法 |
|------|------------|------------|--------|
| 1978 | 0.0557 | 0.0431 | 0.0504 |
| 1979 | 0.0639 | 0.0548 | 0.0579 |
| 1980 | 0.0745 | 0.0788 | 0.0668 |
| 1981 | 0.0921 | 0.0807 | 0.0822 |
| 1982 | 0.1170 | 0.0948 | 0.1040 |
| 1983 | 0.1505 | 0.1166 | 0.1335 |
| 1984 | 0.1925 | 0.1472 | 0.1704 |
| 1985 | 0.2432 | 0.1861 | 0.2151 |
| 1986 | 0.3114 | 0.2337 | 0.2752 |
| 1987 | 0.3965 | 0.2982 | 0.3502 |
| 1988 | 0.4914 | 0.3792 | 0.4337 |
| 1989 | 0.6072 | 0.4697 | 0.5344 |
| 1990 | 0.7412 | 0.5777 | 0.6527 |
| 1991 | 0.9341 | 0.7538 | 0.8228 |
| 1992 | 1.0737 | 0.7934 | 0.9463 |
| 1993 | 1.1681 | 0.8932 | 1.0297 |
| 1994 | 3.7177 | 2.6372 | 3.2786 |
| 1995 | 3.8979 | 3.0397 | 3.4372 |

续　表

| 时间 | Goldsmith 法 | Griliches 法 | BEA 法 |
|------|------------|------------|--------|
| 1996 | 4.6788 | 3.7816 | 4.1250 |
| 1997 | 5.5986 | 4.2387 | 4.9366 |
| 1998 | 8.0507 | 6.0251 | 7.0995 |
| 1999 | 11.3555 | 8.2263 | 10.0157 |
| 2000 | 15.8829 | 11.6634 | 14.0100 |
| 2001 | 19.6339 | 15.0165 | 17.3170 |
| 2002 | 25.4343 | 19.2664 | 22.4324 |
| 2003 | 33.3023 | 24.7838 | 29.3730 |
| 2004 | 41.0294 | 28.6758 | 36.1970 |
| 2005 | 55.9515 | 40.4237 | 49.3632 |
| 2006 | 73.6349 | 53.0964 | 64.9663 |
| 2007 | 94.1491 | 69.6201 | 83.0605 |
| 2008 | 115.7782 | 89.8482 | 102.1220 |
| 2009 | 134.4200 | 107.4158 | 118.5375 |
| 2010 | 158.5420 | 128.4297 | 139.7799 |
| 2011 | 183.9101 | 149.8015 | 162.1184 |
| 2012 | 208.5390 | 171.3406 | 183.8004 |
| 2013 | 242.4767 | 201.8638 | 213.6762 |
| 2014 | 277.1307 | 231.2985 | 244.1817 |
| 2015 | 311.3331 | 261.2366 | 274.2843 |

表 5-11　基于三种方法测算的规上工业企业 R&D 资本存量序列特征比较

| 时间 | Goldsmith 法 | | Griliches 法 | | BEA 法 | |
|------|------------|----------|------------|----------|----------|----------|
| | 年均增量（亿元） | 年均增速（%） | 年均增量（亿元） | 年均增速（%） | 年均增量（亿元） | 年均增速（%） |
| 1978—1990 | 0.0571 | 24.07 | 0.0446 | 24.15 | 0.0502 | 23.79 |
| 1991—1995 | 0.6313 | 39.37 | 0.4924 | 39.39 | 0.5569 | 39.41 |

续　表

| 时间 | Goldsmith 法 | | Griliches 法 | | BEA 法 | |
|---|---|---|---|---|---|---|
| | 年均增量（亿元） | 年均增速（%） | 年均增量（亿元） | 年均增速（%） | 年均增量（亿元） | 年均增速（%） |
| 1996—2000 | 2.2408 | 32.44 | 1.5764 | 30.86 | 1.9770 | 32.45 |
| 2001—2005 | 8.0137 | 28.64 | 5.7521 | 23.22 | 7.0706 | 28.65 |
| 2006—2010 | 20.5181 | 23.16 | 17.6012 | 23.01 | 18.0833 | 23.14 |
| 2011—2015 | 30.5582 | 14.45 | 26.5614 | 15.26 | 26.9009 | 14.43 |
| 合计 | 8.4129 | 26.26 | 7.0593 | 23.54 | 7.4117 | 26.17 |

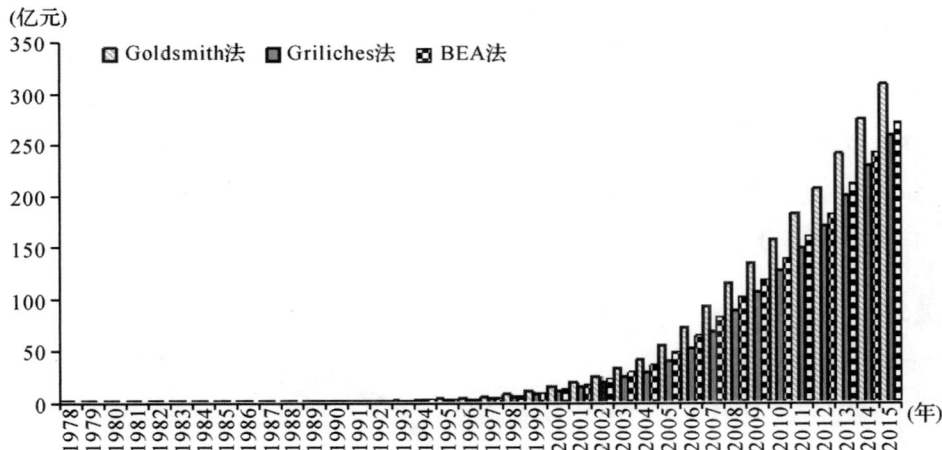

图 5-4　浙江省规上工业企业 R&D 资本存量规模发展趋势（1978＝100）

# 四、规上工业企业 R&D 资本存量比例动态考察

如果说"R&D 投资流量比例"描述了投资主体当期的 R&D 支出向投资的转化能力，那么"R&D 投资存量比例"则反映了投资主体历年所蓄积的 R&D 资本累积能力。

我们动态考察了浙江省规上工业企业 R&D 资本存量占 R&D 资本存量总量的比例（简称"R&D 资本存量比例"），情况如图 5-5 所示。1978—

2015 年间,基于三种方法计算的规上工业企业 R&D 资本存量比例呈现较显著的"三阶段"特征:①1978—1993 年的平稳发展阶段。在该阶段,浙江省规上工业企业 R&D 资本存量比例基本维持于 23% 左右。其中,基于三种方法测算的"规上工业企业 R&D 资本存量比例"序列的均值分别为 23.12%、22.15% 和 22.73%,变异系数分别为 12.73%、13.65% 和 12.73%。②1994—1997 年的跳高后下滑阶段。1994 年,浙江省 R&D 内部经费支出的大幅增长促使规上工业企业"R&D 资本存量比例"亦大幅提升至 55% 左右,之后年份逐年下滑至 50% 左右。在该阶段,基于三种方法测算的规上工业企业"R&D 资本存量比例"序列的均值分别为 51.44%、49.90% 和 50.78%,变异系数分别为 5.81%、5.24% 和 5.77%。③1998—2015 年的"小幅稳步提升"阶段。1998 年起,浙江省规上工业企业"R&D 资本存量比例"步入稳步提升阶段。在该阶段,基于三种方法测算的规上工业企业"R&D 资本存量比例"序列的均值分别为 80.22%、79.46% 和 79.78%,变异系数分别为 8.33%、8.90% 和 8.52%,年均增量分别为 0.0916 个百分点、0.0939 个百分点和 0.0924 个百分点。

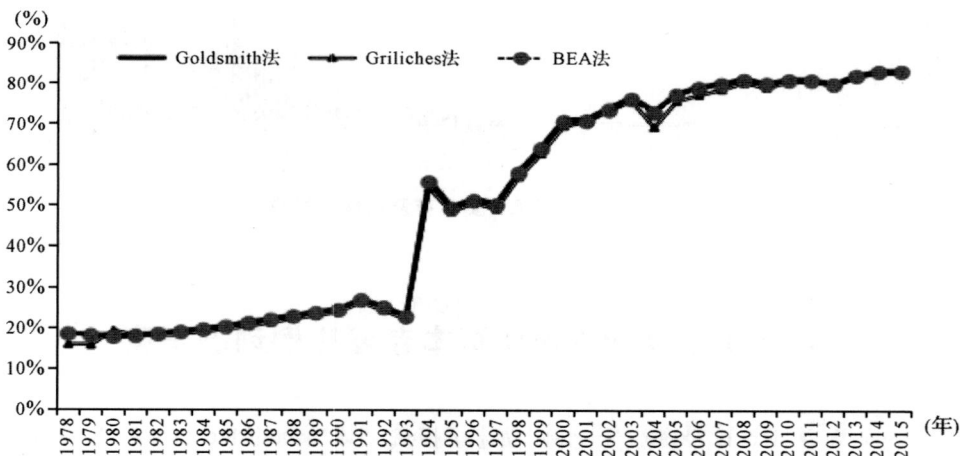

图 5-5　浙江省规上工业企业 R&D 资本存量比例发展趋势

图 5-6 刻画了基于 BEA 方法的规上工业企业 R&D 投资占 R&D 投资总量的比例(简称"R&D 投资流量比例")和规上工业企业"R&D 资本存量

比例"的发展趋势。数据表明,1978—2015 年间规上工业企业"R&D 投资流量比例"与"R&D 资本存量比例"之间的差异变化同样呈现显著的三阶段特征:①1978—1980 年的"流量比例"不及"存量比例"阶段。在该阶段,浙江省规上工业企业的"R&D 投资流量比例"总体不及"R&D 投资存量比例"。两者差距从 1978 年的 0.0323 个百分点缩小至 1980 年的 0.0008 个百分点,差距在逐步缩小。②1981—1993 年的"存量比例"不及"流量比例"阶段。在该阶段,浙江省规上工业企业的"R&D 投资流量比例"总体高于"R&D 投资存量比例",两者差距从 1981 年的 0.0024 个百分点逐年扩大至 1986 年的 0.0099 个百分点,之后又逐年缩小至 1993 年的 C.0036 个百分点,大体呈现"倒 U 型"发展态势。③1994—2015 年的"流量比例"不及"存量比例"阶段。在该阶段,规上工业企业的"R&D 投资流量比例"与"R&D 投资存量比例"双双缓速提升,但前者提升速度不及后者。2000 年以来,浙江省规上工业企业的 R&D 投资(流量)比例与 R&D 投资存量比例的差距逐年拉大,2015 年的差距值已扩大至 0.0606 个百分点。这深刻地表明,在浙江省多方主体的创新动能蓄积力量中,规上工业企业的主体地位仍在不断强化。

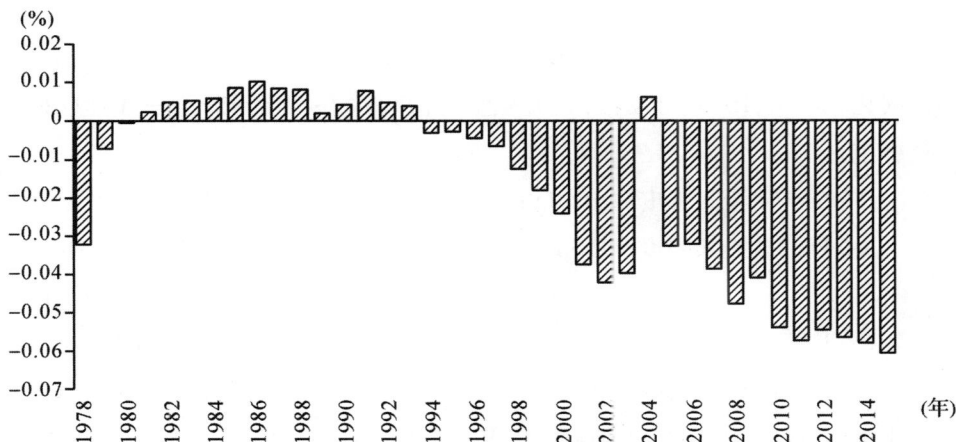

图 5-6　浙江省规上工业企业 R&D 资本流量比例与存量比例之差异发展趋势

# 第六章

# R&D 资本化对浙江核心经济指标的影响测度

## 第一节　从 R&D 经费投入强度到 R&D 投资强度

### ■ 一、R&D 投资强度测度:1978—2015

与 R&D 资本化核算实现了从 R&D 内部经费支出到 R&D 投资(流量)的转化相匹配,R&D 经费投入强度也应升级形成一个新指标——R&D 投资强度。

R&D 经费投入强度和 R&D 投资强度的计算公式分别为

R&D 经费投入强度＝R&D 内部经费支出/R&D 资本化之前的 GDP

$$(6-1)$$

R&D 投资强度＝R&D 投资(流量)/R&D 资本化调整后的 GDP　$(6-2)$

我们认为,与应用极为普遍且常被视为国家(或区域)创新战略规划核算指标的 R&D 经费投入强度相比,R&D 投资强度是衡量一个国家和地区创新能力更为贴切的指标。从指标分子角度看,R&D 投资(流量)不仅剥离了 R&D 内部经费支出中与创新活动并无密切关系的资本性支出部分,扣除了 R&D 内部经费支出中重复记录的软件购买支出部分,更剔除了并不为所有者带来收益,即无效的 R&D 内部经费支出部分,其彰显了一个国家和地区从事创新活动所获得的纯产出;从指标分母角度看,调整后的 GDP 将包纳 R&D 资本化调整所引致的 GDP 增加部分,既传承了分子指标的形成缘由,又与最新修订形成的国民经济核算规则相连接。因此,R&D 投资强度是 R&D 经费投入强度的升级版,是衡量一个国家和地区创新能力更纯、更贴切的指标。可以认为,只有 R&D 投资强度的不断提升才是促进经济增长最有力、最持久、最可靠的动力因素。

　　基于三种方法测算的浙江省 R&D 投资强度序列如表 6-1 和图 6-1 所示。测算显示,浙江省 R&D 投资强度从 1978 年的 0.10% 提升至 2015 年的 1.90%,年均提升幅度约为 0.05 个百分点。尽管基于三种方法测算的 R&D 投资强度序列具有一定的差异,但其所刻画的 R&D 投资强度动态发展趋势基本一致。根据时间序列的发展特征,我们将浙江省 R&D 投资强度的动态趋势归为两个阶段:①1978—1994 年的缓慢提升阶段。在该阶段,浙江省 R&D 投资强度呈现缓步提升态势。其中,基于 Griliches 法的测算结果的年均增幅相对较大,为 0.0113 个百分点;基于 Goldsmith 法的测算结果的年均增幅居中,为 0.0099 个百分点,基于 BEA 法的测算结果的年均增幅相对较小,为 0.0096 个百分点。②1995—2015 年的快速提升阶段。在该阶段,浙江省 R&D 投资强度呈现快速提升态势。其中,基于 Goldsmith 法的测算结果的年均增幅相对较大,为 0.0796 个百分点;基于 BEA 法的测算结果的年均增幅居中,为 0.0775 个百分点;基于 Griliches 法的测算结果的年均增幅相对较小,为 0.0750 个百分点。

表 6-1　浙江省 R&D 经费投入强度与 R&D 投资强度的动态比较

| 年份 | R&D 经费投入强度(%) | R&D 投资强度(%) | | | (经费投入强度−投资强度)(%) | | |
|------|------|------|------|------|------|------|------|
| | | Goldsmith | Griliches | BEA | Goldsmith | Griliches | BEA |
| 1978 | 0.1001 | 0.1000 | / | 0.1000 | 0.0001 | / | 0.0001 |
| 1979 | 0.0991 | 0.0677 | 0.0785 | 0.0672 | 0.0314 | 0.0206 | 0.0319 |
| 1980 | 0.1098 | 0.0758 | 0.0714 | 0.0744 | 0.0340 | 0.0384 | 0.0354 |
| 1981 | 0.1218 | 0.0860 | 0.0812 | 0.0844 | 0.0358 | 0.0406 | 0.0374 |
| 1982 | 0.1346 | 0.0970 | 0.0923 | 0.0953 | 0.0376 | 0.0423 | 0.0393 |

续　表

| 年份 | R&D 经费投入强度（%） | R&D 投资强度（%） | | | （经费投入强度−投资强度）（%） | | |
|---|---|---|---|---|---|---|---|
| | | Goldsmith | Griliches | BEA | Goldsmith | Griliches | BEA |
| 1983 | 0.1548 | 0.1135 | 0.1084 | 0.1116 | 0.0413 | 0.0464 | 0.0432 |
| 1984 | 0.1555 | 0.1157 | 0.1106 | 0.1136 | 0.0398 | 0.0449 | 0.0419 |
| 1985 | 0.1479 | 0.1130 | 0.1080 | 0.1110 | 0.0349 | 0.0399 | 0.0369 |
| 1986 | 0.1596 | 0.1259 | 0.1202 | 0.1235 | 0.0337 | 0.0394 | 0.0361 |
| 1987 | 0.1668 | 0.1334 | 0.1275 | 0.1308 | 0.0334 | 0.0393 | 0.0360 |
| 1988 | 0.1660 | 0.1342 | 0.1281 | 0.1315 | 0.0318 | 0.0379 | 0.0345 |
| 1989 | 0.1901 | 0.1562 | 0.1478 | 0.1524 | 0.0339 | 0.0423 | 0.0377 |
| 1990 | 0.2255 | 0.1820 | 0.1734 | 0.1782 | 0.0435 | 0.0521 | 0.0473 |
| 1991 | 0.2084 | 0.1695 | 0.1613 | 0.1659 | 0.0389 | 0.0471 | 0.0425 |
| 1992 | 0.2515 | 0.2146 | 0.2042 | 0.2102 | 0.0369 | 0.0473 | 0.0413 |
| 1993 | 0.2300 | 0.1996 | 0.1906 | 0.1954 | 0.0304 | 0.0394 | 0.0346 |
| 1994 | 0.2930 | 0.2591 | 0.2473 | 0.2537 | 0.0339 | 0.0457 | 0.0393 |
| 1995 | 0.2569 | 0.2251 | 0.2154 | 0.2202 | 0.0318 | 0.0415 | 0.0367 |
| 1996 | 0.2507 | 0.2160 | 0.2055 | 0.2112 | 0.0347 | 0.0452 | 0.0395 |
| 1997 | 0.3241 | 0.2864 | 0.2723 | 0.2801 | 0.0377 | 0.0518 | 0.0440 |
| 1998 | 0.3899 | 0.3440 | 0.3281 | 0.3364 | 0.0459 | 0.0618 | 0.0535 |
| 1999 | 0.4969 | 0.4416 | 0.4216 | 0.4320 | 0.0553 | 0.0753 | 0.0649 |
| 2000 | 0.5958 | 0.5273 | 0.5041 | 0.5157 | 0.0685 | 0.0917 | 0.0801 |
| 2001 | 0.6486 | 0.5654 | 0.5401 | 0.5528 | 0.0832 | 0.1085 | 0.0958 |
| 2002 | 0.7203 | 0.6343 | 0.6052 | 0.6203 | 0.0860 | 0.1151 | 0.1000 |
| 2003 | 0.8012 | 0.7197 | 0.6870 | 0.7037 | 0.0815 | 0.1142 | 0.0975 |
| 2004 | 0.9920 | 0.9052 | 0.8639 | 0.8843 | 0.0868 | 0.1281 | 0.1077 |
| 2005 | 1.2170 | 1.0757 | 1.0277 | 1.0511 | 0.1413 | 0.1893 | 0.1659 |
| 2006 | 1.4253 | 1.2651 | 1.2083 | 1.2358 | 0.1602 | 0.2170 | 0.1895 |
| 2007 | 1.5267 | 1.3608 | 1.2993 | 1.3288 | 0.1659 | 0.2274 | 0.1979 |
| 2008 | 1.6110 | 1.4733 | 1.4047 | 1.4381 | 0.1377 | 0.2063 | 0.1729 |

续　表

| 年份 | R&D经费投入强度(%) | R&D投资强度(%) | | | (经费投入强度－投资强度)(%) | | |
|------|------|------|------|------|------|------|------|
| | | Goldsmith | Griliches | BEA | Goldsmith | Griliches | BEA |
| 2009 | 1.7342 | 1.4663 | 1.3937 | 1.4305 | 0.2679 | 0.3405 | 0.3037 |
| 2010 | 1.7812 | 1.4985 | 1.4213 | 1.4619 | 0.2827 | 0.3599 | 0.3193 |
| 2011 | 1.8939 | 1.6116 | 1.5277 | 1.5721 | 0.2823 | 0.3662 | 0.3218 |
| 2012 | 2.0800 | 1.7118 | 1.6217 | 1.6695 | 0.3682 | 0.4583 | 0.4105 |
| 2013 | 2.1646 | 1.7484 | 1.6542 | 1.7047 | 0.4162 | 0.5104 | 0.4599 |
| 2014 | 2.2598 | 1.8489 | 1.7473 | 1.8025 | 0.4109 | 0.5125 | 0.4573 |
| 2015 | 2.3578 | 1.9299 | 1.8231 | 1.8813 | 0.4279 | 0.5347 | 0.4765 |

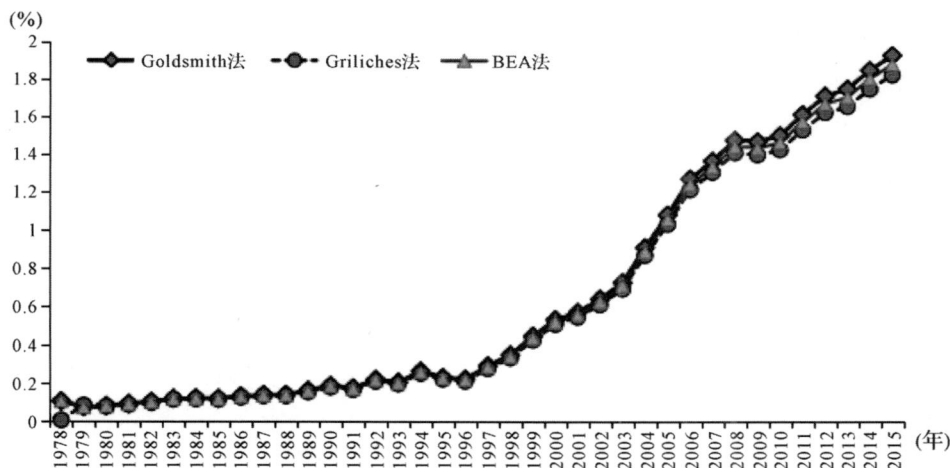

图6-1　基于三种方法测算的浙江省R&D投资强度发展趋势

## ■ 二、R&D经费投入强度与R&D投资强度的动态比较

接下来进一步考察公式(6-1)和公式(6-2)。由于当年的R&D投资(流量)往往小于R&D内部经费支出,而R&D资本化调整后的GDP必然大于R&D资本化调整前的GDP,故而,当年的R&D投资强度往往小于R&D经

费投入强度。

我们动态考察了 R&D 投资强度与 R&D 经费投入强度的差异情况,结果如表 6-1 和图 6-2 所示。我们发现,1978—2015 年间,浙江省 R&D 投资强度与 R&D 经费投入强度间的差异呈现显著的三阶段特征:①1978—1996年的基本匹配阶段。在该阶段,R&D 投资强度与 R&D 经费投入强度基本匹配,两者之差的年均幅度仅为 0.002 个百分点。②1997—2004 年的缓慢扩大阶段。在该阶段,R&D 投资强度与 R&D 经费投入强度之差缓慢扩大,其年均幅度增至 0.009 个百分点。③2005—2015 年的加速扩大阶段。在该阶段,R&D 投资强度与 R&D 经费投入强度之差加速扩大,其年均幅度增至0.034 个百分点。特别明显的是,R&D 投资强度不及 R&D 经费投入强度之态势仍呈不断扩张趋势。

R&D 投资强度越来越不及 R&D 经费投入强度,这在一定程度上表明浙江省 R&D 活动的有效投资形成能力在不断衰减,相应部门应更加重视R&D 活动的产出效率问题。

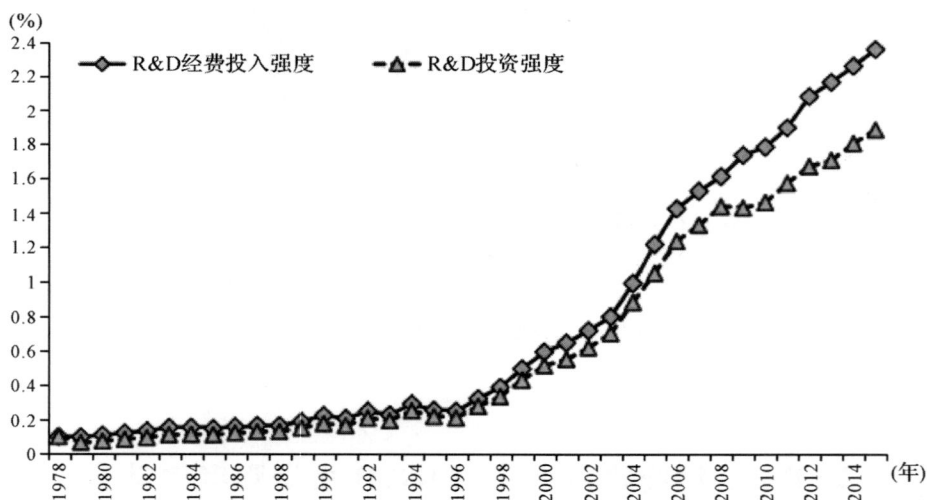

图 6-2　浙江省 R&D 经费投入强度与 R&D 投资强度之差异发展趋势

## 三、浙江省 R&D 投资强度与全国 R&D 投资强度的动态比较

表 6-2 和图 6-3 列示了浙江省 R&D 投资强度与全国 R&D 投资强度的动态比较情况。数据表明,1995—2015 年间,全国 R&D 投资强度的平均值为 1.0944%,基于三种方法测算的浙江省 R&D 投资强度的平均值分别为 1.4442%、1.3697% 和 1.4088%。基于三种方法测算的浙江省 R&D 投资强度分别比全国 R&D 投资强度高 0.3498 个百分点、0.2753 个百分点和 0.3144 个百分点。

表 6-2　浙江省 R&D 投资强度与全国 R&D 投资强度的动态比较

| 年份 | 全国 R&D 投资强度(%) | 浙江省与全国 R&D 投资强度差异(%) | | |
|---|---|---|---|---|
| | | Goldsmith | Griliches | BEA |
| 1995 | 0.3878 | −0.1627 | −0.1724 | −0.1676 |
| 1996 | 0.3789 | −0.1629 | −0.1734 | −0.1677 |
| 1997 | 0.4186 | −0.1322 | −0.1463 | −0.1385 |
| 1998 | 0.4240 | −0.0800 | −0.0959 | −0.0876 |
| 1999 | 0.4824 | −0.0408 | −0.0608 | −0.0504 |
| 2000 | 0.5638 | −0.0365 | −0.0597 | −0.0481 |
| 2001 | 0.5982 | −0.0328 | −0.0581 | −0.0454 |
| 2002 | 0.6728 | −0.0385 | −0.0676 | −0.0525 |
| 2003 | 0.7174 | 0.0023 | −0.0304 | −0.0137 |
| 2004 | 0.7813 | 0.1239 | 0.0826 | 0.1030 |
| 2005 | 0.8433 | 0.2324 | 0.1844 | 0.2078 |
| 2006 | 0.8878 | 0.3773 | 0.3205 | 0.348 |
| 2007 | 0.8963 | 0.4645 | 0.4030 | 0.4325 |
| 2008 | 0.9526 | 0.5207 | 0.4521 | 0.4855 |
| 2009 | 1.0934 | 0.3729 | 0.3003 | 0.3371 |

续　表

| 年份 | 全国 R&D 投资强度（%） | 浙江省与全国 R&D 投资强度差异（%） | | |
|------|------|------|------|------|
| | | Goldsmith | Griliches | BEA |
| 2010 | 1.1229 | 0.3756 | 0.2984 | 0.3390 |
| 2011 | 1.1719 | 0.4397 | 0.3558 | 0.4002 |
| 2012 | 1.2677 | 0.4441 | 0.3540 | 0.4018 |
| 2013 | 1.3265 | 0.4219 | 0.3277 | 0.3782 |
| 2014 | 1.3874 | 0.4615 | 0.3599 | 0.4151 |
| 2015 | 1.4508 | 0.4791 | 0.3723 | 0.4305 |
| 平均 | 1.0944 | 0.3498 | 0.2753 | 0.3144 |

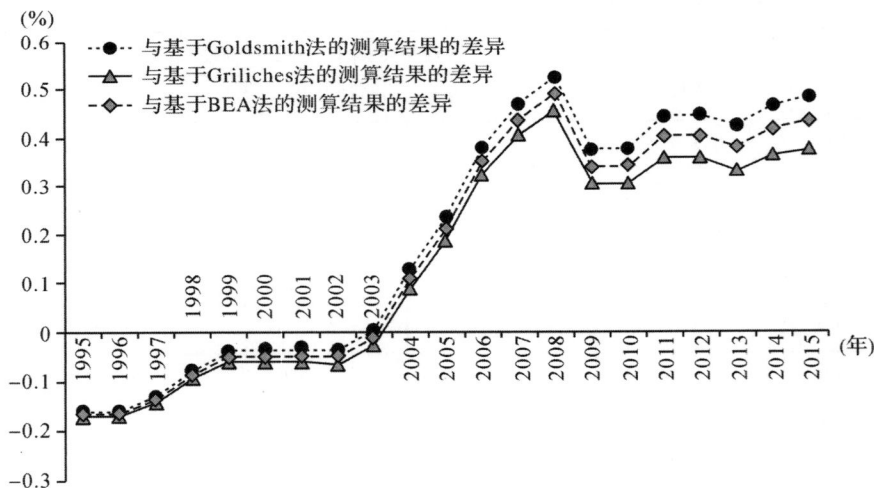

**图 6-3　浙江省 R&D 投资强度与全国 R&D 投资强度之差异发展趋势**

　　动态考察浙江省 R&D 投资强度与全国 R&D 投资强度的发展趋势可知,两者的差异发展可分为三个阶段:①不及全国水平阶段。1995—2002 年间,全国 R&D 投资强度的均值为 0.5113%,基于三种方法测算的浙江省 R&D 投资强度的均值分别为 0.4415%、0.4214% 和 0.4317%。比较来看,浙江省 R&D 投资强度水平不及全国水平,其差距为 0.0698 个百分点、0.0899 个百分点和 0.0796 个百分点。当然,这种差距呈现逐年递减的发展态势,从 1995 年的 0.1627 个百分点、0.1724 个百分点和 0.1676 个百分点缩减至 2002 年的 0.0385 个百分点、0.0676 个百分点和 0.0525 个百分点,年均降低 0.0177 个百分点、0.0150 个百分点和 0.0164 个百分点。②快速领先阶段。2003—2008 年间,全国 R&D 投资强度的均值为 0.8677%,基于三种方法测算的浙江省 R&D 投资强度的均值分别为 1.2022%、1.1474% 和 1.1741%。在这个时间段,浙江省 R&D 投资强度水平开始领先全国水平,其领先幅度分别为 0.3344 个百分点、0.2796 个百分点和 0.3063 个百分点。更为重要的是,浙江省 R&D 投资强度的领先幅度迅速拉大,分别从 2003 年的 0.0023%、−0.0304% 和 −0.0137% 扩大至 2008 年的 0.5207%、0.4521% 和 0.4855%,年均增加 0.0932 个百分点、0.0866 个百分点和 0.0897 个百分点。③稳步领先阶段。2009—2015 年间,全国 R&D 投资强度的均值为 1.2866%,基于三种方法测算的浙江省 R&D 投资强度的均值分别为 1.7181%、1.6264% 和 1.6754%。在这个时间段,浙江省 R&D 投资强度水平仍然大幅领先全国 R&D 投资强度水平,其领先幅度分别为 0.4315 个百分点、0.3398 个百分点和 0.3888 个百分点。与上一阶段不同的是,该阶段浙江省 R&D 投资强度的领先幅度较为稳定,波动并不明显。

## 四、R&D 投资强度的贡献率分解:基于规上工业企业视角

对 R&D 投资强度的变化情况进行贡献率分解,可基于不同视角。鉴于工业经济是浙江经济发展的主力军,是打造浙江经济升级版的领头羊,以及规上工业企业身兼历年浙江省 R&D 内部经费支出的主要执行主体,我们基于规上工业企业视角,对 1978—2015 年浙江省 R&D 投资强度的变化情况进行贡献率分析。

首先将从事 R&D 活动的主体区分为规上工业企业和其他主体两类,那么,R&D 投资强度的变化即可通过规上工业企业 R&D 投资强度的变化和其他主体 R&D 投资强度的变化得到解释。相应地,R&D 投资强度的计算公式可表达为公式(6-3)。进一步地,对公式(6-3)两边取差分,则其可转化

为公式(6-4)。

$$\frac{R\&D\,投资(流量)}{R\&D\,资本化调整后的\,GDP}$$

$$=\frac{规上工业企业\,R\&D\,投资}{R\&D\,资本化调整后的\,GDP}+\frac{其他主体\,R\&D\,投资}{R\&D\,资本化调整后的\,GDP} \tag{6-3}$$

$$\Delta\frac{R\&D\,投资(流量)}{R\&D\,资本化调整后的\,GDP}$$

$$=\Delta\frac{规上工业企业\,R\&D\,投资}{R\&D\,资本化调整后的\,GDP}+\Delta\frac{其他主体\,R\&D\,投资}{R\&D\,资本化调整后的\,GDP} \tag{6-4}$$

据此,规上工业企业贡献率和其他主体贡献率的计算公式如式(6-5)和式(6-6)所示。

规上工业企业贡献率＝

$$\Delta\frac{规上工业企业\,R\&D\,投资(流量)}{R\&D\,资本化调整后的\,GDP}\Big/\Delta\frac{R\&D\,投资(流量)}{R\&D\,资本化调整后的\,GDP}$$

$$\tag{6-5}$$

其他主体贡献率＝

$$\Delta\frac{其他主体\,R\&D\,投资(流量)}{R\&D\,资本化调整后的\,GDP}\Big/\Delta\frac{R\&D\,投资(流量)}{R\&D\,资本化调整后的\,GDP}$$

$$\tag{6-6}$$

表 6-3 列示了浙江省 R&D 投资强度的贡献率分解结果。数据表明,1979—2015 年间,规上工业企业对 R&D 投资强度的贡献率均值为 79.84％,其他主体对 R&D 投资强度的贡献率均值为 20.16％,可见规上工业企业俨然是决定浙江省 R&D 投资强度高低的主导者。在较特殊的 1985 年和 1991 年,浙江省 R&D 投资强度分别比 1984 年和 1990 年低 0.0026 个百分点和 0.0123 个百分点,而规上工业企业对 R&D 投资强度的贡献率值为－22.21％和－13.66％。这恰好表明,这两年全省 R&D 投资强度的下降是规上工业企业 R&D 投资强度下降和其他主体的 R&D 投资强度上升幅度较小两方面共同作用的结果。同时,规上工业企业对浙江省 R&D 投资强度高低的决定作用从 2000 年以来体现得更为充分,其贡献率维持在高位。

表 6-3　浙江省 R&D 投资强度变化贡献率分解（基于 BEA 法）

（单位：%）

| 年份 | R&D 投资强度 | 规上工业企业贡献率 | 其他主体贡献率 | 年份 | R&D 投资强度 | 规上工业企业贡献率 | 其他主体贡献率 |
|---|---|---|---|---|---|---|---|
| 1978 | 0.1000 | / | / | 1997 | 0.2801 | 45.04 | 54.96 |
| 1979 | 0.0672 | 10.60 | 89.40 | 1998 | 0.3364 | 93.38 | 6.62 |
| 1980 | 0.0744 | 19.72 | 80.28 | 1999 | 0.4320 | 80.42 | 19.58 |
| 1981 | 0.0844 | 22.36 | 77.64 | 2000 | 0.5157 | 98.55 | 1.45 |
| 1982 | 0.0953 | 23.46 | 76.54 | 2001 | 0.5528 | 50.51 | 49.49 |
| 1983 | 0.1116 | 22.45 | 77.55 | 2002 | 0.6203 | 86.84 | 13.16 |
| 1984 | 0.1136 | 56.73 | 43.27 | 2003 | 0.7037 | 93.11 | 6.89 |
| 1985 | 0.1110 | −22.21 | 122.21 | 2004 | 0.8843 | 77.87 | 22.13 |
| 1986 | 0.1235 | 31.15 | 68.85 | 2005 | 1.0511 | 75.82 | 24.18 |
| 1987 | 0.1308 | 34.74 | 65.26 | 2006 | 1.2358 | 84.66 | 15.34 |
| 1988 | 0.1315 | 167.19 | −67.19 | 2007 | 1.3288 | 79.64 | 20.36 |
| 1989 | 0.1524 | 25.25 | 74.75 | 2008 | 1.4381 | 77.26 | 22.74 |
| 1990 | 0.1782 | 29.94 | 70.06 | 2009 | 1.4305 | 128.50 | −28.50 |
| 1991 | 0.1659 | −13.66 | 113.66 | 2010 | 1.4619 | 56.35 | 43.65 |
| 1992 | 0.2102 | 17.24 | 82.76 | 2011 | 1.5721 | 69.11 | 30.89 |
| 1993 | 0.1954 | 56.77 | 43.23 | 2012 | 1.6695 | 62.73 | 37.27 |
| 1994 | 0.2537 | 162.88 | −62.88 | 2013 | 1.7047 | 167.63 | −67.63 |
| 1995 | 0.2202 | 98.01 | 1.99 | 2014 | 1.8025 | 92.41 | 7.59 |
| 1996 | 0.2112 | 6.71 | 93.29 | 2015 | 1.8813 | 71.68 | 28.32 |
| 年均 | | | | | | 79.84 | 20.16 |

# 第二节　R&D 资本化对浙江省 GDP 规模与增速的影响测度

## 一、R&D 资本化对 GDP 规模的影响测度

R&D 资本化将提升 GDP 规模。表 6-4 列示了经 R&D 资本化调整后的浙江省 GDP(现价)规模。数据表明,1978—2015 年间,基于三种方法测算的 R&D 资本化分别使浙江省的 GDP(现价)年均规模提升了 130.14 亿元、397.72 亿元[1]和 126.73 亿元,提升比率分别为 1.2813%、1.2136% 和 1.2477%。

表 6-5 列示了 R&D 资本化对浙江省 GDP 规模(现价)的阶段影响。分阶段考察,鉴于 R&D 支出规模较小,1979—2000 年间 R&D 资本化并未对 GDP(现价)规模带来显著的影响。其中,1979—1990 年间,基于三种方法测算的 R&D 资本化分别使 GDP(现价)规模提升了 0.37 亿元、0.35 亿元和 0.36 亿元,提升比率分别为 0.0824%、0.0782% 和 0.0803%;1991—1995 年间,基于三种方法测算的 R&D 资本化分别使 GDP(现价)规模提升了 0.37 亿元、0.35 亿元和 0.36 亿元,提升比率分别为 0.1595%、0.1520% 和 0.1555%;1996—2000 年间,基于三种方法测算的 R&D 资本化分别使 GDP(现价)规模提升了 15.02 亿元、14.30 亿元和 14.65 亿元,提升比率分别为 0.2944%、0.2802% 和 0.2870%。

21 世纪以来,随着 R&D 支出规模的不断扩大,R&D 资本化对 GDP(现价)规模的影响开始明显并不断增强。其中,2001—2005 年间,基于三种方法测算的 R&D 资本化分别使 GDP(现价)规模提升了 69.36 亿元、66.11 亿

---

[1]　基于 Griliches 法的计算结果的时间跨度为 1979—2015 年。据此,在进行 R&D 资本化调整前后的 GDP(现价)规模比较时,均不涉及 1978 年数值。

元和 67.62 亿元,提升比率分别为 0.6981%、0.6655% 和 0.6807%;2006—
2010 年间,基于三种方法测算的 R&D 资本化分别使 GDP(现价)规模提升
了 277.55 亿元、263.82 亿元和 270.42 亿元,提升比率分别为 1.3009%、
1.2365% 和 1.2674%;2011—2015 年间,基于三种方法测算的 R&D 资本化
分别使 GDP(现价)规模提升了 622.86 亿元、588.17 亿元和 606.30 亿元,提
升比率分别为 1.6573%、1.5650% 和 1.6132%。

表 6-4　R&D 资本化对浙江省 GDP(现价)规模的影响

| 年份 | R&D 资本化之前(亿元) | R&D 资本化之后(亿元) | | | GDP(现价)规模提升率(%) | | |
|---|---|---|---|---|---|---|---|
| | | Goldsmith | Griliches | BEA | Goldsmith | Griliches | BEA |
| 1978 | 123.72 | 123.78 | / | 123.78 | 0.0485 | / | 0.0485 |
| 1979 | 157.75 | 157.80 | 157.81 | 157.80 | 0.0317 | 0.0380 | 0.0317 |
| 1980 | 179.92 | 179.99 | 179.99 | 179.99 | 0.0389 | 0.0389 | 0.0389 |
| 1981 | 204.86 | 204.95 | 204.94 | 204.95 | 0.0439 | 0.0391 | 0.0439 |
| 1982 | 234.01 | 234.13 | 234.12 | 234.13 | 0.0513 | 0.0470 | 0.0513 |
| 1983 | 257.09 | 257.25 | 257.24 | 257.24 | 0.0622 | 0.0583 | 0.0583 |
| 1984 | 323.25 | 323.46 | 323.45 | 323.45 | 0.0650 | 0.0619 | 0.0619 |
| 1985 | 429.16 | 429.44 | 429.43 | 429.43 | 0.0652 | 0.0629 | 0.0629 |
| 1986 | 502.47 | 502.85 | 502.83 | 502.84 | 0.0756 | 0.0716 | 0.0736 |
| 1987 | 606.99 | 607.49 | 607.47 | 607.48 | 0.0824 | 0.0791 | 0.0807 |
| 1988 | 770.25 | 770.91 | 770.87 | 770.89 | 0.0857 | 0.0805 | 0.0831 |
| 1989 | 849.44 | 850.31 | 850.25 | 850.28 | 0.1024 | 0.0954 | 0.0989 |
| 1990 | 904.69 | 905.77 | 905.72 | 905.75 | 0.1194 | 0.1139 | 0.1172 |
| 1991 | 1089.33 | 1090.60 | 1090.54 | 1090.57 | 0.1166 | 0.1111 | 0.1138 |
| 1992 | 1375.70 | 1377.73 | 1377.63 | 1377.68 | 0.1476 | 0.1403 | 0.1439 |
| 1993 | 1925.91 | 1928.66 | 1928.53 | 1928.59 | 0.1428 | 0.1360 | 0.1392 |
| 1994 | 2689.28 | 2694.25 | 2694.01 | 2694.12 | 0.1848 | 0.1759 | 0.1800 |
| 1995 | 3557.55 | 3563.50 | 3563.23 | 3563.35 | 0.1672 | 0.1597 | 0.1630 |
| 1996 | 4188.53 | 4195.35 | 4195.00 | 4195.17 | 0.1628 | 0.1545 | 0.1585 |

续　表

| 年份 | R&D资本化之前（亿元） | R&D资本化之后（亿元） | | | GDP（现价）规模提升率（%） | | |
|---|---|---|---|---|---|---|---|
| | | Goldsmith | Griliches | BEA | Goldsmith | Griliches | BEA |
| 1997 | 4686.11 | 4696.30 | 4695.78 | 4696.05 | 0.2175 | 0.2064 | 0.2121 |
| 1998 | 5052.62 | 5066.07 | 5065.42 | 5065.74 | 0.2662 | 0.2533 | 0.2597 |
| 1999 | 5443.92 | 5462.78 | 5461.88 | 5462.31 | 0.3464 | 0.3299 | 0.3378 |
| 2000 | 6141.03 | 6166.81 | 6165.61 | 6166.17 | 0.4198 | 0.4003 | 0.4094 |
| 2001 | 6898.34 | 6929.16 | 6927.71 | 6928.38 | 0.4468 | 0.4258 | 0.4355 |
| 2002 | 8003.67 | 8043.84 | 8041.88 | 8042.83 | 0.5019 | 0.4774 | 0.4893 |
| 2003 | 9705.02 | 9761.13 | 9758.42 | 9759.72 | 0.5782 | 0.5502 | 0.5636 |
| 2004 | 11648.70 | 11743.32 | 11738.86 | 11740.99 | 0.8123 | 0.7740 | 0.7923 |
| 2005 | 13417.68 | 13542.74 | 13537.10 | 13539.61 | 0.9321 | 0.8900 | 0.9087 |
| 2006 | 15718.47 | 15896.18 | 15887.92 | 15891.74 | 1.1306 | 1.0780 | 1.1023 |
| 2007 | 18753.73 | 18984.41 | 18973.70 | 18978.60 | 1.2300 | 1.1729 | 1.1991 |
| 2008 | 21462.69 | 21748.81 | 21735.10 | 21741.47 | 1.3331 | 1.2692 | 1.2989 |
| 2009 | 22998.24 | 23311.13 | 23295.25 | 23303.01 | 1.3605 | 1.2914 | 1.3252 |
| 2010 | 27747.65 | 28128.01 | 28107.93 | 28118.04 | 1.3708 | 1.2984 | 1.3349 |
| 2011 | 32363.38 | 32841.50 | 32815.76 | 32828.94 | 1.4773 | 1.3978 | 1.4385 |
| 2012 | 34739.13 | 35290.52 | 35260.50 | 35275.96 | 1.5872 | 1.5008 | 1.5453 |
| 2013 | 37756.58 | 38371.39 | 38337.26 | 38355.03 | 1.6284 | 1.5380 | 1.5850 |
| 2014 | 40173.03 | 40867.92 | 40828.60 | 40849.38 | 1.7297 | 1.6319 | 1.6836 |
| 2015 | 42886.49 | 43661.57 | 43617.35 | 43640.81 | 1.8073 | 1.7042 | 1.7589 |
| 平均 | 10157.01 | 10287.15 | 10554.73 | 10283.74 | 1.2813 | 1.2136 | 1.2477 |

### 表6-5　R&D资本化对浙江省GDP（现价）规模影响的阶段考察

| 时间 | Goldsmith法 | | Griliches法 | | BEA法 | |
|---|---|---|---|---|---|---|
| | 年均规模（亿元） | 提升率（%） | 年均规模（亿元） | 提升率（%） | 年均规模（亿元） | 提升率（%） |
| 1979—1990 | 452.03 | 0.0824 | 452.01 | 0.0782 | 452.02 | 0.0803 |

续　表

| 时间 | Goldsmith 法 | | Griliches 法 | | BEA 法 | |
|---|---|---|---|---|---|---|
| | 年均规模<br>（亿元） | 提升率<br>（%） | 年均规模<br>（亿元） | 提升率<br>（%） | 年均规模<br>（亿元） | 提升率<br>（%） |
| 1991—1995 | 2130.95 | 0.1595 | 2130.79 | 0.1520 | 2130.86 | 0.1555 |
| 1996—2000 | 5117.46 | 0.2944 | 5116.74 | 0.2802 | 5117.09 | 0.2870 |
| 2001—2005 | 10004.04 | 0.6981 | 10000.79 | 0.6655 | 10002.31 | 0.6807 |
| 2006—2010 | 21613.71 | 1.3009 | 21599.98 | 1.2365 | 21606.57 | 1.2674 |
| 2011—2015 | 38206.58 | 1.6573 | 38171.89 | 1.5650 | 38190.02 | 1.6132 |

## 二、R&D 资本化对 GDP 增速的影响测度

R&D 资本化必将改变 GDP 增速。表 6-6 和图 6-4 列示了经 R&D 资本化调整后的浙江省 GDP 增速变化。数据表明，1979—2015 年间，除个别年份外，R&D 资本化均能促使浙江省 GDP 增速提升。基于三种方法测算的 R&D 资本化调整后，GDP 增速的提升幅度分别为 0.0527 个百分点、0.0510 个百分点和 0.0516 个百分点。特别需要指出的是，1979 年、1993 年、1995 和 1996 年，由于这些年份当年的 R&D 投资规模增速不及未资本化之前的 GDP 增速，R&D 资本化致使 GDP 增速出现不增反降的情况。

表 6-6　R&D 资本化对浙江省 GDP 增速的影响

| 年份 | R&D 资本<br>化之前<br>（亿元） | R&D 资本化之后（亿元） | | | GDP（现价）规模提升率（%） | | |
|---|---|---|---|---|---|---|---|
| | | Goldsmith | Griliches | BEA | Goldsmith | Griliches | BEA |
| 1978 | 21.90 | 21.95 | / | 21.95 | 0.05 | / | 0.05 |
| 1979 | 13.60 | 13.59 | 13.64 | 13.59 | −0.01 | 0.04 | −0.01 |
| 1980 | 16.40 | 16.40 | 16.40 | 16.40 | 0 | 0 | 0 |
| 1981 | 11.50 | 11.51 | 11.50 | 11.51 | 0.01 | 0 | 0.01 |
| 1982 | 11.40 | 11.41 | 11.41 | 11.41 | 0.01 | 0.01 | 0.01 |

续　表

| 年份 | R&D 资本化之前（亿元） | R&D 资本化之后（亿元） | | | GDP（现价）规模提升率（%） | | |
|------|------|----------|-----------|-----|----------|-----------|-----|
| | | Goldsmith | Griliches | BEA | Goldsmith | Griliches | BEA |
| 1983 | 8.00 | 8.01 | 8.01 | 8.01 | 0.01 | 0.01 | 0.01 |
| 1984 | 21.70 | 21.70 | 21.70 | 21.70 | 0 | 0 | 0 |
| 1985 | 21.70 | 21.70 | 21.70 | 21.70 | 0 | 0 | 0 |
| 1986 | 12.10 | 12.11 | 12.11 | 12.11 | 0.01 | 0.01 | 0.01 |
| 1987 | 11.80 | 11.81 | 11.81 | 11.81 | 0.01 | 0.01 | 0.01 |
| 1988 | 11.20 | 11.20 | 11.20 | 11.20 | 0 | 0 | 0 |
| 1989 | −0.60 | −0.58 | −0.59 | −0.58 | 0.02 | 0.01 | 0.02 |
| 1990 | 3.90 | 3.92 | 3.92 | 3.92 | 0.02 | 0.02 | 0.02 |
| 1991 | 17.80 | 17.80 | 17.80 | 17.80 | 0 | 0 | 0 |
| 1992 | 19.00 | 19.04 | 19.04 | 19.04 | 0.04 | 0.04 | 0.04 |
| 1993 | 22.00 | 21.99 | 21.99 | 21.99 | −0.01 | −0.01 | −0.01 |
| 1994 | 20.00 | 20.05 | 20.05 | 20.05 | 0.05 | 0.05 | 0.05 |
| 1995 | 16.80 | 16.78 | 16.78 | 16.78 | −0.02 | −0.02 | −0.02 |
| 1996 | 12.70 | 12.69 | 12.69 | 12.69 | −0.01 | −0.01 | −0.01 |
| 1997 | 11.10 | 11.16 | 11.16 | 11.16 | 0.06 | 0.06 | 0.06 |
| 1998 | 10.20 | 10.25 | 10.25 | 10.25 | 0.05 | 0.05 | 0.05 |
| 1999 | 10.00 | 10.09 | 10.08 | 10.09 | 0.09 | 0.08 | 0.09 |
| 2000 | 11.00 | 11.08 | 11.08 | 11.08 | 0.08 | 0.08 | 0.08 |
| 2001 | 10.60 | 10.63 | 10.63 | 10.63 | 0.03 | 0.03 | 0.03 |
| 2002 | 12.60 | 12.66 | 12.66 | 12.66 | 0.06 | 0.06 | 0.06 |
| 2003 | 14.70 | 14.79 | 14.78 | 14.78 | 0.09 | 0.08 | 0.08 |
| 2004 | 14.50 | 14.77 | 14.75 | 14.76 | 0.27 | 0.25 | 0.26 |
| 2005 | 12.80 | 12.93 | 12.93 | 12.93 | 0.13 | 0.13 | 0.13 |
| 2006 | 13.90 | 14.12 | 14.11 | 14.12 | 0.22 | 0.21 | 0.22 |
| 2007 | 14.70 | 14.81 | 14.81 | 14.81 | 0.11 | 0.11 | 0.11 |
| 2008 | 10.10 | 10.21 | 10.20 | 10.21 | 0.11 | 0.10 | 0.11 |

续　表

| 年份 | R&D 资本化之前（亿元） | R&D 资本化之后（亿元） | | | GDP（现价）规模提升率（％） | | |
|------|------|------|------|------|------|------|------|
| | | Goldsmith | Griliches | BEA | Goldsmith | Griliches | BEA |
| 2009 | 8.90 | 8.93 | 8.92 | 8.93 | 0.03 | 0.02 | 0.03 |
| 2010 | 11.90 | 11.91 | 11.91 | 11.91 | 0.01 | 0.01 | 0.01 |
| 2011 | 9.00 | 9.11 | 9.11 | 9.11 | 0.11 | 0.11 | 0.11 |
| 2012 | 8.00 | 8.12 | 8.11 | 8.11 | 0.12 | 0.11 | 0.11 |
| 2013 | 8.20 | 8.24 | 8.24 | 8.24 | 0.04 | 0.04 | 0.04 |
| 2014 | 7.60 | 7.71 | 7.70 | 7.70 | 0.11 | 0.10 | 0.10 |
| 2015 | 8.00 | 8.08 | 8.08 | 8.08 | 0.08 | 0.08 | 0.08 |
| 平均 | 12.7607 | 12.8134 | 12.8117 | 12.8123 | 0.0527 | 0.0510 | 0.0516 |

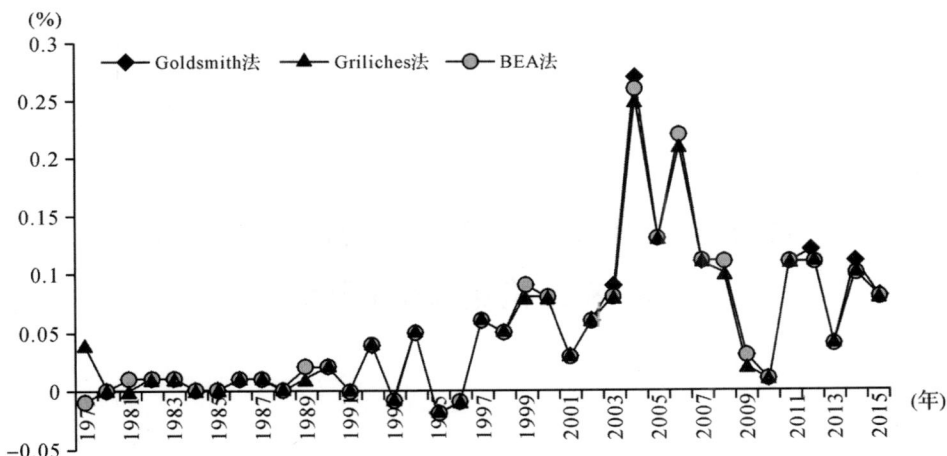

图 6-4　R&D 资本化前后的浙江省 GDP 增速差异发展趋势

基于三种方法测算的 R&D 资本化调整后,浙江省 GDP 增速均提升。其中(如表 6-7 数据所示),1979—1990 年间,GDP 增速的提升幅度分别为 0.0070 个百分点、0.0094 个百分点和 0.0070 个百分点;1991—1995 年间,GDP 增速的提升幅度均为 0.0119 个百分点;1996—2000 年间,GDP 增速的提升幅度分别为 0.0543 个百分点、0.0523 个百分点和 0.0543 个百分点;2001—2005 年间,GDP 增速的提升幅度分别为 0.1113 个百分点、0.1093 个百分点和 0.1113

个百分点;2006—2010 年间,GDP 增速的提升幅度分别为 0.0951 个百分点、
0.0891 个百分点和 0.0951 个百分点;2011—2015 年间,GDP 增速的提升幅度
分别为 0.0920 个百分点、0.0880 个百分点和 0.0880 个百分点。就三种方法
而言,基于 Goldsmith 法的测算结果中,GDP 增速的提升幅度相对更高;基于
Griliches 法的测算结果中,GDP 增速的提升幅度相对更低。

**表 6-7　R&D 资本化对浙江省 GDP 增速影响的阶段考察**

| 年份 | R&D 资本化之前（亿元） | R&D 资本化之后（亿元） | | | GDP 增速变化 | | |
|---|---|---|---|---|---|---|---|
| | | Goldsmith | Griliches | BEA | Goldsmith | Griliches | BEA |
| 1979—1990 | 11.7217 | 11.7287 | 11.7311 | 11.7287 | 0.0070 | 0.0094 | 0.0070 |
| 1991—1995 | 19.1064 | 19.1183 | 19.1183 | 19.1183 | 0.0119 | 0.0119 | 0.0119 |
| 1996—2000 | 10.9959 | 11.0502 | 11.0482 | 11.0502 | 0.0543 | 0.0523 | 0.0543 |
| 2001—2005 | 13.0302 | 13.1415 | 13.1395 | 13.1415 | 0.1113 | 0.1093 | 0.1113 |
| 2006—2010 | 11.8785 | 11.9736 | 11.9676 | 11.9736 | 0.0951 | 0.0891 | 0.0951 |
| 2011—2015 | 8.1590 | 8.2510 | 8.2470 | 8.2470 | 0.0920 | 0.0880 | 0.0880 |

# 第三节　R&D 资本化对浙江省 GDP 需求结构的影响测度

## 一、基于 R&D 资本化的 GDP 三大需求再计算

GDP 三大需求是指支出法中的 GDP 核算构成项目,即最终消费、固定
资本形成与净出口,也被称为消费需求、投资需求和净出口需求。大体来
看,由于并未考虑 R&D 产品的进出口,R&D 资本化对 GDP 三大需求的影
响主要体现于消费需求和投资需求。具体地,消费需求将下降,其主要原因
是政府消费中扣除了被识别为 R&D 固定资本形成的支出部分(在 R&D 资
本化调整时,尽管政府消费中要增加 R&D 固定资本消耗部分,但其增加的

幅度往往小于被扣除部分的幅度);投资需求将显著上升,其主要原因是增加了非市场生产部门与市场生产部门的 R&D 固定资本形成部分。据此,我们对浙江省三大需求数据进行了调整,结果如表 6-8 所示。数据表明,1978—2015 年间,R&D 资本化致使消费需求的平均规模从 4811.91 亿元下调至 4797.87 亿元,下调幅度为 0.29%;R&D 资本化致使投资需求的平均规模从 4593.90 亿元提升至 4751.80 亿元,提升幅度为 3.44%[①]。

表 6-8　基于 R&D 资本化的浙江省三大需求规模再计算[②]

| 年份 | R&D 资本化之前(亿元) | | | R&D 资本化之后(亿元) | | |
|------|------|------|------|------|------|------|
| | 最终消费 | 固定资本形成 | 净出口 | 最终消费 | 固定资本形成 | 净出口 |
| 1978 | 77.76 | 32.65 | 13.31 | 77.69 | 32.77 | 13.31 |
| 1979 | 90.82 | 37.66 | 29.16 | 90.77 | 37.88 | 29.16 |
| 1980 | 102.04 | 49.29 | 28.35 | 101.97 | 49.66 | 28.35 |
| 1981 | 132.52 | 51.53 | 20.40 | 132.43 | 52.11 | 20.40 |
| 1982 | 147.92 | 61.79 | 23.70 | 147.81 | 62.61 | 23.70 |
| 1983 | 161.58 | 59.50 | 35.15 | 161.45 | 60.65 | 35.15 |
| 1984 | 189.67 | 100.62 | 31.78 | 189.50 | 102.17 | 31.78 |
| 1985 | 248.16 | 148.52 | 30.82 | 247.96 | 150.66 | 30.82 |
| 1986 | 299.09 | 185.39 | 15.58 | 298.84 | 188.42 | 15.58 |
| 1987 | 356.85 | 236.11 | 10.75 | 356.54 | 240.18 | 10.75 |
| 1988 | 463.13 | 297.40 | 5.23 | 462.76 | 302.90 | 5.23 |
| 1989 | 516.08 | 300.14 | 27.50 | 515.62 | 307.16 | 27.50 |
| 1990 | 548.85 | 252.44 | 96.70 | 548.29 | 260.75 | 96.70 |

[①]　为行文简洁,此处的 R&D 资本化是基于 BEA 的计算结果,并未列出基于 Goldsmith 法和 Griliches 法的 GDP 三大需求规模计算结果。需要强调的是,基于三种方法计算的 GDP 三大需求的结果不会具有显著差异。需要特别说明的是,如无具体说明,下文均仅根据基于 BEA 法的 R&D 资本化核算结果开展分析。

[②]　数据来源:1978—1992 年浙江省 GDP 三大需求规模根据《中国国内生产总值核算历史资料:1952—1995》的相关数据估算;1993—2015 年浙江省 GDP 三大需求规模直接源自《浙江省统计年鉴 2016》。

续　表

| 年份 | R&D 资本化之前（亿元） | | | R&D 资本化之后（亿元） | | |
|---|---|---|---|---|---|---|
| | 最终消费 | 固定资本形成 | 净出口 | 最终消费 | 固定资本形成 | 净出口 |
| 1991 | 613.19 | 336.05 | 132.51 | 612.62 | 345.44 | 132.51 |
| 1992 | 697.40 | 533.76 | 133.90 | 696.49 | 547.30 | 133.90 |
| 1993 | 849.96 | 902.23 | 157.30 | 848.88 | 922.42 | 157.30 |
| 1994 | 1173.68 | 1189.74 | 307.44 | 1171.69 | 1215.00 | 307.44 |
| 1995 | 1495.24 | 1786.79 | 287.12 | 1493.20 | 1783.04 | 287.12 |
| 1996 | 1806.91 | 2034.61 | 322.58 | 1804.69 | 2067.90 | 322.58 |
| 1997 | 2004.31 | 2230.01 | 384.71 | 2001.09 | 2310.24 | 384.71 |
| 1998 | 2172.30 | 2482.50 | 321.40 | 2168.38 | 2575.96 | 321.40 |
| 1999 | 2355.39 | 2519.98 | 494.85 | 2350.19 | 2617.28 | 494.85 |
| 2000 | 3150.88 | 2652.77 | 337.38 | 3144.22 | 2684.57 | 337.38 |
| 2001 | 3579.14 | 2891.02 | 428.18 | 3570.88 | 2929.32 | 428.18 |
| 2002 | 4062.46 | 3467.46 | 473.75 | 4051.73 | 3517.35 | 473.75 |
| 2003 | 4623.26 | 4663.83 | 417.93 | 4609.28 | 4732.51 | 417.93 |
| 2004 | 5416.73 | 5748.87 | 483.10 | 5405.19 | 5852.70 | 483.10 |
| 2005 | 6347.60 | 6448.72 | 621.36 | 6327.23 | 6591.03 | 621.36 |
| 2006 | 7499.76 | 7297.05 | 921.66 | 7476.64 | 7493.44 | 921.66 |
| 2007 | 8620.50 | 8662.44 | 1470.79 | 8593.17 | 8914.64 | 1470.79 |
| 2008 | 9828.95 | 9326.26 | 2307.48 | 9795.06 | 9638.93 | 2307.48 |
| 2009 | 10864.59 | 10607.33 | 1518.43 | 10836.02 | 10948.56 | 1518.43 |
| 2010 | 12765.63 | 12950.46 | 2006.22 | 12724.98 | 13386.84 | 2006.22 |
| 2011 | 15041.98 | 14743.55 | 2533.32 | 14991.44 | 15304.18 | 2533.32 |
| 2012 | 16509.40 | 15460.74 | 2695.19 | 16457.30 | 16123.47 | 2695.19 |
| 2013 | 17737.24 | 17112.35 | 2718.90 | 17681.84 | 17954.29 | 2718.90 |
| 2014 | 19365.42 | 17827.25 | 2980.36 | 19305.44 | 18563.58 | 2980.36 |
| 2015 | 20936.30 | 18879.28 | 3070.91 | 20869.59 | 19700.31 | 3070.91 |
| 平均 | 4811.91 | 4593.90 | 734.08 | 4797.87 | 4751.80 | 734.08 |

# 二、R&D 资本化对 GDP 三大需求结构的影响测度

GDP 需求结构是指支出法 GDP 中的消费需求、投资需求和净出口需求的构成百分比，也可称为 GDP 的最终消费率、固定资本形成率和净出口率。表 6-9 描述了 R&D 资本化前后的浙江省 GDP 需求结构。数据表明，1978—2015 年间，R&D 资本化致使最终消费率从 47.46% 下降至 46.65%，下降幅度为 0.81 个百分点；R&D 资本化致使固定资本形成率从 45.31% 提升至 46.21%，提升幅度为 0.90 个百分点。从最终消费率的发展趋势与固定资本形成率的发展趋势看（如图 6-5 所示），尽管 R&D 资本化提升了固定资本形成率也降低了最终消费率，但并未改变大部分年份最终产品在积累与消费之间的分配重心。较特殊的是 2006 年、2011 年和 2013 年，这三年的最终产品分配重心因 R&D 资本化而发生改变。其中，2006 年的最终消费率、固定资本形成率从 47.71%、46.42% 调整为 47.05%、47.15%，2011 年的最终消费率、固定资本形成率从 46.54%、45.62% 调整为 45.67%、46.62%，2013 年的最终消费率、固定资本形成率从 47.21%、45.55% 调整为 46.10%、46.81%。可见，这三年的最终产品分配均实现了由消费为主型到积累为主型的重心转变。

表 6-9  R&D 资本化对浙江省 GDP 需求结构的影响

| 年份 | R&D 资本化之前（%） | | | R&D 资本化之后（%） | | |
|------|------|------|------|------|------|------|
| | 最终消费率 | 固定资本形成率 | 净出口率 | 最终消费率 | 固定资本形成率 | 净出口率 |
| 1978 | 62.85 | 26.39 | 10.76 | 62.77 | 26.48 | 10.75 |
| 1979 | 57.61 | 23.89 | 18.50 | 57.52 | 24.00 | 18.48 |
| 1980 | 56.79 | 27.43 | 15.78 | 56.66 | 27.59 | 15.75 |
| 1981 | 64.82 | 25.20 | 9.98 | 64.62 | 25.43 | 9.95 |
| 1982 | 63.37 | 26.47 | 10.15 | 63.13 | 26.74 | 10.12 |

| 年份 | R&D 资本化之前（%） | | | R&D 资本化之后（%） | | |
|------|--------|----------------|--------|--------|----------------|--------|
| | 最终消费率 | 固定资本形成率 | 净出口率 | 最终消费率 | 固定资本形成率 | 净出口率 |
| 1983 | 63.06 | 23.22 | 13.72 | 62.76 | 23.58 | 13.66 |
| 1984 | 58.89 | 31.24 | 9.87 | 58.59 | 31.59 | 9.83 |
| 1985 | 58.05 | 34.74 | 7.21 | 57.74 | 35.08 | 7.18 |
| 1986 | 59.81 | 37.07 | 3.12 | 59.43 | 37.47 | 3.10 |
| 1987 | 59.11 | 39.11 | 1.78 | 58.69 | 39.54 | 1.77 |
| 1988 | 60.48 | 38.84 | 0.68 | 60.03 | 39.29 | 0.68 |
| 1989 | 61.17 | 35.57 | 3.26 | 60.64 | 36.12 | 3.23 |
| 1990 | 61.12 | 28.11 | 10.77 | 60.54 | 28.79 | 10.68 |
| 1991 | 56.69 | 31.07 | 12.25 | 56.17 | 31.68 | 12.15 |
| 1992 | 51.09 | 39.10 | 9.81 | 50.55 | 39.73 | 9.72 |
| 1993 | 44.51 | 47.25 | 8.24 | 44.02 | 47.83 | 8.16 |
| 1994 | 43.94 | 44.55 | 11.51 | 43.49 | 45.10 | 11.41 |
| 1995 | 41.89 | 50.06 | 8.04 | 41.90 | 50.04 | 8.06 |
| 1996 | 43.39 | 48.86 | 7.75 | 43.02 | 49.29 | 7.69 |
| 1997 | 43.39 | 48.28 | 8.33 | 42.61 | 49.20 | 8.19 |
| 1998 | 43.65 | 49.89 | 6.46 | 42.80 | 50.85 | 6.34 |
| 1999 | 43.86 | 46.93 | 9.21 | 43.03 | 47.92 | 9.06 |
| 2000 | 51.31 | 43.20 | 5.49 | 50.99 | 43.54 | 5.47 |
| 2001 | 51.88 | 41.91 | 6.21 | 51.54 | 42.28 | 6.18 |
| 2002 | 50.76 | 43.32 | 5.92 | 50.38 | 43.73 | 5.89 |
| 2003 | 47.64 | 48.06 | 4.31 | 47.23 | 48.49 | 4.28 |
| 2004 | 46.50 | 49.35 | 4.15 | 46.04 | 49.85 | 4.11 |
| 2005 | 47.31 | 48.06 | 4.63 | 46.73 | 48.68 | 4.59 |
| 2006 | 47.71 | 46.42 | 5.86 | 47.05 | 47.15 | 5.80 |
| 2007 | 45.97 | 46.19 | 7.84 | 45.28 | 46.97 | 7.75 |

续　表(%)

| 年份 | R&D 资本化之前 | | | R&D 资本化之后 | | |
|------|------|------|------|------|------|------|
| | 最终消费率 | 固定资本形成率 | 净出口率 | 最终消费率 | 固定资本形成率 | 净出口率 |
| 2008 | 45.80 | 43.45 | 10.75 | 45.05 | 44.33 | 10.61 |
| 2009 | 47.26 | 46.14 | 6.60 | 46.50 | 46.98 | 6.52 |
| 2010 | 46.05 | 46.71 | 7.24 | 45.26 | 47.61 | 7.13 |
| 2011 | 46.54 | 45.62 | 7.84 | 45.67 | 46.62 | 7.72 |
| 2012 | 47.63 | 44.60 | 7.77 | 46.65 | 45.71 | 7.64 |
| 2013 | 47.21 | 45.55 | 7.24 | 46.10 | 46.81 | 7.09 |
| 2014 | 48.21 | 44.38 | 7.42 | 47.26 | 45.44 | 7.30 |
| 2015 | 48.82 | 44.02 | 7.16 | 47.82 | 45.14 | 7.04 |
| 平均 | 47.46 | 45.31 | 7.24 | 46.65 | 46.21 | 7.14 |

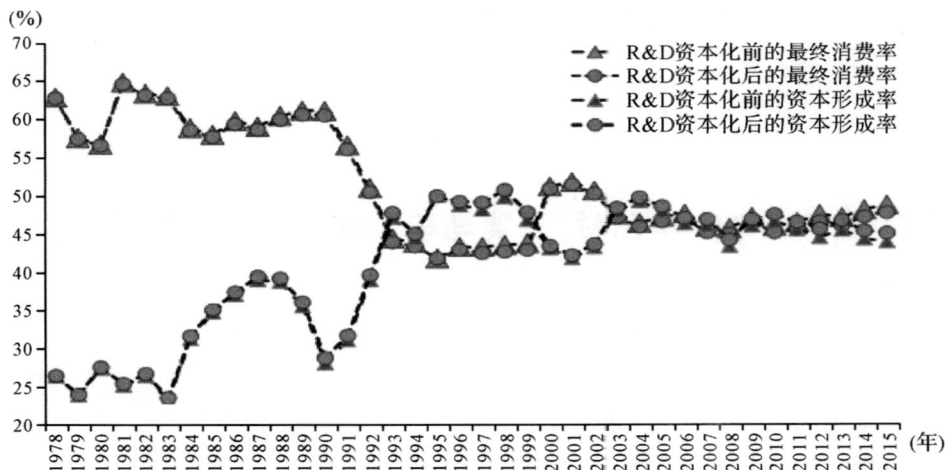

图 6-5　R&D 资本化前后的浙江省最终消费率与固定资本形成率的发展趋势

　　分阶段情况如表 6-10 所示,R&D 资本化并未改变大部分时段最终产品在积累与消费之间的分配重心。较特殊的是 2006—2011 年,该时期的最终消费率和固定资本形成率从 R&D 资本化调整前的 46.49%、45.80% 调整为 45.75%、46.64%。可见,这期间的最终产品分配均实现了由消费为主型到积累为主型的重心转变。

表 6-10　R&D 资本化对浙江省 GDP 需求结构影响的阶段考察

| 时期 | R&D 资本化之前（%） | | | R&D 资本化之后（%） | | |
|---|---|---|---|---|---|---|
| | 最终消费率 | 固定资本形成率 | 净出口率 | 最终消费率 | 固定资本形成率 | 净出口率 |
| 1979—1990 | 60.45 | 32.87 | 6.68 | 60.05 | 33.31 | 6.64 |
| 1991—1995 | 45.58 | 44.81 | 9.61 | 45.27 | 45.18 | 9.56 |
| 1996—2000 | 45.47 | 47.17 | 7.36 | 44.82 | 47.90 | 7.27 |
| 2001—2005 | 48.37 | 46.75 | 4.88 | 47.92 | 47.23 | 4.85 |
| 2006—2010 | 46.49 | 45.80 | 7.71 | 45.75 | 46.64 | 7.61 |
| 2011—2015 | 47.75 | 44.79 | 7.46 | 46.77 | 45.90 | 7.33 |

# 第四节　R&D 资本化对浙江省"三驾马车"贡献率和拉动度的影响测度

## 一、R&D 资本化对"三驾马车"贡献率的影响测度

所谓"三驾马车"贡献率是指消费需求贡献率、投资需求贡献率和净出口需求贡献率。R&D 资本化对"三驾马车"贡献率的影响可通过 R&D 资本化前后的贡献率变化得以测度。具体地，R&D 资本化前"三驾马车"贡献率的计算公式分别如公式(6-7)、公式(6-8)和公式(6-9)所示。

消费需求贡献率＝最终消费增量/GDP 增量　　　　　　　　　　(6-7)

投资需求贡献率＝固定资本形成增量/GDP 增量　　　　　　　　(6-8)

净出口需求贡献率＝净出口增量/GDP 增量　　　　　　　　　　(6-9)

R&D 资本化后"三驾马车"贡献率的计算公式分别如公式(6-10)、公式(6-11)和公式(6-12)所示。

消费需求贡献率＝R&D 资本化后最终消费增量/R&D 资本化后 GDP

增量 (6-10)

投资需求贡献率＝R&D资本化后固定资本形成增量/R&D资本化后
GDP增量 (6-11)

净出口需求贡献率＝R&D资本化后净出口增量/R&D资本化后GDP
增量 (6-12)

表6-11描述了R&D资本化前后的浙江省"三驾马车"贡献率的变化趋势。数据表明,1979—2015年间,R&D资本化致使消费需求贡献率从48.78％下降至47.78％,下降幅度为1个百分点;R&D资本化致使投资需求贡献率从44.07％提升至45.20％,提升幅度为1.13个百分点;R&D资本化致使净出口需求贡献率从7.15％下降至7.03％,下降幅度为0.12个百分点。从消费需求贡献率发展趋势与投资需求贡献率发展趋势看(如图6-6所示),尽管R&D资本化提升了投资需求贡献率,降低了消费需求贡献率和净出口需求贡献率,但基本未改变各年"三驾马车"贡献率的位次与格局。唯一例外的是1997年,R&D资本化将当年的消费需求贡献率、投资需求贡献率和净出口需求贡献率分别从43.39％、42.95％和13.66％调整至39.21％、48.38％和12.40％,在较大幅度调整贡献率数值的同时将"三驾马车"的贡献率位次由"消费需求＞投资需求＞净出口需求"调整为"投资需求＞消费需求＞净出口需求"。

表6-11　R&D资本化对浙江省"三驾马车"贡献率的影响

| 年份 | R&D资本化之前(％) | | | R&D资本化之后(％) | | |
|---|---|---|---|---|---|---|
| | 消费需求 | 投资需求 | 净出口需求 | 消费需求 | 投资需求 | 净出口需求 |
| 1979 | 38.50 | 14.77 | 46.73 | 38.43 | 15.01 | 46.56 |
| 1980 | 50.91 | 52.77 | −3.68 | 50.52 | 53.13 | −3.65 |
| 1981 | 123.05 | 9.04 | −32.10 | 122.04 | 9.82 | −31.85 |
| 1982 | 53.18 | 35.43 | 11.40 | 52.71 | 35.98 | 11.31 |
| 1983 | 59.86 | −10.04 | 50.18 | 58.97 | −8.47 | 49.50 |
| 1984 | 42.66 | 62.45 | −5.12 | 42.37 | 62.72 | −5.09 |
| 1985 | 55.48 | 45.43 | −0.91 | 55.16 | 45.75 | −0.91 |

续　表

| 年份 | R&D 资本化之前(%) | | | R&D 资本化之后(%) | | |
|------|------|------|------|------|------|------|
| | 消费需求 | 投资需求 | 净出口需求 | 消费需求 | 投资需求 | 净出口需求 |
| 1986 | 70.19 | 50.81 | −21.00 | 69.32 | 51.44 | −20.76 |
| 1987 | 55.73 | 48.93 | −4.66 | 55.15 | 49.47 | −4.62 |
| 1988 | 65.58 | 37.82 | −3.41 | 65.00 | 38.38 | −3.38 |
| 1989 | 67.92 | 3.51 | 28.57 | 66.58 | 5.37 | 28.05 |
| 1990 | 60.38 | −87.89 | 127.51 | 58.91 | −83.68 | 124.77 |
| 1991 | 35.01 | 45.50 | 19.49 | 34.80 | 45.82 | 19.37 |
| 1992 | 29.72 | 69.79 | 0.49 | 29.21 | 70.31 | 0.48 |
| 1993 | 28.02 | 67.68 | 4.30 | 27.66 | 68.09 | 4.25 |
| 1994 | 42.52 | 37.76 | 19.72 | 42.17 | 38.22 | 19.61 |
| 1995 | 35.80 | 66.47 | −2.26 | 36.99 | 65.35 | −2.34 |
| 1996 | 52.39 | 41.65 | 5.96 | 49.30 | 45.09 | 5.61 |
| 1997 | 43.39 | 42.95 | 13.66 | 39.21 | 48.38 | 12.40 |
| 1998 | 47.03 | 70.69 | −17.73 | 45.25 | 71.87 | −17.12 |
| 1999 | 46.47 | 9.51 | 44.02 | 45.84 | 10.42 | 43.74 |
| 2000 | 103.20 | 17.23 | −20.43 | 112.81 | 9.56 | −22.37 |
| 2001 | 56.55 | 31.46 | 11.99 | 55.98 | 32.11 | 11.91 |
| 2002 | 43.73 | 52.15 | 4.12 | 43.15 | 52.76 | 4.09 |
| 2003 | 32.96 | 70.32 | −3.28 | 32.47 | 70.78 | −3.25 |
| 2004 | 40.82 | 55.82 | 3.35 | 40.17 | 56.54 | 3.29 |
| 2005 | 52.62 | 39.56 | 7.82 | 51.26 | 41.05 | 7.69 |
| 2006 | 50.08 | 36.87 | 13.05 | 48.87 | 38.37 | 12.77 |
| 2007 | 36.92 | 44.98 | 18.09 | 36.17 | 46.04 | 17.79 |
| 2008 | 44.61 | 24.50 | 30.89 | 43.50 | 26.22 | 30.28 |
| 2009 | 67.79 | 83.86 | −51.65 | 66.66 | 83.87 | −50.53 |
| 2010 | 40.17 | 49.52 | 10.31 | 39.23 | 50.64 | 10.13 |
| 2011 | 49.52 | 39.01 | 11.47 | 48.11 | 40.70 | 11.19 |

| 年份 | R&D 资本化之前(%) | | | R&D 资本化之后(%) | | |
|---|---|---|---|---|---|---|
| | 消费需求 | 投资需求 | 净出口需求 | 消费需求 | 投资需求 | 净出口需求 |
| 2012 | 62.54 | 30.56 | 6.90 | 59.90 | 33.48 | 6.61 |
| 2013 | 42.29 | 56.89 | 0.82 | 39.77 | 59.46 | 0.77 |
| 2014 | 62.51 | 27.45 | 10.04 | 65.09 | 24.43 | 10.48 |
| 2015 | 57.89 | 38.77 | 3.34 | 56.03 | 40.72 | 3.24 |
| 平均 | 48.78 | 44.07 | 7.15 | 47.78 | 45.20 | 7.03 |

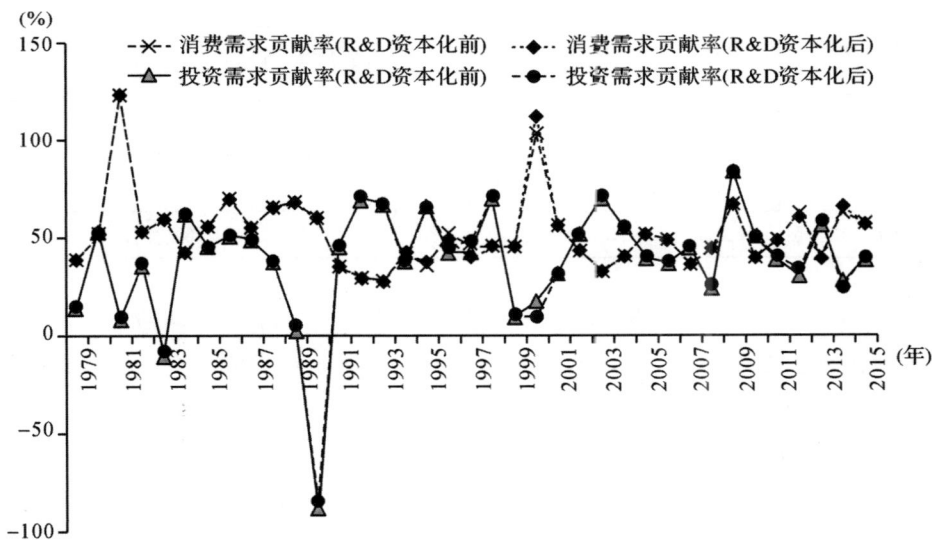

图 6-6　R&D 资本化前后的浙江省消费需求贡献率与投资需求贡献率发展趋势

进一步地,我们考察了 R&D 资本化对浙江省"三驾马车"贡献率的阶段影响,具体如表 6-12 所示。数据表明,1979—1990 年间,R&D 资本化致使消费需求贡献率从 60.84% 下降至 60.18%,下降幅度为 0.66 个百分点;投资需求贡献率从 28.39% 提升至 29.15%,提升幅度为 0.76 个百分点;净出口需求贡献率从 10.77% 下降至 10.66%,下降幅度为 0.11 个百分点。1991—1995 年间,R&D 资本化致使消费需求贡献率从 35.43% 提升至 35.55%,提升幅度为 0.12 个百分点;投资需求贡献率从 57.44% 下降至

57.28%,下降幅度为 0.16 个百分点;净出口需求贡献率从 7.13% 提升至 7.17%,提升幅度为 0.04 个百分点。需要指出的是,R&D 资本化后的投资需求贡献率之所以小于 R&D 资本化前的贡献率,其主要原因是 1993—1995 年的 R&D 内部经费支出增速不及 R&D 资本化调整前的 GDP 增速,而同时这些年份的价格指数又相对高于其他年份。

表 6-12　R&D 资本化对浙江省"三驾马车"贡献率影响的阶段考察

| 时期 | R&D 资本化之前(%) | | | R&D 资本化之后(%) | | |
|---|---|---|---|---|---|---|
| | 消费需求 | 投资需求 | 净出口需求 | 消费需求 | 投资需求 | 净出口需求 |
| 1979—1990 | 60.84 | 28.39 | 10.77 | 60.18 | 29.15 | 10.66 |
| 1991—1995 | 35.43 | 57.44 | 7.13 | 35.55 | 57.28 | 7.17 |
| 1996—2000 | 64.37 | 33.67 | 1.95 | 63.43 | 34.64 | 1.93 |
| 2001—2005 | 43.93 | 52.17 | 3.90 | 43.17 | 52.98 | 3.85 |
| 2006—2010 | 44.87 | 45.45 | 9.68 | 43.89 | 46.62 | 9.50 |
| 2011—2015 | 53.88 | 39.10 | 7.02 | 52.47 | 40.67 | 6.86 |

1996 年以来,随着 R&D 内部经费支出的不断增加,R&D 固定资本的形成规模也相应扩增,R&D 资本化后的消费需求贡献率降幅和投资需求贡献率增幅均逐步增加。其中,1996—2000 年间,R&D 资本化致使消费需求贡献率从 64.37% 下降至 63.43%,下降幅度为 0.94 个百分点;投资需求贡献率从 33.67% 提升至 34.64%,提升幅度为 0.97 个百分点;净出口需求贡献率从 1.95% 下降至 1.93%,下降幅度为 0.02 个百分点。2001—2005 年间,R&D 资本化致使消费需求贡献率从 43.93% 下降至 43.17%,下降幅度为 0.76 个百分点;投资需求贡献率从 52.17% 提升至 52.98%,提升幅度为 0.81 个百分点;净出口需求贡献率从 3.90% 下降至 3.85%,下降幅度为 0.05 个百分点。2006—2010 年间,R&D 资本化致使消费需求贡献率从 44.87% 下降至 43.89%,下降幅度为 0.98 个百分点;投资需求贡献率从 45.45% 提升至 46.62%,提升幅度为 1.17 个百分点;净出口需求贡献率从 9.68% 下降至 9.50%,下降幅度为 0.18 个百分点。2011—2015 年间,R&D 资本化致使消费需求贡献率从 53.88% 下降至 52.47%,下降幅度为 1.41 个百

分点;投资需求贡献率从 39.10% 提升至 40.67%,提升幅度为 1.57 个百分点;净出口需求贡献率从 7.02% 下降至 6.86%,下降幅度为 0.16 个百分点。

## 二、R&D 资本化对"三驾马车"拉动度的影响测度

所谓"三驾马车"拉动度是指消费需求拉动经济增长的幅度、投资需求拉动经济增长的幅度和净出口需求拉动经济增长的幅度。R&D 资本化对"三驾马车"拉动度的影响可通过 R&D 资本化前后的拉动度变化得以测度。具体地,R&D 资本化前"三驾马车"拉动度的计算公式分别如公式(6-13)、公式(6-14)和公式(6-15)所示。

消费需求拉动度=消费需求贡献率×GDP 增长率     (6-13)

投资需求拉动度=投资需求贡献率×GDP 增长率     (6-14)

净出口需求拉动度=净出口需求贡献率×GDP 增长率     (6-15)

R&D 资本化后"三驾马车"拉动度的计算公式分别如公式(6-16)、公式(6-17)和公式(6-18)所示。

消费需求拉动度

=R&D 资本化后的消费需求贡献率×R&D 资本化后的 GDP 增长率

    (6-16)

投资需求拉动度

=R&D 资本化后的投资需求贡献率×R&D 资本化后的 GDP 增长率

    (6-17)

净出口需求拉动度

=R&D 资本化后的净出口需求贡献率×R&D 资本化后的 GDP 增长率     (6-18)

表 6-13 描述了 R&D 资本化前后的浙江省"三驾马车"拉动度的变化趋势。数据表明,1979—2015 年间,R&D 资本化致使消费需求拉动度从 6.22% 下降至 6.12%,投资需求拉动度从 5.63% 提升至 5.79%,净出口需求拉动度从 0.91% 下降至 0.90%。37 年间,经 R&D 资本化调整的浙江省

GDP 增速上调了 0.05 个百分点,是投资需求拉动度提升 0.16 个百分点、消费需求拉动度下降 0.10 个百分点和净出口需求拉动度下降 0.01 个百分点共同作用的结果。

表 6-13　R&D 资本化对浙江省"三驾马车"拉动度的影响

| 年份 | R&D 资本化之前(%) | | | | R&D 资本化之后(%) | | | |
|---|---|---|---|---|---|---|---|---|
| | GDP增长率 | 消费需求 | 投资需求 | 净出口需求 | GDP增长率 | 消费需求 | 投资需求 | 净出口需求 |
| 1979 | 13.60 | 5.24 | 2.01 | 6.35 | 13.59 | 5.22 | 2.04 | 6.33 |
| 1980 | 16.40 | 8.35 | 8.65 | −0.60 | 16.40 | 8.29 | 8.71 | −0.60 |
| 1981 | 11.50 | 14.15 | 1.04 | −3.69 | 11.51 | 14.05 | 1.13 | −3.67 |
| 1982 | 11.40 | 6.06 | 4.04 | 1.30 | 11.41 | 6.01 | 4.11 | 1.29 |
| 1983 | 8.00 | 4.79 | −0.80 | 4.01 | 8.01 | 4.72 | −0.68 | 3.97 |
| 1984 | 21.70 | 9.26 | 13.55 | −1.11 | 21.70 | 9.19 | 13.61 | −1.10 |
| 1985 | 21.70 | 12.04 | 9.86 | −0.20 | 21.70 | 11.97 | 9.93 | −0.20 |
| 1986 | 12.10 | 8.49 | 6.15 | −2.54 | 12.11 | 8.39 | 6.23 | −2.51 |
| 1987 | 11.80 | 6.58 | 5.77 | −0.55 | 11.81 | 6.51 | 5.84 | −0.55 |
| 1988 | 11.20 | 7.35 | 4.24 | −0.38 | 11.20 | 7.28 | 4.30 | −0.38 |
| 1989 | −0.60 | −0.41 | −0.02 | −0.17 | −0.58 | −0.39 | −0.03 | −0.16 |
| 1990 | 3.90 | 2.35 | −3.43 | 4.97 | 3.92 | 2.31 | −3.28 | 4.89 |
| 1991 | 17.80 | 6.23 | 8.10 | 3.47 | 17.80 | 6.20 | 8.16 | 3.45 |
| 1992 | 19.00 | 5.65 | 13.26 | 0.09 | 19.04 | 5.56 | 13.39 | 0.09 |
| 1993 | 22.00 | 6.16 | 14.89 | 0.95 | 21.99 | 6.08 | 14.97 | 0.93 |
| 1994 | 20.00 | 8.50 | 7.55 | 3.94 | 20.05 | 8.45 | 7.66 | 3.93 |
| 1995 | 16.80 | 6.01 | 11.17 | −0.38 | 16.78 | 6.21 | 10.97 | −0.39 |
| 1996 | 12.70 | 6.65 | 5.29 | 0.76 | 12.69 | 6.26 | 5.72 | 0.71 |
| 1997 | 11.10 | 4.82 | 4.77 | 1.52 | 11.16 | 4.38 | 5.40 | 1.38 |
| 1998 | 10.20 | 4.80 | 7.21 | −1.81 | 10.25 | 4.64 | 7.37 | −1.76 |
| 1999 | 10.00 | 4.65 | 0.95 | 4.40 | 10.09 | 4.63 | 1.05 | 4.41 |
| 2000 | 11.00 | 11.35 | 1.90 | −2.25 | 11.08 | 12.50 | 1.06 | −2.48 |

续　表

| 年份 | R&D 资本化之前（%） | | | | R&D 资本化之后（%） | | | |
|------|------|------|------|------|------|------|------|------|
| | GDP增长率 | 消费需求 | 投资需求 | 净出口需求 | GDP增长率 | 消费需求 | 投资需求 | 净出口需求 |
| 2001 | 10.60 | 5.99 | 3.33 | 1.27 | 10.63 | 5.95 | 3.41 | 1.27 |
| 2002 | 12.60 | 5.51 | 6.57 | 0.52 | 12.66 | 5.46 | 6.68 | 0.52 |
| 2003 | 14.70 | 4.85 | 10.34 | −0.48 | 14.78 | 4.80 | 10.46 | −0.48 |
| 2004 | 14.50 | 5.92 | 8.09 | 0.49 | 14.76 | 5.93 | 8.35 | 0.49 |
| 2005 | 12.80 | 6.74 | 5.06 | 1.00 | 12.93 | 6.63 | 5.31 | 0.99 |
| 2006 | 13.90 | 6.96 | 5.13 | 1.81 | 14.12 | 6.90 | 5.42 | 1.80 |
| 2007 | 14.70 | 5.43 | 6.61 | 2.66 | 14.81 | 5.36 | 6.82 | 2.63 |
| 2008 | 10.10 | 4.51 | 2.47 | 3.12 | 10.21 | 4.44 | 2.68 | 3.09 |
| 2009 | 8.90 | 6.03 | 7.46 | −4.60 | 8.93 | 5.95 | 7.49 | −4.51 |
| 2010 | 11.90 | 4.78 | 5.89 | 1.23 | 11.91 | 4.67 | 6.03 | 1.21 |
| 2011 | 9.00 | 4.46 | 3.51 | 1.03 | 9.11 | 4.38 | 3.71 | 1.02 |
| 2012 | 8.00 | 5.00 | 2.45 | 0.55 | 8.11 | 4.86 | 2.72 | 0.54 |
| 2013 | 8.20 | 3.47 | 4.66 | 0.07 | 8.24 | 3.28 | 4.90 | 0.06 |
| 2014 | 7.60 | 4.75 | 2.09 | 0.76 | 7.70 | 5.01 | 1.88 | 0.81 |
| 2015 | 8.00 | 4.63 | 3.10 | 0.27 | 8.08 | 4.53 | 3.29 | 0.26 |
| 平均 | 12.76 | 6.22 | 5.63 | 0.91 | 12.81 | 6.12 | 5.79 | 0.90 |

　　我们进一步考察了 R&D 资本化前后的浙江省"三驾马车"拉动度的阶段变化,结果如表 6-14 所示。大体来看,R&D 资本化降低了消费需求对经济增长的拉动力度,且降低幅度呈现逐期较稳定的发展态势。不同的是,R&D 资本化提升了投资需求对经济增长的拉动力度,且提升幅度呈现逐期增加的发展态势。从 1979—1990 年、1991—1995 年、1996—2000 年、2001—2005 年、2006—2010 年、2011—2015 年六个阶段来看,R&D 资本化仅仅改变了各阶段消费需求和投资需求对经济增长的拉动力度,却并未改变各阶段浙江省经济增长的主要推手。

表 6-14　R&D 资本化对浙江省"三驾马车"拉动度影响的阶段考察

| 时段 | R&D 资本化之前（%） | | | | R&D 资本化之后（%） | | | |
|---|---|---|---|---|---|---|---|---|
| | GDP 增速 | 消费需求 | 投资需求 | 净出口需求 | GDP 增速 | 消费需求 | 投资需求 | 净出口需求 |
| 1979—1990 | 11.72 | 7.13 | 3.33 | 1.26 | 11.73 | 7.06 | 3.42 | 1.25 |
| 1991—1995 | 19.11 | 6.77 | 10.97 | 1.36 | 19.13 | 6.80 | 10.95 | 1.37 |
| 1996—2000 | 10.99 | 7.08 | 3.70 | 0.21 | 11.05 | 7.01 | 3.83 | 0.21 |
| 2001—2005 | 13.03 | 5.72 | 6.80 | 0.51 | 13.14 | 5.67 | 6.96 | 0.51 |
| 2006—2010 | 11.88 | 5.33 | 5.40 | 1.15 | 11.97 | 5.26 | 5.58 | 1.14 |
| 2011—2015 | 8.16 | 4.40 | 3.19 | 0.57 | 8.24 | 4.33 | 3.35 | 0.57 |

# 第五节　R&D 资本化对浙江省规上
# 工业企业的影响测度

## 一、R&D 资本化对规上工业企业附加值率的影响测度

按照 2008 版 SNA 的核算规则，作为市场生产部门的规上工业企业，其自给性的 R&D 生产活动可以单独核算（原先并不单独）。同时，规上工业企业的中间投入却不会因 R&D 资本化核算而发生变化①。如此一来，经 R&D 资本化调整的规上工业企业的增加值提升，其附加值率（也称增加值率）也相应提升。

表 6-15 列示了 R&D 资本化前后的浙江省规上工业企业附加值率的变

---

① 尽管 1993 版 SNA 不单独识别 R&D 产出，但在被识别为生产活动的中间投入后一并归入了 R&D 生产活动的中间投入部分。据此，R&D 资本化并不会使规上工业企业的中间投入发生变化。

化趋势。数据表明,1979—2015 年间,经 R&D 资本化调整的规上工业企业
的总产出为 37 109.19 亿元,增加值为 7532.86 亿元,附加值率为 20.30%,
而未经 R&D 资本化调整的规上工业企业的总产值为 36 862.49 亿元,增加
值为 7286.16 亿元,附加值率为 19.77%。两者相较,经 R&D 资本化调整的
规上工业企业的附加值率高了 0.53 个百分点。

接下来,我们动态考察了 R&D 资本化前后的浙江省规上工业企业附加
值率的发展趋势,如图 6-7 所示。从波动周期看,无论是在 R&D 资本化之
前还是在 R&D 资本化之后,浙江省规上工业企业附加值率的发展均经历三
个阶段:①2000—2003 年。在该阶段,规上工业企业附加值率维持在 24% 左
右的高位,波动相对较小。②2004—2010 年。在该阶段,规上工业企业附加
值率开始走低,于 2006 年步入相对低值后又小幅反弹,于 2010 年又重上
20%。③2011—2015 年。在该阶段,规上工业企业附加值率又趋于下降,于
2013 年初触底后轻微反弹至 2005 年的 20% 左右。从对规上工业企业附加
值率的影响来看,R&D 资本化并未改变其动态走势,也未改变其波动规律。
一个较显著的影响是,经 R&D 资本化调整后的规上工业企业附加值率更高
且提升幅度基本呈现逐年递增的发展态势。

表 6-15　R&D 资本化对浙江省规上工业企业附加值率的影响①

| 年份 | 规上工业企业 R&D 资本化之前 | | | 规上工业企业 R&D 资本化之后 | | | 变化情况（%） |
|---|---|---|---|---|---|---|---|
| | 总产值（亿元） | 增加值（亿元） | 增加值率（%） | 总产值（亿元） | 增加值（亿元） | 增加值率（%） | |
| 2000 | 6603.65 | 1583.11 | 23.97 | 6625.17 | 1604.63 | 24.22 | 0.25 |
| 2001 | 7882.47 | 1781.00 | 22.59 | 7907.95 | 1806.48 | 22.84 | 0.25 |
| 2002 | 9779.04 | 2356.50 | 24.10 | 9813.34 | 2390.80 | 24.36 | 0.26 |
| 2003 | 12 864.23 | 3194.00 | 24.83 | 12 913.43 | 3243.20 | 25.11 | 0.28 |
| 2004 | 18 729.06 | 4173.40 | 22.28 | 18 804.76 | 4249.10 | 22.60 | 0.32 |

①　表 6-15 的相关数据主要源自历年的《浙江省国民经济和社会发展的统计公报》。

续　表

| 年份 | 规上工业企业 R&D 资本化之前 | | | 规上工业企业 R&D 资本化之后 | | | 变化情况（%） |
|---|---|---|---|---|---|---|---|
| | 总产值（亿元） | 增加值（亿元） | 增加值率（%） | 总产值（亿元） | 增加值（亿元） | 增加值率（%） | |
| 2005 | 23 106.76 | 4905.00 | 21.23 | 23 211.18 | 5009.42 | 21.58 | 0.35 |
| 2006 | 29 129.94 | 5655.05 | 19.41 | 29 277.34 | 5802.45 | 19.82 | 0.41 |
| 2007 | 36 073.93 | 7028.46 | 19.48 | 36 264.02 | 7218.55 | 19.91 | 0.43 |
| 2008 | 40 832.10 | 8082.96 | 19.80 | 41 068.23 | 8319.09 | 20.26 | 0.46 |
| 2009 | 41 035.29 | 8231.71 | 20.06 | 41 286.10 | 8482.52 | 20.55 | 0.49 |
| 2010 | 51 394.20 | 10 397.21 | 20.23 | 51 701.81 | 10 704.82 | 20.70 | 0.47 |
| 2011 | 56 406.06 | 10 877.66 | 19.28 | 56 790.21 | 11 261.81 | 19.83 | 0.55 |
| 2012 | 59 124.16 | 10 875.26 | 18.39 | 59 558.49 | 11 309.59 | 18.99 | 0.60 |
| 2013 | 62 980.29 | 11 700.67 | 18.58 | 63 475.17 | 12 195.55 | 19.21 | 0.63 |
| 2014 | 67 039.78 | 12 543.29 | 18.71 | 67 603.76 | 13 107.27 | 19.39 | 0.68 |
| 2015 | 66 818.95 | 13 193.35 | 19.74 | 67 446.12 | 13 820.52 | 20.49 | 0.75 |
| 平均 | 36 862.49 | 7286.16 | 19.77 | 37 109.19 | 7532.86 | 20.30 | 0.53 |

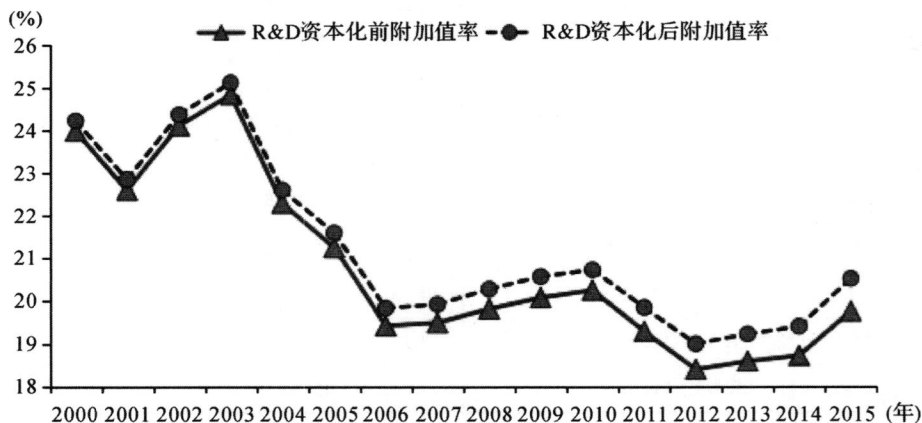

图 6-7　R&D 资本化前后的浙江省规上工业企业附加值率发展趋势

## ■ 二、从 R&D 经费投入强度到 R&D 投资强度的转化

如同一个国家和地区常常用 R&D 经费投入强度来衡量其对科技和创新的投入力度,规上工业企业也经常采用该指标来反映其对科技创新活动的重视程度。不同的是,于一个国家和地区来说,R&D 经费投入强度指标的分母项为 GDP,而于一个规上工业企业而言,R&D 经费投入强度指标的分母项则为主营业务收入。R&D 资本化对规上工业企业的 R&D 经费投入强度带来两方面的影响:一方面,规上工业企业的部分 R&D 内部经费支出被资本化为 R&D 投资(流量);另一方面,自给性 R&D 生产活动因被单独核算而致使规上工业企业的主营业务收入增加。因此,规上工业企业的 R&D 经费投入强度相应升级形成一个新指标,即 R&D 投资强度。

具体地,规上工业企业的 R&D 经费投入强度和 R&D 投资强度的计算公式分别如式(6-19)和式(6-20)所示。

R&D 经费投入强度＝R&D 内部经费支出/R&D 资本化之前的主营业务收入                                                        (6-19)

R&D 投资强度＝R&D 投资(流量)/R&D 资本化调整后的主营业务收入                                                        (6-20)

表 6-16 列示了浙江省规上工业企业 R&D 经费投入强度和 R&D 投资强度的计算结果。数据表明,2000—2015 年间,浙江省规上工业企业 R&D 经费投入强度的平均值为 0.9033％,R&D 投资强度的平均值为 0.6839％,前者比后者高 0.2194 个百分点。由于 R&D 投资(流量)一般小于 R&D 内部经费支出,而 R&D 资本化又使主营业务收入增加,因此,当年的 R&D 投资强度必然小于 R&D 经费投入强度。

表 6-16　浙江省规上工业企业 R&D 经费投入强度与 R&D 投资强度的动态比较

| 年份 | 规上工业企业 R&D 资本化之前 | | | 规上工业企业 R&D 资本化之后 | | | 变化情况（%） |
|------|------|------|------|------|------|------|------|
| | R&D 内部经费支出（亿元） | 主营业务收入（亿元） | R&D 经费投入强度（%） | R&D 投资（流量）（亿元） | 主营业务收入（亿元） | R&D 投资强度（%） | |
| 2000 | 26.54 | 6488.67 | 0.4090 | 21.52 | 6507.44 | 0.3307 | −0.0783 |
| 2001 | 32.04 | 7788.59 | 0.4114 | 25.48 | 7810.00 | 0.3262 | −0.0851 |
| 2002 | 42.58 | 9729.33 | 0.4376 | 34.30 | 9758.80 | 0.3515 | −0.0862 |
| 2003 | 59.62 | 13 002.63 | 0.4585 | 49.20 | 13 045.33 | 0.3771 | −0.0814 |
| 2004 | 91.10 | 18 333.42 | 0.4969 | 75.70 | 18 399.80 | 0.4114 | −0.0855 |
| 2005 | 130.41 | 22 704.19 | 0.5744 | 104.42 | 22 794.27 | 0.4581 | −0.1163 |
| 2006 | 183.39 | 28 577.90 | 0.6417 | 147.40 | 28 705.53 | 0.5135 | −0.1282 |
| 2007 | 231.19 | 35 248.46 | 0.6559 | 190.09 | 35 410.64 | 0.5368 | −0.1191 |
| 2008 | 274.31 | 39 630.60 | 0.6922 | 236.13 | 39 830.72 | 0.5928 | −0.0993 |
| 2009 | 330.10 | 39 873.57 | 0.8279 | 250.81 | 40 079.66 | 0.6258 | −0.2021 |
| 2010 | 407.43 | 50 536.31 | 0.8062 | 307.61 | 50 796.42 | 0.6056 | −0.2006 |
| 2011 | 479.91 | 55 349.76 | 0.8670 | 384.15 | 55 675.65 | 0.6900 | −0.1771 |
| 2012 | 588.61 | 57 682.73 | 1.0204 | 434.33 | 58 044.31 | 0.7483 | −0.2722 |
| 2013 | 684.36 | 61 305.77 | 1.1163 | 494.88 | 61 718.38 | 0.8018 | −0.3145 |
| 2014 | 768.15 | 64 371.53 | 1.1933 | 563.98 | 64 841.78 | 0.8698 | −0.3235 |
| 2015 | 853.57 | 63 214.41 | 1.3503 | 627.17 | 63 734.76 | 0.9840 | −0.3662 |
| 平均 | 323.9569 | 35 864.87 | 0.9033 | 246.6981 | 36 072.09 | 0.6839 | −0.2194 |

接下来，我们动态考察了两者的差距变化，具体如图 6-8 所示。我们发现，浙江省规上工业企业的 R&D 经费投入强度和 R&D 投资强度的差距呈逐年增大态势，两者差距从 2000 年的 0.0783 个百分点提升到 2015 年的 0.3662 个百分点，年均增加 0.0179 个百分点。同时，一个显著的特征是，R&D 经费投入强度和 R&D 投资强度的差距扩大速度正在提升，2001—2005 年间两者差距的年均增幅为 0.0076 个百分点，而 2011—2015 年间两

者差距的年均增幅已扩大到 0.0331 个百分点。两者差距的不断扩大在一定程度上表明,规上工业企业的 R&D 活动投资形成能力并没有随 R&D 经费支出的扩大而提升。可见,提升规上工业企业 R&D 活动的生产效率仍是亟待解决的关键问题。

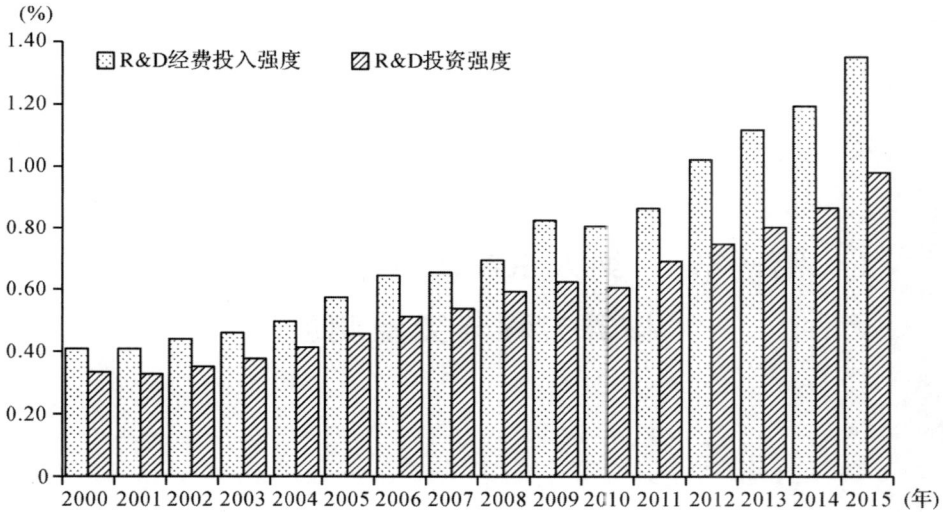

图 6-8　浙江省规上工业企业 R&D 经费投入强度和 R&D 投资强度发展趋势

# 第七章
# R&D资本驱动浙江经济增长的贡献测度

## 第一节　纳入 R&D 资本的经济增长
## 核算方程与变量测度

### ■ 一、纳入 R&D 资本的经济增长核算方程

我们利用扩展的索洛模型测度 R&D 资本驱动浙江经济增长的贡献。
Griliches (1979)基于内生经济增长理论,将生产的投入要素扩展至技术。
他将 R&D 资本引入 C－D 函数,对索洛模型进行了修正①。

对于一个主要以资本和劳动作为投入要素的生产过程,其生产函数可
描述为

$$Y_t = A_t K_t^{\alpha} L_t^{\beta} \tag{7-1}$$

其中,$Y_t$ 表示经 R&D 资本化调整后的第 $t$ 期产出,$K_t$ 表示第 $t$ 期的资
本存量,$L_t$ 表示第 $t$ 期的劳动投入,$\alpha$ 表示资本的产出弹性,$\beta$ 表示劳动的产

---

① Griliches Zvi. "Issues in Assessing the Contribution of Research and Development to Productivity Growth". *Bell Journal of Economics*, 1979, 10 (1), pp. 92–116.

出弹性($\alpha + \beta = 1$)，$A_t$ 表示希克斯技术进步。如若将 R&D 资本引入公式 (7-1)，则调整后的公式为

$$Y_t = A_t K_t^\alpha L_t^\beta R_t^\gamma \tag{7-2}$$

其中，$R_t$ 表示第 $t$ 期的 R&D 资本存量、$\gamma$ 表示 R&D 资本的产出弹性。此时，$\alpha + \beta + \gamma = 1$，即规模报酬不变，对公式(7-2)求全微分，得

$$\frac{\dot{Y}}{Y} = \frac{\dot{A}}{A} + \alpha \frac{\dot{K}}{K} + \beta \frac{\dot{L}}{L} + \gamma \frac{\dot{T}}{T} \tag{7-3}$$

其中，$\frac{\dot{A}}{A}$ 表示考虑 R&D 资本的全要素生产率；$\alpha \frac{\dot{K}}{K}$ 表示资本(不包括 R&D 资本)增长所引致的产出增长，即资本(不包括 R&D 资本)对经济增长的贡献；$\beta \frac{\dot{L}}{L}$ 表示劳动增长所引致的产出增长，即劳动对经济增长的贡献；$\gamma \frac{\dot{T}}{T}$ 表示 R&D 资本增长所引致的产出增长，即 R&D 资本对经济增长的贡献。

## 二、物质资本存量测算与其他数据来源

我们参考张军和章元(2003)①及张军、吴桂英和张吉鹏(2004)②的测算方法对浙江省物质资本存量进行了测算，劳动力投入数据选取"从业人员总数(年底数)"，并以第 $t$ 年和第 $t-1$ 年的平均数作为第 $t$ 年的劳动力投入数。经计算，1978—2015 年浙江省物质资本存量测算结果与劳动力投入数据如表 7-1 所示。

---

① 张军、章元：《对中国资本存量 K 的再估计》，《经济研究》2003 年第 7 期，第 35—43 页。

② 张军、吴桂英、张吉鹏：《中国省际物质资本存量估算：1952—2000》，《经济研究》2004 年第 10 期，第 35—44 页。

表 7-1　浙江省物质资本存量测算结果与劳动力投入资料

| 年份 | 物质资本存量（亿元） | 劳动力投入（万人） | R&D 资本化之前 | | R&D 资本化之后 | |
|---|---|---|---|---|---|---|
| | | | GDP（现价，亿元） | GDP 增长率（上年=100,%） | GDP（现价，亿元） | GDP 增长率（上年=100,%） |
| 1978 | 155.51 | 1764.29 | 123.72 | 21.90 | 123.78 | 21.95 |
| 1979 | 164.80 | 1812.43 | 157.75 | 13.60 | 157.80 | 13.59 |
| 1980 | 181.66 | 1843.16 | 179.92 | 16.40 | 179.99 | 16.40 |
| 1981 | 197.19 | 1905.48 | 204.86 | 11.50 | 204.95 | 11.51 |
| 1982 | 217.20 | 1988.14 | 234.01 | 11.40 | 234.13 | 11.41 |
| 1983 | 237.33 | 2081.45 | 257.09 | 8.00 | 257.24 | 8.01 |
| 1984 | 272.02 | 2195.04 | 323.25 | 21.70 | 323.45 | 21.70 |
| 1985 | 333.89 | 2283.74 | 429.16 | 21.70 | 429.43 | 21.70 |
| 1986 | 402.70 | 2352.49 | 502.47 | 12.10 | 502.84 | 12.11 |
| 1987 | 481.69 | 2415.58 | 606.99 | 11.80 | 607.48 | 11.81 |
| 1988 | 558.87 | 2473.73 | 770.25 | 11.20 | 770.89 | 11.20 |
| 1989 | 618.25 | 2512.80 | 849.44 | −0.60 | 850.28 | −0.58 |
| 1990 | 678.94 | 2538.66 | 904.69 | 3.90 | 905.75 | 3.92 |
| 1991 | 756.77 | 2566.91 | 1089.33 | 17.90 | 1090.57 | 17.80 |
| 1992 | 874.49 | 2589.87 | 1375.70 | 18.80 | 1377.68 | 19.04 |
| 1993 | 1060.18 | 2608.14 | 1925.91 | 22.00 | 1928.59 | 21.99 |
| 1994 | 1307.42 | 2628.20 | 2689.28 | 20.00 | 2694.12 | 20.05 |
| 1995 | 1590.70 | 2630.99 | 3557.55 | 16.80 | 3563.35 | 16.78 |
| 1996 | 1930.19 | 2623.27 | 4188.53 | 12.70 | 4195.17 | 12.69 |
| 1997 | 2276.72 | 2622.36 | 4686.11 | 11.10 | 4696.05 | 11.16 |
| 1998 | 2654.23 | 2616.10 | 5052.62 | 10.20 | 5065.74 | 10.25 |
| 1999 | 3045.95 | 2618.86 | 5443.92 | 10.00 | 5462.31 | 10.09 |
| 2000 | 3470.18 | 2675.63 | 6141.03 | 11.00 | 6166.17 | 11.08 |
| 2001 | 3970.26 | 2761.37 | 6898.34 | 10.60 | 6928.38 | 10.63 |

续　表

| 年份 | 物质资本存量（亿元） | 劳动力投入（万人） | R&D 资本化之前 | | R&D 资本化之后 | |
|---|---|---|---|---|---|---|
| | | | GDP（现价，亿元） | GDP 增长率（上年＝100，%） | GDP（现价，亿元） | GDP 增长率（上年＝100，%） |
| 2002 | 4611.15 | 2827.61 | 8003.67 | 12.60 | 8042.83 | 12.66 |
| 2003 | 5527.53 | 2888.65 | 9705.02 | 14.70 | 9759.72 | 14.78 |
| 2004 | 6595.93 | 2955.35 | 11 648.70 | 14.50 | 11 740.99 | 14.76 |
| 2005 | 7766.21 | 3046.36 | 13 417.68 | 12.80 | 13 539.61 | 12.93 |
| 2006 | 9033.20 | 3136.57 | 15 718.47 | 13.90 | 15 891.74 | 14.12 |
| 2007 | 10 412.17 | 3288.70 | 18 753.73 | 14.70 | 18 978.60 | 14.81 |
| 2008 | 11 627.40 | 3445.77 | 21 462.69 | 10.10 | 21 741.47 | 10.21 |
| 2009 | 13 166.24 | 3539.26 | 22 998.24 | 8.90 | 23 303.01 | 8.93 |
| 2010 | 14 912.72 | 3614.00 | 27 747.65 | 11.90 | 28 118.04 | 11.91 |
| 2011 | 16 693.78 | 3655.07 | 32 363.38 | 9.00 | 32 828.94 | 9.11 |
| 2012 | 18 529.43 | 3682.68 | 34 739.13 | 8.00 | 35 275.96 | 8.11 |
| 2013 | 20 574.18 | 3699.99 | 37 756.58 | 8.20 | 38 355.03 | 8.24 |
| 2014 | 22 568.95 | 3711.44 | 40 173.03 | 7.60 | 40 849.38 | 7.70 |
| 2015 | 24 776.25 | 3723.90 | 42 886.49 | 8.00 | 43 640.81 | 8.08 |

# 第二节　R&D 资本驱动浙江经济增长的贡献测度

## 一、经济增长投入要素的产出弹性测算

产出弹性描述了各要素投入量的相对变动所引致的产出量的相对变动幅度，其也衡量了产出变动对各要素投入量变动的敏感程度。测算资本产出弹

性、劳动力产出弹性和 R&D 资本产出弹性是考察投入要素驱动经济增长贡献的必要前提。为进一步提升产出弹性的估计精度,我们对传统的 C-D 函数和纳入 R&D 资本的 C-D 函数的规模报酬不变假定进行检验。具体地,我们分别对公式(7-1)和公式(7-2)的两边取对数,可得公式(7-4)和式(7-5)。

$$\ln Y_t = \ln A_t + \alpha \ln K_t + \beta \ln L_t + \varepsilon_t \tag{7-4}$$

$$\ln Y_t = \ln A_t + \alpha \ln K_t + \beta \ln L_t + \gamma \ln R_t + \varepsilon_t \tag{7-5}$$

其中,$\varepsilon_t$ 为误差项。在公式(7-4)和公式(7-5)两边减去 $\ln L_t$,$\alpha + \beta = \mu_1$,$\alpha + \beta + \gamma = \mu_2$,可得公式(7-6)和公式(7-7)。

$$\ln(Y_t/L_t) = \ln A_t + \alpha \ln(K_t/L_t) + (\mu_1 - 1) \ln L_t + \varepsilon_t \tag{7-6}$$

$$\ln(Y_t/L_t) = \ln A_t + \alpha \ln(K_t/L_t) + \gamma \ln(R_t/L_t) + (\mu_2 - 1) \ln L_t + \varepsilon_t \tag{7-7}$$

对上述公式进行回归分析,结果表明 $(\mu_1 - 1)$ 和 $(\mu_2 - 1)$ 无法通过参数显著性检验,即接受 $(\mu_2 - 1) = 0$ 和 $(\mu_1 - 1) = 0$ 的原假设。这表明,传统的 C-D 函数和纳入 R&D 资本的 C-D 函数均不满足规模收益不变的假设前提。基于此,分别将公式(7-6)和公式(7-7)调整为公式(7-8)和公式(7-9)。

$$\ln(Y_t/L_t) = \ln A_t + \alpha \ln(K_t/L_t) + \varepsilon_t \tag{7-8}$$

$$\ln(Y_t/L_t) = \ln A_t + \alpha \ln(K_t/L_t) + \gamma \ln(R_t/L_t) + \varepsilon_t \tag{7-9}$$

公式(7-8)和公式(7-9)的参数估计结果如表 7-2 所示。从各要素的产出弹性测算结果来看,无论是否考虑 R&D 资本,1979—2015 年间,浙江省的物质资本产出弹性始终明显大于其他要素的产出弹性。其中,在不考虑 R&D 资本的情况下,物质资本的产出弹性值为 0.7872,劳动力的产出弹性值为 0.2128;在考虑 R&D 资本的情况下,物质资本的产出弹性值降为 0.6251,劳动力的产出弹性值提升为 0.2570,R&D 资本的产出弹性值为 0.1179。

表 7-2　浙江省经济增长投入要素的产出弹性测算结果

| 投入要素 | 产出弹性<br>(不考虑 R&D 资本) | 产出弹性<br>(考虑 R&D 资本) |
|---|---|---|
| 物质资本 | 0.7872 | 0.6251 |
| 劳动力 | 0.2128 | 0.2570 |
| R&D 资本 | / | 0.1179 |

物质资本产出弹性的前后变化、劳动力产出弹性的前后变化及 R&D 资本产出弹性的测算结果反映了三方面信息：①物质资本的产出弹性因 R&D 资本的单独识别而差异显著。这充分表明，在未识别 R&D 资本之前，浙江省的研发资本大多物化在机器设备等参与生产过程的物质资本之中，科技创新驱动经济增长的途径具有较浓厚的"物质资本融合性"。也正因为如此，当从投入要素中单独分离出 R&D 资本时，物质资本的产出弹性便显著下降。②劳动力的产出弹性并不明显受到 R&D 资本单独识别的影响。这在一定程度上表明，浙江省的研发资本与参与生产过程的人力资本的融合度较低，当从投入要素中单独分离出 R&D 资本时，劳动力的产出弹性并不具有显著的变化。③R&D 资本的产出弹性值较小。比较而言，浙江省 R&D 资本的产出弹性值尚不足劳动力产出弹性值的一半，不足物质资本产出弹性值的 20%。这足以表明，浙江省科技创新驱动经济增长的力度并不强劲，还有待进一步提升。

## 二、R&D 资本驱动经济增长的贡献测度

基于产出弹性值，我们利用扩展的索洛模型，即公式(7-3)，测算了物质资本投入、劳动力投入、R&D 资本投入对浙江经济增长的实际贡献值及贡献比例，具体如表 7-3 所示。

表 7-3　各要素驱动浙江经济增长的贡献值及贡献比例测算结果

| 年份 | 物质资本 | | 劳动力 | | R&D 资本 | | 全要素生产率 | |
|---|---|---|---|---|---|---|---|---|
| | 贡献值 | 贡献比例(%) | 贡献值 | 贡献比例(%) | 贡献值 | 贡献比例(%) | 贡献值 | 贡献比例(%) |
| 1979 | 3.7353 | 27.46 | 0.7012 | 5.16 | 3.2424 | 23.84 | 5.9215 | 43.54 |
| 1980 | 6.3967 | 38.96 | 0.4357 | 2.65 | 3.2165 | 19.59 | 6.3689 | 38.79 |
| 1981 | 5.3442 | 46.43 | 0.8688 | 7.55 | 2.9329 | 25.48 | 2.3644 | 20.54 |
| 1982 | 6.3450 | 55.56 | 1.1148 | 9.76 | 3.1864 | 27.90 | 0.7739 | 6.78 |

| 年份 | 物质资本 | | 劳动力 | | R&D 资本 | | 全要素生产率 | |
|------|--------|----------|--------|----------|--------|----------|--------|----------|
| | 贡献值 | 贡献比例(%) | 贡献值 | 贡献比例(%) | 贡献值 | 贡献比例(%) | 贡献值 | 贡献比例(%) |
| 1983 | 5.7931 | 72.18 | 1.2062 | 15.03 | 3.2068 | 39.95 | −2.1797 | −27.16 |
| 1984 | 9.1368 | 42.10 | 1.4024 | 6.46 | 2.9829 | 13.74 | 8.1815 | 37.70 |
| 1985 | 14.2173 | 65.53 | 1.0385 | 4.79 | 2.7134 | 12.51 | 3.7278 | 17.18 |
| 1986 | 12.8839 | 106.30 | 0.7737 | 6.38 | 2.7600 | 22.77 | −4.2969 | −35.45 |
| 1987 | 12.2618 | 103.82 | 0.6891 | 5.83 | 2.6605 | 22.53 | −3.8004 | −32.18 |
| 1988 | 10.0172 | 89.41 | 0.6187 | 5.52 | 2.3735 | 21.18 | −1.8055 | −16.11 |
| 1989 | 6.6418 | −115.67 | 0.4058 | −7.01 | 2.1780 | −37.93 | −9.7999 | 260.61 |
| 1990 | 6.1365 | 155.74 | 0.2645 | 6.71 | 2.1643 | 54.93 | −4.6252 | −117.39 |
| 1991 | 7.1657 | 40.07 | 0.2860 | 1.60 | 1.7704 | 9.90 | 8.6631 | 48.44 |
| 1992 | 9.7248 | 51.55 | 0.2299 | 1.22 | 2.6712 | 14.16 | 6.2389 | 33.07 |
| 1993 | 13.2734 | 60.40 | 0.1812 | 0.82 | 2.3208 | 10.56 | 6.2012 | 28.22 |
| 1994 | 14.5785 | 72.61 | 0.1977 | 0.98 | 3.1545 | 15.71 | 2.1481 | 10.70 |
| 1995 | 13.5450 | 80.88 | 0.0273 | 0.16 | 2.0896 | 12.48 | 1.0850 | 6.48 |
| 1996 | 13.3419 | 105.17 | −0.0755 | −0.59 | 1.7189 | 13.55 | −2.2998 | −18.13 |
| 1997 | 11.2231 | 100.26 | −0.0089 | −0.08 | 2.4229 | 21.65 | −2.4436 | −21.83 |
| 1998 | 10.3655 | 100.88 | −0.0613 | −0.60 | 2.5910 | 25.22 | −2.6200 | −25.50 |
| 1999 | 9.2259 | 91.10 | 0.0271 | 0.27 | 3.0479 | 30.09 | −2.1732 | −21.46 |
| 2000 | 8.7065 | 78.31 | 0.5571 | 5.01 | 2.9843 | 26.84 | −1.1299 | −10.16 |
| 2001 | 9.0087 | 84.51 | 0.8235 | 7.73 | 2.6868 | 25.21 | −1.8596 | −17.45 |
| 2002 | 10.0910 | 79.48 | 0.6164 | 4.85 | 2.8685 | 22.59 | −0.8796 | −6.93 |
| 2003 | 12.4233 | 83.82 | 0.5548 | 3.74 | 3.0613 | 20.66 | −1.2184 | −8.22 |
| 2004 | 12.0831 | 81.95 | 0.5933 | 4.02 | 3.2745 | 22.21 | −1.2069 | −8.19 |
| 2005 | 11.0913 | 85.14 | 0.7914 | 6.07 | 3.2297 | 24.79 | −2.0854 | −16.01 |
| 2006 | 10.1985 | 70.76 | 0.7610 | 5.28 | 3.3280 | 23.09 | 0.1250 | 0.87 |
| 2007 | 9.5430 | 63.93 | 1.2464 | 8.35 | 3.1296 | 20.96 | 1.0092 | 6.76 |

| 年份 | 物质资本 | | 劳动力 | | R&D 资本 | | 全要素生产率 | |
|------|---------|---------|---------|---------|---------|---------|---------|---------|
| | 贡献值 | 贡献比例(%) | 贡献值 | 贡献比例(%) | 贡献值 | 贡献比例(%) | 贡献值 | 贡献比例(%) |
| 2008 | 7.2961 | 69.81 | 1.2274 | 11.74 | 2.6008 | 24.89 | −0.6736 | −6.45 |
| 2009 | 8.2734 | 90.90 | 0.6972 | 7.66 | 1.9533 | 21.46 | −1.8227 | −20.03 |
| 2010 | 8.2922 | 69.02 | 0.5427 | 4.52 | 1.9768 | 16.45 | 1.2030 | 10.01 |
| 2011 | 7.4661 | 80.10 | 0.2920 | 3.13 | 1.9418 | 20.83 | −0.3791 | −4.07 |
| 2012 | 6.8740 | 82.90 | 0.1941 | 2.34 | 1.7864 | 21.54 | −0.5628 | −6.79 |
| 2013 | 6.8984 | 82.33 | 0.1208 | 1.44 | 1.5937 | 19.02 | −0.2336 | −2.79 |
| 2014 | 6.0610 | 76.49 | 0.0796 | 1.00 | 1.6719 | 21.10 | 0.1111 | 1.40 |
| 2015 | 6.1139 | 74.89 | 0.0863 | 1.06 | 1.5172 | 18.58 | 0.4467 | 5.47 |
| 平均 | 9.1825 | 74.24 | 0.5241 | 4.24 | 2.5568 | 20.67 | 0.1058 | 0.86 |

　　数据显示,除 1989 年因严重的通货膨胀致使 GDP 增速实际为负、各要素驱动浙江经济增长的贡献值与贡献比例的测算值较为异常之外,物质资本、劳动力、R&D 资本对浙江经济增长的平均实际贡献值分别为 9.1825、0.5241 和 2.5568,其平均贡献比例分别为 74.24%、4.24% 和 20.67%。全要素生产率对浙江经济增长的平均贡献值为 0.1058,平均贡献比例为 0.86%。综合判断,1979—2015 年间,物质资本是驱动浙江经济增长的第一要素,R&D 资本是驱动浙江经济增长的第二要素,劳动力是驱动浙江经济增长的第三要素,全要素生产率对经济增长的驱动作用并不显著。从驱动贡献力度上看,物质资本约为 R&D 资本的 3.59 倍、劳动力的 17.52 倍。

　　接下来,我们动态考察了各投入要素对浙江经济增长的贡献值的发展趋势,如图 7-1 所示。物质资本的贡献值存在周期性波动,大体呈现先波动提升后波动下降的发展态势。一个较明显的变化是,21 世纪以来,物质资本对浙江经济增长的贡献值已从 2003 年的 12.4233 逐年下降至 2015 年的 6.1139,基本呈现单调下降的趋势;R&D 资本的贡献值变化相对平缓,在小幅波动中大体呈现先缓慢下降后趋于平稳再缓慢下降的发展态势。与物质资本的贡献值从 2003 年起便趋于下降不同,R&D 资本的贡献值从 2006 年

起趋于下降且下降幅度明显小于物质资本贡献值的下降幅度;劳动力的贡
献值变化较为稳定,在小幅变动中大体呈现缓升缓降又缓升缓降的发展态
势;全要素生产率的贡献值波动剧烈,但大体呈现波动中逐渐趋稳的发展趋
势。与物质资本、R&D 资本、劳动力的贡献值分别于近年出现下降趋势不
同的是,全要素生产率对浙江经济增长的贡献值自 2012 年起趋于上升。

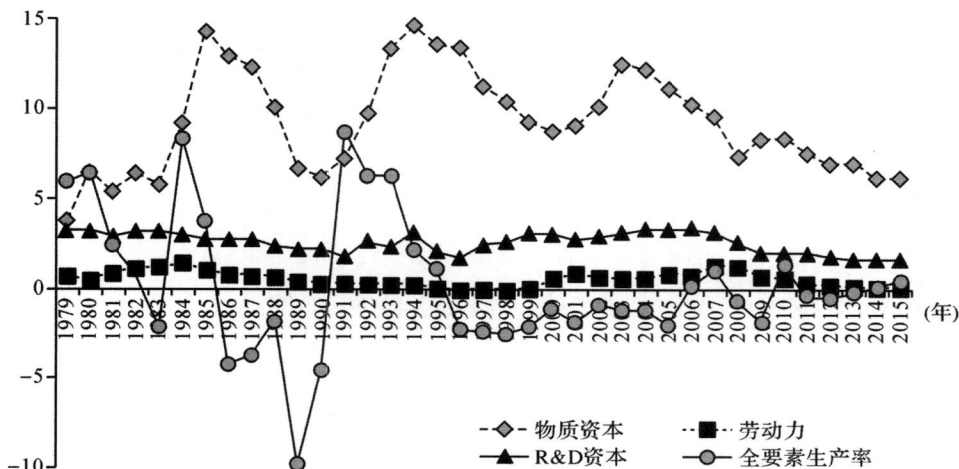

图 7-1　各投入要素对浙江经济增长贡献值的发展趋势

## 三、R&D 资本驱动经济增长贡献的阶段考察

为细化考察 R&D 资本驱动浙江经济增长的贡献的阶段变化,并进一步
解析 R&D 资本化对浙江经济增长驱动要素格局的影响,我们根据全要素生
产率的发展变化(如图 7-2 所示),以 1985 年、1990 年、1995 年、2005 年为分
界点,将浙江省经济发展过程划分为 1979—1985 年、1986—1990 年、1991—
1995 年、1996—2005 年、2006—2015 年五个阶段。据此,分不考虑 R&D 资
本和考虑 R&D 资本两种情况,测算并考察各要素投入对浙江经济增长的贡
献值及贡献比例。具体如表 7-4 所示。

表7-4 各要素驱动浙江经济增长的贡献值及贡献比例的阶段考察

| 时期 | 不考虑R&D资本 | | | 考虑R&D资本 | | | |
| --- | --- | --- | --- | --- | --- | --- | --- |
| | 物质资本 | 劳动力 | 全要素生产率 | 物质资本 | 劳动力 | R&D资本 | 全要素生产率 |
| 1979—1985 | 9.0800 (61.37%) | 0.7990 (5.40%) | 4.9173 (33.23%) | 7.2103 (48.69%) | 0.9651 (6.52%) | 3.0676 (20.72%) | 3.5644 (24.07%) |
| 1986—1990 | 12.0066 (158.92%) | 0.4551 (6.02%) | -4.9067 (-64.95%) | 9.5343 (125.85%) | 0.5497 (7.26%) | 2.4252 (32.01%) | -4.9333 (-65.12%) |
| 1991—1995 | 14.6138 (76.57%) | 0.1526 (0.80%) | 4.3202 (22.63%) | 11.6046 (60.77%) | 0.1843 (0.96%) | 2.3933 (12.53%) | 4.9146 (25.74%) |
| 1996—2005 | 13.5265 (112.64%) | 0.3142 (2.62%) | -1.8323 (-15.26%) | 10.7412 (88.60%) | 0.3795 (3.13%) | 2.7817 (22.95%) | -1.7797 (-14.68%) |
| 2006—2015 | 9.6836 (96.81%) | 0.4316 (4.31%) | -0.1122 (-1.12%) | 7.6896 (75.89%) | 0.5213 (5.14%) | 2.1369 (21.09%) | -0.2154 (-2.13%) |
| 1979—2015 | 11.5636 (94.04%) | 0.4339 (3.53%) | 0.2987 (2.43%) | 9.1825 (74.24%) | 0.5241 (4.24%) | 2.5568 (20.67%) | 0.1058 (0.86%) |

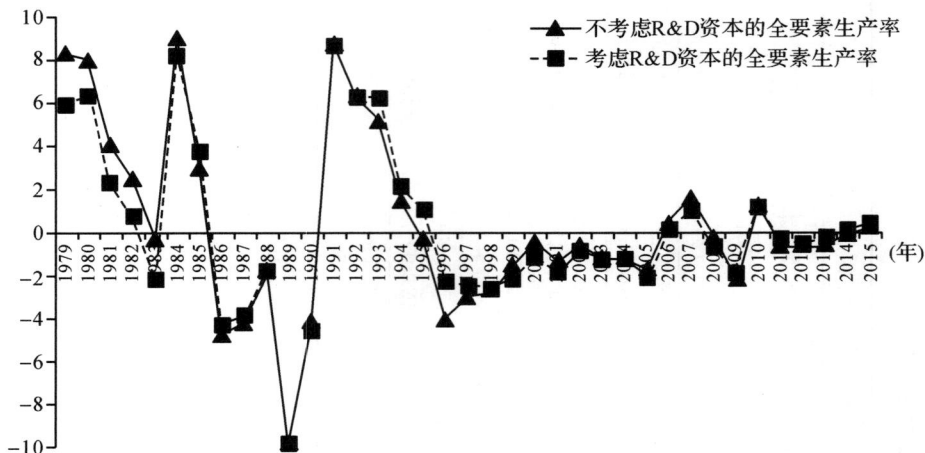

**图 7-2　浙江省全要素生产率的发展趋势**

　　表 7-4 列示了五个阶段各要素驱动浙江经济增长的贡献值及贡献度测算结果。数据显示:①物质资本对经济增长的贡献值和贡献比例均呈现先升后降的发展趋势。其中,在考虑 R&D 资本的情况下,物质资本的贡献值从 1979—1985 年的 7.2103 上升至 1991—1995 年的 11.6046 之后则逐期下降,2006—2015 年间的贡献值降至 7.6896。同时,物质资本的贡献比例亦从 1979—1985 年的 48.69% 上升至 1986—1990 年的 125.85% 之后转而下降,1996—2005 年与 2006—2015 年的贡献比例分别降至 88.60% 与 75.89%。②R&D 资本对经济增长的贡献值和贡献比例分别呈现先降后平稳与先升后降再升的发展趋势。其中,R&D 资本的贡献值从 1979—1985 年的 3.0676 下降至 1986—1990 年的 2.4252,1991—1995 年、1996—2005 年与 2006—2015 年间的贡献值变化基本稳定,其贡献值分别为 2.3933、2.7817 和 2.1369。同时,R&D 资本对经济增长的贡献比例从 1979—1985 年的 20.72% 上升至 1986—1990 年的 32.01%,于 1991—1995 年下降至 12.53% 之后逐年回升,1996—2005 年与 2006—2015 年的贡献比例分别回升至 22.95% 与 21.09%。③劳动力对经济增长的贡献值和贡献比例分别呈现先降后升与先升后降再升的发展趋势。其中,劳动力的贡献值从 1979—1985 年的 0.9651 一路下降至 1991—1995 年的 0.1843 之后迅速回升,2006—

2015 年间的贡献值回升至 0.5213。同时,劳动力的贡献比例从 1979—1985 年的 6.52% 上升至 1986—1990 年的 7.26% 之后便转而下降,1991—1995 年间的贡献比例降至 0.96%。之后年份,劳动力的贡献比例略有上升,2006—2015 年的贡献比例回升至 5.14%。④全要素生产率对经济增长的贡献值和贡献比例波动剧烈。全要素生产率的贡献值波动比较剧烈,但 1996 年以来其贡献值的波动便相对趋缓,其贡献值水平也略有提升;类似地,全要素生产率的贡献比例同样呈剧烈波动走势,与贡献值略有提升相匹配,其贡献比例也略有提升。

综合来看,浙江经济增长的驱动要素格局具有如下特征:①物质资本强势主导,但主导力度有所衰减;②R&D 资本辅助推动,但助推力度并不强劲;③劳动力沦为边缘要素,其驱动贡献比例不到 10%;④全要素生产率起伏不定,其驱动贡献微乎其微。

## 第三节　R&D 资本化对经济增长驱动要素格局的影响分析

### 一、R&D 资本削弱了物质资本要素的贡献主导力度

表 7-4 同时列示了 R&D 资本化对浙江经济增长驱动要素格局的影响。比较发现,在考虑 R&D 资本驱动浙江经济增长的条件下,物质资本、劳动力、全要素生产率对浙江经济增长的贡献大致呈现两降一升的变化,但总体并未大幅改变浙江经济增长原有驱动要素的基本格局。

图 7-3 和图 7-4 描述了考虑 R&D 资本前后的物质资本驱动经济增长的贡献值与贡献比例的变化趋势。比较发现,尽管物质资本仍然是驱动浙江经济增长的主导要素,但主导力度在纳入 R&D 资本后有所衰减。1979—2015 年间,物质资本对浙江经济增长的年均贡献值由 11.5636 降至 9.1825,年均贡献比例由 94.04% 下降至 74.24%,下降幅度约为 20 个百分点;比较各阶段的物

质资本对浙江经济增长的贡献比例,在考虑 R&D 资本的条件下,物质资本的贡献比例的下降幅度保持在 21% 左右,变化幅度不超过 1 个百分点。

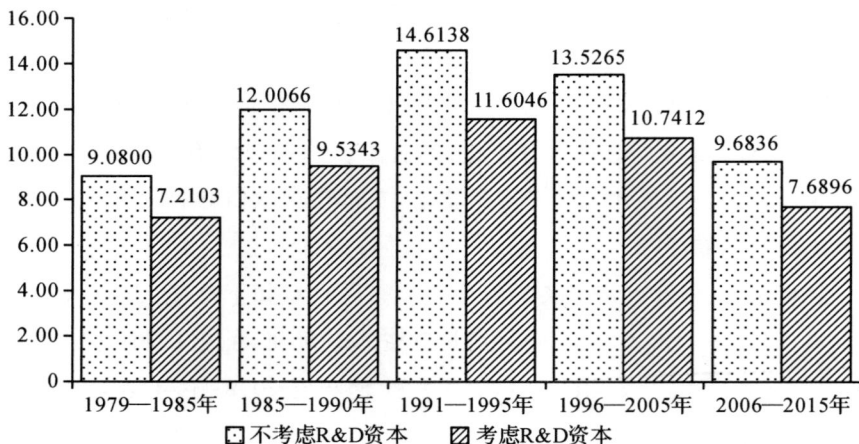

图 7-3　R&D 资本化前后的物质资本驱动经济增长的贡献值发展趋势

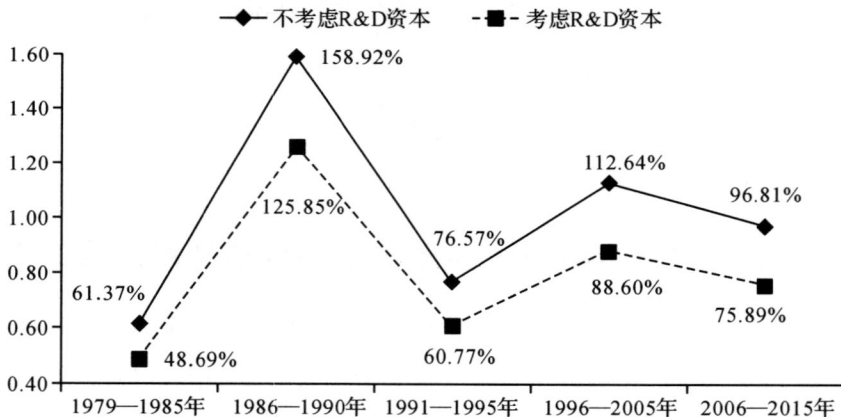

图 7-4　R&D 资本化前后的物质资本驱动经济增长的贡献比例发展趋势

## 二、R&D 资本使劳动力要素的贡献份额略有提升

图 7-5 描述了 R&D 资本化前后的劳动力驱动经济增长的贡献值变化

趋势。比较发现,1979—2015 年间,在考虑 R&D 资本的情形下,劳动力对浙江经济增长的贡献值由 0.4339 提升至 0.5241,贡献比例由 3.53% 提升至 4.24%,贡献值与贡献比例均有小幅上升。分阶段看,1979—1985 年,劳动力对浙江经济增长的贡献值由 0.7990 上升至 0.9651,贡献比例由 5.40% 提升至 6.52%;1986—1990 年,劳动力对浙江经济增长的贡献值由 0.4551 上升至 0.5497,贡献比例由 6.02% 提升至 7.26%;1991—1995 年,劳动力对浙江经济增长的贡献值由 0.1526 上升至 0.1843,贡献比例由 0.80% 提升至 0.96%;1996—2005 年,劳动力对浙江经济增长的贡献值由 0.3142 上升至 0.3795,贡献比例由 2.62% 提升至 3.13%;2006—2015 年,劳动力对浙江经济增长的贡献值由 0.4316 上升至 0.5213,贡献比例由 4.31% 提升至 5.14%。然而,无论是否考虑 R&D 资本,劳动力要素对经济增长的驱动轨迹仍然维持"U"形,其贡献值和贡献比例均保持较低水平,远低于物质资本和 R&D 资本。

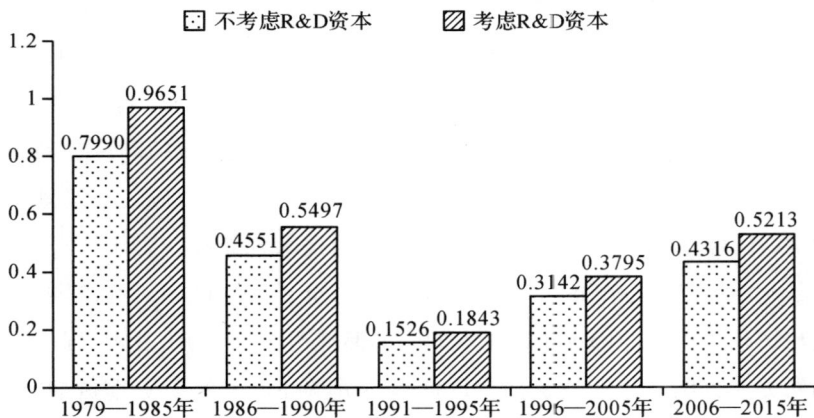

图 7-5　R&D 资本化前后的劳动力驱动经济增长的贡献值发展趋势

## ■ 三、R&D 资本对全要素生产率贡献份额的影响阶段不一

R&D 资本的纳入对全要素生产率贡献份额的影响整体趋于下降。数据显示,1979—2015 年间,在考虑 R&D 资本的情形下,全要素生产率对浙

江经济增长的贡献值由 0.2987 降至 0.1058,贡献比例亦由 2.43% 下降至 0.86%,下降比例约为 64%。然而,比较各阶段全要素生产率对浙江经济增长的贡献比例后发现,与物质资本不同的是,在考虑 R&D 资本条件下的不同时期,全要素生产率对浙江经济增长的贡献比例下降幅度变化较大,例如 2006—2015 年间,全要素生产率的贡献比例由 -1.12% 下降至 -2.13%,降幅比例高达 90%,而在 1986—1990 年间,其贡献比例仅由 -64.95% 下降至 -65.12%,降幅比例仅为 0.26%;在部分时期内考虑 R&D 资本的条件下,其至出现了全要素生产率的贡献比例小幅微升的情形,例如 1991—1995 年间和 1996—2005 年间,全要素生产率的贡献比例分别约上升了 13% 和 4%。

## 四、R&D 资本的贡献并非对非全要素生产率贡献下降部分的补偿

全要素生产率是衡量一个地区经济运行状况,反映该地区技术进步或技术效率等方面水平的综合指标,反映在对经济增长的贡献上,表现为不能由要素投入增长来解释的产出增长部分,这个部分应该包括制度创新、技术进步、产业结构调整、资源配置优化、政策法律等的综合效应。一般地,在不考虑 R&D 资本的情形下,R&D 资本体现的技术创新应包含于全要素生产率贡献之中。然而,1979—2015 年间,浙江省全要素生产率对经济增长的贡献值与贡献比例并非因 R&D 资本的分离而显著下降,物质资本贡献的下降幅度则更为突出。也就是说,R&D 资本的贡献补偿了物质资本贡献的下降部分,而非全要素生产率贡献的下降部分。

一个可能的解释是,以 R&D 资本为代表的技术创新应包含将最新技术凝结在生产工具、机器和设备等固定资本中的硬技术,以及为了某一目的协调不同生产者之间和生产者与生产工具之间进行共同协作的规则体系而形成的软技术,如包含最新研究成果的专利、规则、标准等。软硬技术的重要区别在于二者作用对象的差异,硬技术以机器为中心,而软技术则是以人为中心,通常通过软技术来限定生产者与硬技术之间的协作关系。相应地,在

不考虑 R&D 资本的条件下,硬技术对浙江经济增长的贡献应包含于物质资本之中,而软技术对浙江经济增长的贡献则包含于全要素生产率中。一旦将 R&D 资本纳入驱动浙江经济增长的要素中,上述要素贡献即呈现出不同幅度的下降。

值得注意的是,2006—2015 年间,在考虑 R&D 资本投入后,全要素生产率对经济增长贡献的下降比例超过了物质资本投入,表明在物质资本中包含在生产工具中的硬技术对浙江省经济增长的贡献不及以专利、规则、标准等为代表的软技术的贡献,可推测软技术在浙江省技术创新体系中的比重逐渐增加。

# 第八章
## 研究结论与若干建议

## 第一节 研究结论

### ■ 一、有关 R&D 资本化核算方法的若干结论

（1）根据《2015 年弗拉斯卡蒂手册》和《知识产权产品资本测度手册》的最新规定，R&D 是指"为了增加知识储量而开展的系统性、创造性工作（包括有关人类、文化和社会的知识）及利用这些知识储备开展的新应用工作"，一般可分为基础研究、应用研究和试验发展三种类型。

（2）R&D 工作、R&D 活动和 R&D 支出均可在 R&D 资本化核算过程中进行归集，并可进一步衍生出诸如 R&D 投入、R&D 产出、R&D 产品、R&D 中间消耗品、R&D 投资品、R&D 投资和 R&D 资本（流量）等统计术语。

（3）立足于国民经济运行过程，R&D 活动等同于 R&D 生产活动，是机构单位运用生产要素将各种投入转化为具有新的使用价值产出的过程。R&D 工作是对 R&D 活动生产性与独立性的进一步强调，也同时意味着专门从事 R&D 活动机构单位的存在。R&D 支出是指政府、企业、研究机构等机构单位为从事 R&D 活动（或 R&D 工作）而支付的各项费用；R&D 支出

与费用支出密切相关,其主要为从事 R&D 活动的机构单位的会计核算使用。会计核算原则与国民经济核算原则存有差异,但 R&D 支出可通过核算时间和核算内容的调整与补充形成衡量从事 R&D 活动生产成本的 R&D 投入。

(4)R&D 活动或 R&D 工作的生产成果可统称为 R&D 产出,或者更具体地称为 R&D 产品,较常见的 R&D 产品载体有专利、论文、样机等。从实物量角度汇总 R&D 产出可构成诸如专利项数、论文篇数、样机台数等 R&D 产品实物量指标;从价值量角度汇总 R&D 产出则可构成诸如专利产值、论文产值、样机产值等价值量指标。从 R&D 产品的使用去向看,当生产出来的 R&D 产品被用于生产其他产品时,该类 R&D 产品被视为 R&D 中间消耗品,其价值成为生产其他产品的中间投入;当生产出来的 R&D 产品被用于积累时,则该类 R&D 产品被视为 R&D 投资品,其价值构成 R&D 投资。进一步地,当期 R&D 投资成为当期 R&D 固定资本形成(或称为"当期 R&D 投资"),多期累积形成的 R&D 固定资本构成 R&D 固定资本存量,成为 R&D 资产。

(5)R&D 资本化核算包含两个层次:流量层次与存量层次。其中,流量层次的 R&D 资本化核算思路是,基于 R&D 活动核算当期的 R&D 产出(R&D 产品价值),进而实现对当期 R&D 投资(流量)的核算,其结果形成 R&D 投资(流量)或 R&D 固定资本形成;存量层次的 R&D 资本化核算思路是,基于期初 R&D 资产价值和各期 R&D 投资(流量),考虑 R&D 资产使用年限和资产效率损失,实现对核算期末所累计 R&D 资本存量的核算,其结果形成 R&D 资本存量或 R&D 资产。R&D 资本化核算以流量层次的核算为基础,以存量层次的核算为延伸,覆盖 R&D 活动的投入与产出、R&D 产出的消费与积累等环节。

(6)流量层次的 R&D 资本化核算需要以资本化范围的确定为前提。2008 版 SNA 对可资本化的 R&D 活动限定了三个条件,分别是存在预期收益、经济所有权可以转让和使用年限超过一年。当期 R&D 投资(流量)满足"R&D 固定资本形成=R&D 产出(出售)+(R&D 进口-R&D 出口)-R&D 中间消耗-R&D 最终消费"的平衡关系。对于远超载体自身价值的

R&D 产出(产品),2008 版 SNA 推荐了三类估值方法,即以市场价值测度的基本价格法,以销售收入、佣金收入等测度的收入法和以劳动者报酬、固定资本折旧、生产税净额等原始投入测度的生产成本法。目前以生产成本法的运用最为广泛。

(7)从操作层面上看,基于科技统计调查目的而统计的 R&D 内部经费支出可通过三个步骤的调整转化形成基于核算目的的 R&D 产出,因而 R&D 资本化核算也被称为 R&D 支出资本化核算。具体地,这三个步骤分别是:第一,从基于执行主体的 R&D 内部支出向基于执行主体和市场化性质分类的 R&D 产出核算主体的归并;第二,从基于现金收付制的 R&D 内部支出到基于权责发生制的 R&D 投入成本的转化;第三,从以成本计价的 R&D 投入到以出售计价的 R&D 产出的转化。

(8)存量层次的 R&D 资本化核算方法主要借助 PIM,其核算过程可归为较明确的四步:①利用 R&D 产品价格指数得到不变价 R&D 固定资本形成;②根据资产退役模式测算 R&D 资本存量总额;③基于 R&D 资产相对效率模式的假定,利用年限—价格函数测算 R&D 资本存量净额,继而得到 R&D 固定资本消耗;④利用年限—效率函数测算 R&D 生产性资本存量,为后续 R&D 资本服务的测算奠定数据基础。另外,还需获得初始 R&D 资本存量、历年 R&D 投资、R&D 产品价格指数、R&D 折旧率与使用年限等信息。

(9)尽管并非以扩大 GDP 规模为初衷,但 R&D 资本化的结果将提升 GDP 规模。其中,从生产法角度看,R&D 资本化将提升国内生产部门的总产出,减少中间投入,提升 GDP;从收入法角度看,R&D 资本化并不影响国内生产部门的劳动者报酬和生产税净额,但提升固定资本消耗,改变营业盈余,提升 GDP;从支出法角度看,R&D 资本化并不影响国内生产部门的净出口,但提升固定资本形成,改变最终消费,改变 GDP。

## ▌ 二、有关浙江省 R&D 资本化核算的若干结论

（1）我们选择部分资本化模式来界定浙江省 R&D 资本化核算范围,并非简单地排除基础研究或未成功的 R&D 活动,浙江省部分资本化模式的本质是按动态比例的资本化,即根据国家统计局发布的 R&D 资本化核算结果反推国家层面的 R&D 资本化核算范围,计算 R&D 资本化比例,进而结合浙江省 R&D 活动的投入产出效率调整形成浙江省 R&D 资本化比例。

（2）从操作角度看,浙江省 R&D 产出的核算关键在于实现从 R&D 内部经费支出到 R&D 产出的调整转换。其中,第一步要将 R&D 内部经费支出转换成 R&D 活动投入;第二步则要将 R&D 活动投入转换成体现使用者特征的 R&D 产出。同时,暂未考虑浙江省 R&D 产品的进出口。从公式角度看,市场生产者的 R&D 产出核算公式为"R&D 产出＝R&D 内部经费支出－R&D 软件支出－资本性支出＋固定资本消耗＋生产税净额＋R&D 净收益";非市场生产者的 R&D 产出核算公式为"R&D 产出＝R&D 内部经费支出－R&D 软件支出－资本性支出＋固定资本消耗"。

（3）基于 Goldsmith 法、Griliches 法和 BEA 法的测算结果表明,1979—2015 年间,浙江省 R&D 投资年均规模分别为 144.36 亿元、140.52 亿元和 140.78 亿元,年均增量分别为 22.7698 亿元、22.0853 亿元和 22.1868 亿元,年均增速分别为 26.94％、27.58％和 26.85％。市场生产者 R&D 投资年均规模分别为 128.02 亿元、124.46 亿元和 124.64 亿元,年均增量分别为 20.6642 亿元、20.0235 亿元和 20.1066 亿元,年均增速分别为 30.26％、31.00％和 30.16％。非市场生产者 R&D 投资年均规模分别为 16.34 亿元、16.05 亿元和 16.15 亿元,年均增量分别为 2.1056 亿元、2.0618 亿元和 2.0802 亿元,年均增速分别为 20.42％、20.88％和 20.38％。自给性 R&D 投资年均规模分别为 130.71 亿元、127.24 亿元和 127.48 亿元,年均增量分别为 20.5939 亿元、19.9758 亿元和 20.0680 亿元,年均增速分别为 26.83％、27.47％和 26.74％。

（4）基于 Goldsmith 法、Griliches 法和 BEA 法的测算结果显示，1978—2015 年间，浙江省规上工业企业 R&D 投资规模分别为 107.94 亿元、104.95 亿元、105.09 亿元，年均增量分别为 17.4201 亿元、16.8801 亿元和 16.9500 亿元，年均增速分别为 32.67%、33.53% 和 32.57%。比较规上工业企业 R&D 投资比例与 R&D 经费支出比例发现，规上工业企业 R&D 经费支出的年均比例比 R&D 投资比例高近 7 个百分点，两者差异呈现较显著的三阶段特征：1990—1993 年的基本吻合阶段、1994—2000 年的差距小幅扩大阶段和 2001—2015 年的差距加速扩大阶段。

（5）浙江省规上工业企业 R&D 有效投资系数的年均值为 76.21%，不及全省平均水平 7.05 个百分点。同时，两者差距从 1990—1995 年的 2.81 个百分点逐步扩大为 1996—2000 年的 5.27 个百分点、2001—2005 年的 6.54 个百分点、2006—2010 年的 6.71 个百分点和 2011—2015 年的 7.23 个百分点，正呈不断扩大的发展趋势。

（6）基于 Goldsmith 法、Griliches 法和 BEA 法的测算结果显示，浙江省基础研究 R&D 投资年均规模分别为 2.1212 亿元、2.0085 亿元和 2.0682 亿元，年均增量分别为 0.4197 亿元、0.3961 亿元和 0.4090 亿元，年均增速分别为 35.57%、35.36% 和 35.48%；应用研究 R&D 投资年均规模分别为 6.5987 亿元、6.2558 亿元和 6.4355 亿元，年均增量分别为 0.8700 亿元、0.8305 亿元和 0.8575 亿元，年均增速分别为 23.80%、23.60% 和 23.71%；试验发展 R&D 投资年均规模分别为 135.6411 亿元、128.5593 亿元和 132.2784 亿元，年均增量分别为 21.4701 亿元、20.2619 亿元和 20.9204 亿元，年均增速分别为 27.09%、26.89% 和 27.00%。

（7）比较三种研究类型的有效投资系数表明，基于 BEA 法测算的基础研究 R&D 有效投资系数均值、应用研究 R&D 有效投资系数均值和试验发展 R&D 有效投资系数均值分别为 57.20%、72.73% 和 82.62%，维持"基础研究＜应用研究＜试验发展"的差序格局，符合三类研究活动的投入产出效率性质。

（8）基于 Goldsmith 法、Griliches 法和 BEA 法的测算结果显示，1978—2015 年间，浙江省 R&D 资本存量规模年均增量分别为 10.1527 亿元、

8.5633 亿元和 8.9838 亿元,年均增速分别为 21.24%、20.98% 和 21.12%;市场生产者 R&D 资本存量年均增量分别为 8.9803 亿、7.5355 亿元和 7.9116 亿元,年均增速分别为 23.97%、24.24% 和 23.88%;自给性 R&D 资本存量年均增量分别为 9.1936 亿元、7.7563 亿元和 8.1368 亿元,年均增量分别为 21.12%、20.88% 和 21.00%。规上工业企业 R&D 资本存量规模年均增量分别为 8.4129 亿元、7.0593 亿元和 7.4117 亿元,年均增速分别为 26.26%、26.54% 和 26.17%。

(9)如果说"R&D 投资流量比例"描述了投资主体当期的 R&D 支出向投资的转化能力,那么"R&D 投资存量比例"则反映了投资主体历年所蓄积的 R&D 资本累积能力。1978—2015 年间,规上工业企业 R&D 资本存量比例可划分为三个阶段:1978—1993 年的平稳发展阶段、1994—1997 年的跳高后下滑阶段、1998—2015 年的小幅稳步提升阶段。

(10)比较规上工业企业的 R&D 投资流量比例和 R&D 资本存量比例,两者的差异变化同样可划分为三个阶段:①1978—1980 年的流量比例不及存量比例阶段;②1981—1993 年的存量比例不及流量比例阶段;③1994—2015 年的流量比例不及存量比例阶段。这深刻地表明,规上工业企业既是浙江省当期 R&D 资本形成的主体,又是浙江省创新动能蓄积力量的主体。

(11)与应用极为普遍且常被视为国家(或区域)创新战略规划核算指标的 R&D 经费投入强度相比,R&D 投资强度是衡量一个国家和地区创新能力更为贴切的指标。测算显示,浙江省 R&D 投资强度从 1978 年的 0.10% 提升至 2015 年的 1.90%,年均提升幅度约为 0.05 个百分点。其发展动态可划分为两个阶段:1978—1994 年的缓慢提升阶段和 1995—2015 年的快速提升阶段。

(12)考察 R&D 投资强度与 R&D 经费投入强度的差异情况发现,浙江省 R&D 投资强度与 R&D 经费投入强度之差异可划分为显著的三个阶段:①1978—1996 年的基本匹配阶段;②1997—2004 年的缓慢扩大阶段;③2005—2015 年的加速扩大阶段。R&D 投资强度越来越不及 R&D 经费投入强度,这在一定程度上表明浙江省 R&D 活动的有效投资形成能力在不断衰减。

(13)与全国 R&D 投资强度相比,基于三种方法测算的浙江省 R&D 投资强度分别比全国 R&D 投资强度高 0.3498 个百分点、0.2753 个百分点和 0.3144 个百分点。浙江省与全国的 R&D 投资强度差异发展可划分为三个阶段:①1995—2002 年的不及全国水平阶段;②2003—2008 年的快速领先阶段;③2009—2015 年的稳步领先阶段。

(14)对浙江省 R&D 投资强度的贡献率的分解的结果显示,1979—2015 年间,规上工业企业对 R&D 投资强度的贡献率均值为 79.84%,其他主体对 R&D 投资强度的贡献率均值为 20.16%,可见,规上工业企业是决定浙江省 R&D 投资强度高低的主导者。

## 三、有关 R&D 资本化核算影响浙江核心经济指标的若干结论

(1)R&D 资本化提升了浙江省的 GDP 规模。1978—2015 年间,经 R&D 资本化调整的浙江省 GDP(现价)年均规模提升了 126.73 亿元(基于 BEA 法),其提升比率为 1.2477%。同时,经 R&D 资本化调整后的浙江省 GDP 增速也趋于提升,其平均提升幅度为 0.05 个百分点。

(2)R&D 资本化改变了浙江省的三大需求规模。1978—2015 年间,R&D 资本化致使消费需求的平均规模从 4811.91 亿元下调至 4797.87 亿元,下调幅度为 0.29%;R&D 资本化致使投资需求的平均规模从 4593.90 亿元提升至 4751.80 亿元,提升幅度为 3.44%。

(3)R&D 资本化改变了浙江省的需求结构。1978—2015 年间,R&D 资本化致使最终消费率从 47.46% 下降至 46.65%,下降幅度为 0.81 个百分点;致使资本形成率从 45.31% 提升至 46.21%,提升幅度为 0.90 个百分点。尽管 R&D 资本化提升了资本形成率也降低了最终消费率,但并未改变大部分年份最终产品在积累与消费之间的分配重心。

(4)R&D 资本化改变了浙江省"三驾马车"的贡献率。1979—2015 年间,R&D 资本化致使消费需求贡献率从 48.78% 下降至 47.78%,下降幅度为 1 个百分点;R&D 资本化致使投资需求贡献率从 44.07% 提升至

45.20%,提升幅度为 1.13 个百分点;R&D 资本化致使净出口需求贡献率从 7.15% 下降至 7.03%,下降幅度为 0.12 个百分点。尽管 R&D 资本化提升了投资需求贡献率,降低了消费需求贡献率和净出口需求贡献率,但基本未改变各年"三驾马车"的贡献率位次与格局。

(5)R&D 资本化改变了浙江省"三驾马车"的拉动度。1979—2015 年间,R&D 资本化致使消费需求拉动度从 6.22% 下降至 6.12%,投资需求拉动度从 5.63% 提升至 5.79%,净出口需求拉动度从 0.91% 下降至 0.90%。37 年间,经 R&D 资本化调整的浙江省 GDP 增速上调了 0.05 个百分点,是投资需求拉动度提升 0.16 个百分点、消费需求拉动度下降 0.10 个百分点和净出口需求拉动度下降 0.01 个百分点共同作用的结果。

(6)R&D 资本化改变了浙江省规上工业企业的附加值率。1979—2015 年间,R&D 资本化使浙江省规上工业企业的附加值率从 19.77% 提升至 20.33%,提升幅度为 0.56 个百分点。同时,工业企业的 R&D 经费投入强度升级形成 R&D 投资强度。比较规上工业企业的 R&D 经费投入强度和 R&D 投资强度时发现:①R&D 投资强度不及 R&D 经费投入强度。2000—2015 年间,规上工业企业 R&D 投资强度的平均值为 0.6839%,R&D 经费投入强度的平均值为 0.9033%,前者不及后者 0.22 个百分点。②R&D 投资强度与 R&D 经费投入强度之差距正在不断拉大。两者差距从 2000 年的 0.0783 个百分点提升到 2015 年的 0.3662 个百分点,这在一定程度上表明,规上工业企业的 R&D 投资形成能力并没有随 R&D 经费支出的扩大而提升。

(7)从各要素的产出弹性测算结果来看,无论是否考虑 R&D 资本,1979—2015 年间,浙江省的物质资本产出弹性始终明显大于其他要素的产出弹性。其中,在不考虑 R&D 资本的情况下,物质资本的产出弹性值为 0.7872,劳动力的产出弹性值为 0.2128;在考虑 R&D 资本的情况下,物质资本的产出弹性值降为 0.6251,劳动力的产出弹性值提升为 0.2570,R&D 资本的产出弹性值为 0.1179。这充分表明:①物质资本的产出弹性因 R&D 资本的单独识别而差异显著;②劳动力的产出弹性并不明显受到 R&D 资本单独识别的影响;③R&D 资本的产出弹性值并不高。

(8)平均来看,物质资本、劳动力、R&D 资本对浙江经济增长的实际贡献值分别为 9.1825、0.5241 和 2.5568,其平均贡献比例分别为 74.24%、4.24% 和 20.67%。全要素生产率对浙江经济增长的平均贡献值为 0.1058,平均贡献比例为 0.86%。综合判断,1979—2015 年间,物质资本是驱动浙江经济增长的第一要素,R&D 资本是驱动浙江经济增长的第二要素,劳动力是驱动浙江经济增长的第三要素,全要素生产率对经济增长的驱动作用并不显著。从驱动贡献力度上看,物质资本约为 R&D 资本的 3.59 倍、劳动力的 17.52 倍。

(9)浙江经济增长的驱动要素格局具有如下特征:①物质资本强势主导,但主导力度有所衰减;②R&D 资本辅助推动,但助推力度并不强劲;③劳动力沦为边缘要素,其驱动贡献比例不到 10%;④全要素生产率起伏不定,其驱动贡献微乎其微。

(10)从浙江经济增长驱动格局的变化来看,R&D 资本削弱了物质资本要素的贡献主导力度,使劳动力要素的贡献份额略有提升,对全要素生产率贡献份额的影响阶段不一。R&D 资本的贡献并非对全要素生产率贡献下降部分的补偿,这充分表明物质资本中包含在生产工具中的硬技术对浙江省经济增长的贡献远远低于以专利、规则、标准等为代表的软技术的贡献。

# 第二节　若干建议

## 一、抓住契机率先开展省级层面的 R&D 资本化核算方法研究

### (一)率先开展省级层面的 R&D 资本化核算方法专题研究

尽管面临着各种技术困难,但将 R&D 产出视为资本形成并纳入 GDP 核算,符合当今世界经济由知识或创新主导增长的理论与实践,符合我国实施创新驱动发展战略的新形势。从核算方法制度上看,2017 年 7 月,国务院

批复了国家统计局《关于报请印发〈中国国民经济核算体系(2016)〉的请示》(简称2016年中国核算体系),由国家统计局印发实施。2016年中国核算体系针对经济发展出现的新情况、新变化和2008年SNA的建议,修订了"资本形成总额"指标,纳入了研究和开发、娱乐文学艺术品原件等知识产权产品①。这充分表明,将R&D产出视为资本形成前提的R&D资本化核算,已被写入中国国民经济核算规则的最新版本。从核算实践上看,国家层面已公开发布了1952年以来经R&D资本化调整后的GDP规模与GDP增长速度时间序列。较遗憾的是,迄今尚未发布各省市层面有关R&D资本化核算的相关制度方案。

作为经济发展水平的先进省份,浙江省应积极推动2016年中国核算体系的实施节奏,着力实施与国家层面核算标准的接轨工作,率先开展省级层面的R&D资本化理论方法研究。我们建议由浙江省科技厅和浙江省统计局联合组织人员,成立"R&D资本化核算小组"(以下简称"研究小组"),牵头组织开展针对浙江省R&D资本化核算方法的专题研究。研究小组应详细探讨浙江省R&D投资流量核算方法和浙江省R&D资本存量核算方法,考察国家层面的R&D资本化核算方法于浙江省的适用性与可行性。特别地,应重点讨论如何从国际收支统计中识别R&D产品进出口的方法,以便将R&D产品的进出口纳入R&D资本化核算框架。同时,对浙江省R&D资本化核算所涉及的技术参数,如R&D产品收益率、基期R&D资本存量、R&D产品价格指数、R&D资产平均役龄和折旧率等展开系列研究,以确保在总体核算原则与国家层面相匹配的基础上,进一步凸显R&D资本化核算的"浙江特色"。

### (二)尽快出台《浙江省R&D资本化核算方法与GDP历史数据调整方案》

研究小组应尽快出台《浙江省R&D资本化核算方法与GDP历史数据

---

① 有关《中国国民经济核算体系(2016)》的详细内容可参见国家统计局官方网站。

调整方案》(简称"调整方案"),以形成指导文件。调整方案除详细列示浙江省 R&D 投资流量核算和浙江省 R&D 资本存量核算的具体操作方法,列示 R&D 资本化核算所涉及技术参数的具体取值之外,还应该详细阐释 R&D 资本计入 GDP 的具体途径、R&D 资本化对生产法 GDP 核算各构成项的影响路径与调整方式、R&D 资本化对支出法 GDP 核算各构成项的影响路径与调整方式,更应说明不变价 GDP 规模与 GDP 增速调整的细化方案。如若可能,研究小组还可进一步将 R&D 资本化引致的 GDP 变化扩展至其他核心经济指标,如 R&D 投入强度、需求结构、三驾马车贡献率与拉动度、工业增加值率等,分别给出相应的调整方法和修订方案。

### (三)尝试浙江省 R&D 资本化试算与 GDP 时间序列的试调整

基于《浙江省 R&D 资本化核算方法与 GDP 历史数据调整方案》,研究小组应尝试组织开展浙江省 R&D 资本化试算与 GDP 时间序列的试调整工作。建议试算与试调整工作的成果不仅仅局限于发布"经 R&D 资本化调整后的 GDP(现价)"和"经 R&D 资本化调整后的 GDP 增速"序列,而应尽可能细化 GDP 核算分组数据,尤其是支出法下的固定资本形成序列,通过分组显示 R&D 投资规模。较理想的一种操作是,在发布 GDP 数据的基础上,专门公布浙江省 R&D 总产出、被资本化的 R&D 产出、当年 R&D 投资额、规上工业企业 R&D 投资额、不同研究类别的 R&D 投资额、年末 R&D 资本存量、规上工业企业 R&D 资本存量等时间序列。唯其如此,相关研究者才能综合运用这些数据对浙江省 R&D 活动做全面评价,为多视角下分析评价 R&D 活动对浙江经济增长的贡献提供依据。

## 二、顺应改革积极开展 R&D 专项统计调查的创新设计

### （一）进一步完善现行的常规 R&D 统计调查

开展 R&D 资本化核算不仅需要核算方法,还需要满足核算需求的 R&D 数据资源。据此,进一步完善现行的常规统计调查无疑是今后获取满足核算需求的 R&D 数据资源的可行途径。就我国目前的常规统计调查而言,尽管针对 R&D 活动的专项调查仅有 1988 年全国 R&D 投入抽样调查、2000 年全社会 R&D 资源清查和 2009 年全社会 R&D 资源清查等为数不多的几项,但调查内容涉及 R&D 活动的调查类型仍然较多。我们大致罗列如下:①大中型工业企业科技调查;②政府 R&D 机构及科技情报与文献机构(Survey of Technological Intelligence and Document,STID)调查;③全日制普通高等学校科技活动调查;④专业技术人员统计;⑤国家科技计划执行情况调查;⑥国家财政科技统计拨款统计;⑦科技论文统计;⑧专利统计;⑨科技成果与奖励统计;⑩国内技术贸易统计;⑪国际技术贸易统计;⑫高技术产品进出口及高技术产业增加值统计;⑬高技术产业开发区调查;⑭民营科技型企业调查;⑮软科学研究机构及科技咨询业调查;⑯国际科技交流情况调查。

研究小组可率先开展针对现有常规调查中的 R&D 统计资源的梳理工作,对可用于 R&D 资本化核算的统计指标进行初步归类,并开展不同来源的 R&D 统计指标和数据比对工作,在此基础上制订一套统一的 R&D 指标解释及执行分类标准,逐步拓宽 R&D 统计的范围,扩大数据覆盖面,如设立外商 R&D 投资等体现与国外机构部门合作开展 R&D 活动的国际指标,设立部门 R&D 投资等体现各部门间 R&D 资源流动的国内指标等。进一步地,考虑到科技统计调查与国民经济核算分属不同的框架体系,统计指标与国民核算口径的有效对接可借助桥接表,或设计与调整 R&D 统计指标,如应将 R&D 资本性支出统计延伸到固定资产总量及其折旧统计;除了政府财政科技拨款指标,还应设置资本化核算中涉及的政府 R&D 支出,或通过"二

次评估"等手段调整相关指标,使其与政府 R&D 支出核算口径相匹配。

### （二）尝试开展 R&D 专项统计制度的创新设计

为形成 R&D 资本化核算持续、客观、全面的数据来源,研究小组可率先尝试开展 R&D 专项统计制度的创新设计。我们认为,旨在瞄准满足 R&D 资本化核算需求的 R&D 专项统计制度可由一系列与 SNA 相匹配的 R&D 专项调查制度形成。具体地,R&D 专项统计制度可主要包含五种制度:以收集各产业部门 R&D 生产活动的投入数据与产出数据为主旨的 R&D 投入产出调查制度,以收集各机构单位 R&D 资本使用年限、R&D 资本收益等数据为主旨的 R&D 资本使用与收益调查制度,以收集各 R&D 产品价格数据为主旨的 R&D 产品价格调查制度,以收集各机构单位 R&D 产品进出口数据为主旨的 R&D 进出口统计调查制度,以收集规模以上工业企业 R&D 活动规模、结构和发展水平为主旨的规模以上工业企业 R&D 统计调查制度。研究小组可率先尝试开展各类 R&D 专项调查的初步设计,对各类调查的统计目的、统计范围、统计内容、统计原则、数据采集、数据处理和数据发布等要素展开研究,为 R&D 专项统计制度的最终设计积累经验。

## 三、转变并引导浙江省创新主体建立科学的 R&D 投资指标体系

### （一）强化创新主体对 R&D 资本化核算的正确认识

我们要加强对 R&D 内部经费支出与 R&D 资本化核算关系的宣传与学习解读,引导创新主体,特别是广大企业主体对 R&D 资本化核算与 R&D 内部经费支出、企业增加值、企业附加值率等核心经济指标测算之间关系的正确认识。特别是,要纠正广大企业主体以 R&D 内部经费支出作为科技创新能力主要衡量指标的狭隘观念,引导广大企业主体树立以"R&D 投资规模、R&D 有效投资系数、R&D 产出等指标为主体,以 R&D 内部经费支出为辅"的科技创新能力的衡量指标体系观念。

要着力澄清部分市场主体对 R&D 资本化核算目的的误解。积极厘清 R&D 资本化核算与 GDP 规模、GDP 增速等指标的相关关系,引导广大市场主体树立对 R&D 资本化核算目的与意义的正确认识。我国正处于调结构、促改革、转方式的关键时期,开展 R&D 资本化核算,能够体现科技创新和技术进步应有的经济价值,有利于引导政府和企业更加重视创新,推进"大众创业、万众创新",有利于服务我国宏观经济决策,进而推动经济结构调整,走创新驱动发展道路。特别是 GDP 规模的扩大,将更好地体现研发和创新带来的经济价值,更好地解释当前知识经济时代下的经济增长,更好地衡量技术进步对经济增长的贡献等。

## (二)引导创新主体建立科学的 R&D 活动指标体系

如前所述,尽管我国常规统计调查体系中专门针对 R&D 活动的调查种类并不多,但各行政机关基于各自的行政目的就科技活动展开了形式多样的调查。大体来看,除各级统计局之外,广大创新主体还需接受各级科学技术部组织开展的科技人员情况、经常性收入、经常性支出、基本建设与固定资产、科学仪器设备、科技课题综合情况、R&D 课题来源等调查,需要接受各级教育部组织开展的科技人力资源情况、科技经费情况、科技活动机构情况、科技项目情况、科技交流情况、科技转让与知识产权情况、技术成果情况、出版科技著作情况、科技成果奖励情况、科技期刊情况、创新相关情况等等。

积极引导广大创新主体建立科学的科技活动指标体系,特别是 R&D 活动指标体系。建议科技系统(研究院所)、教育系统(高等院校)和企业系统均将 R&D 活动从科技活动中独立出来,设置专门的 R&D 活动指标体系,既可用于监测本单位的研发活动进展、研发活动投入与创新产出情况,为更好地开展 R&D 活动管理提供信息,又可构成广义政府部门所需搜集研发数据的微观来源,为更准确地进行 R&D 资本化核算以出台更合理的科技政策提供支撑。我们认为,作为最主要的创新主体,广大企业(特别是规上工业企业)R&D 活动指标体系的设置导向可与 R&D 活动的"投入—过程—产出"相匹配。其中,R&D 投入的统计核心指标有两个:一是 R&D 人力投入,可用投入人数和按时间折合的投入当量分别统计；二是 R&D 经费投入，即 R&D 经费支出，可包括经常性支出与资本性支出两部分，但应区分经费来源，还应细化各类支出之明细以形成 R&D 经费支出的"二级分类"。此外，若企业有开展软件研发活动，则应提供相应软件研发支出数据。R&D 过程统计往往关注 R&D 活动本身，可围绕 R&D 活动状态，设置诸如在研项目活动规模、R&D 活动进度、R&D 项目完成率、R&D 产品价格（市场参考价或自估价）等指标。由于 R&D 活动的产出成果渗透在经济社会各个方面，难以单独表现。因此，R&D 产出指标的统计开发要远逊于 R&D 投入指标，建议在保留一般的可直接观测实物量指标如论文数、专利数、样机数等的基础上，再增加诸如 R&D 活动的投入产出周期、R&D 产品的使用年限、R&D 产品的出售情况与出售数量、R&D 产品的进口与出口等指标。

## 四、多措并举助推浙江省 R&D 有效投资系数的快速提升

### （一）建立以 R&D 有效投资系数为导向的科技创新资源配置机制

科技创新资源配置机制是政府组织和管理科技创新活动，开发和配置科技创新相关资源的基础性制度框架。科技创新资源包括人才、资金、设施、政策等，其基本要素则是人才和资金。浙江省正处于发展方式与新旧动能转换的攻坚期，释放新动能需进一步转变政府职能，尊重科技创新规律，矫正科技资源要素配置，着力使科技资源配置"有利可图"。我们认为，建立以 R&D 有效投资系数为导向的科技创新资源配置机制是进一步优化浙江省研发活动的生产效率，提升浙江省 R&D 有效投资系数值的基本前提，这也与我国目前大力推行的供给侧改革之宗旨相匹配。鉴于国家财政科技资金和省级财政科技资金是浙江省目前科技投入经费的主要构成，改革政府财政科技资金的配置方式是关键所在。建议浙江省科技厅会同研究小组专家对近五年财政科技经费支持的研发机构或研发项目展开 R&D 有效投资

系数的综合评价,以此形成下一轮国家或省级财政科技资金的配置依据,也可形成对不同类别研发机构与研发项目生产效率的大体判断。在科技资源配置方式上,建议提升"竞争性支持"的经费配置部分比例。同时,将知识技术供给方的 R&D 有效投资系数水平作为"竞争性支持"部分经费配置的核心依据之一。另外,还可建立科研机构与科研项目的 R&D 有效投资系数动态评价与考核机制,以评助推,推动创新主体提升 R&D 有效投资系数合力的进一步形成。

## （二）构建"两机制并行"的基础研究 R&D 有效投资形成机制

基础研究是技术创新的重要支撑,对经济社会发展具有重要的前瞻引领作用。基础研究之所以重要,不仅是因为它增加了全社会的知识储备,还在于它能促进新的仪器和方法的产生,催生新的公司和产业的形成。实证结果显示,浙江省基础研究的 R&D 有效投资系数相对偏低,基础研究应成为全省下阶段提升 R&D 有效投资形成能力的关键着力点。与应用研究和试验发展相比较,基础研究大多周期较长,试错性、风险性与不可预测性都相对较高,其研究成果常常以论文形式在学术期刊上发表或学术会议上交流,具有广泛的外溢性,多数难以在短期内见到显著的转化成效。我们认为,构建有效的基础研究 R&D 有效投资形成机制是短期内提升基础研究有效投资系数的有效途径。R&D 有效投资形成机制是基础研究与产业结构升级相联系的重要桥梁,是一个主要由"人员激励机制"和"创新基础研究成果转化机制"构成的完整系统。其中,人员激励机制应专门针对基础研究人员展开设计,以创新主体积极性的提升带动 R&D 有效投资的形成,其激励方式可分期权、股权、技术入股、分红权等多种形式。特别是,应进一步完善高校和科研机构知识产权转移转化的利益保障,以促进技术转移和扩散,加速科技成果转化为现实生产力。创新基础研究成果转化机制设计应包括论文成果向专利成果的转化和专利成果的商业化与产业化两方面。同时,应根据基础研究周期与发明专利审核周期都相对较长的共性特点,建立基础研究成果专利申请、授权的绿色通道,以为基础研究专利成果快速转化创造条件。需求面创新政策的实施目的在于营造有利于创新的市场环境,加速实现创新扩散,通过促进知识应用,实现产业需求与公共研究(供给)的匹配。

### (三)提升规上工业企业的 R&D 有效投资系数

工业经济是浙江省经济发展的主力军,是打造浙江经济升级版的领头羊。由于规上工业企业既是工业经济的主体,又是浙江省历年 R&D 内部经费支出的主要执行主体,规上工业企业 R&D 有效投资系数水平显然是决定浙江省 R&D 有效投资形成能力的关键。然而,实际测算结果表明,浙江省规上工业企业的 R&D 投资强度不及 R&D 经费投入强度,R&D 有效投资系数始终亦不如全省 R&D 有效投资系数,两种差距均呈不断扩大的发展趋势。可以判断,提升规上工业企业的 R&D 有效投资系数已刻不容缓。

我们认为,实施"有条件、有倾向"的企业创新优惠政策可能是个可行的操作。自党的十八大明确强调要坚持走中国特色自主创新道路、实施创新驱动发展战略以来,国家层面密集出台了诸如《关于深化科技体制改革加快国家创新体系建设的意见》(中发〔2012〕6 号)、《国务院印发关于深化中央财政科技计划(专项、基金等)管理改革方案的通知》(国发〔2014〕64 号)、《中共中央国务院关于深化体制机制改革加快实施创新驱动发展战略的若干意见》(中发〔2015〕8 号)、《国务院办公厅关于加快众创空间发展服务实体经济转型升级的指导意见》(国办发〔2016〕7 号)、《实施〈中华人民共和国促进科技成果转化法〉若干规定》(国发〔2016〕16 号)、《促进科技成果转移转化行动方案》(国办发〔2016〕28 号)、《国务院办公厅关于建设大众创业万众创新示范基地的实施意见》(国办发〔2016〕35 号)、《国务院关于强化实施创新驱动发展战略进一步推进大众创业万众创新深入发展的意见》(国发〔2017〕37 号)等系列政策。为更好地实施国家创新驱动发展战略纲要,深化科技体制改革的决策部署,率先建成创新型省份和科技强省,浙江省也出台了系列省级层面的政策,如《浙江省人民政府关于进一步支持企业技术创新加快科技成果产业化的若干意见》(浙政发〔2012〕45 号)、《浙江省人民政府关于印发〈加快推进"一转四创"建设"互联网+"世界科技创新高地行动计划〉的通知》(浙政发〔2016〕24 号)、《浙江省人民政府办公厅关于进一步加强技术市场体系建设促进科技成果转化产业化的意见》(浙政办发〔2015〕96 号)、《中共浙江省委关于补短板的若干意见》(浙委〔2016〕12 号)等。无论是在支持企业建设高水平研发机构、落实创新财税激励政策、建立企业研发后补助制度,还是在发挥政府采购支持创新作用、引进培育重大创新项目、实施重大科技专项、加快促进科技成果产业化等方面,国家层面和省级层面的政策均对科创型规上工业企业予以了极大的优惠。在这些政策实施的过程中,受惠企业的门槛设置并未与企业自身的研发创新能力精准挂钩,从而优惠政策实施呈现"普惠式"的执行特征。建议将这种对相对"普惠式"的政策执行方式调整成"有条件、有倾向"的执行方式,将受惠企业的门槛设置与企业的 R&D 资本形成能力相挂钩,保证受惠力度与企业 R&D 资本形成能力高低相匹配。当然,这需要以建立企业 R&D 资本形成能力评价制度为依托。制订评价指标体系,完善企业 R&D 资本形成能力评价制度,建立第三方独立评价、结果公布和排序制度,具体方案可由省科技厅会同省级有关部门制定。

## 五、多管齐下进一步增强浙江省 R&D 资本对经济增长的驱动力度

### (一)将 R&D 资本贡献值写入科技创新规划目标或政府年度工作目标

浙江省已经迈入了率先建成创新型省份的决胜阶段,在这强化创新驱动、完成新旧发展动力转换的关键时期,应该比以往任何时候更坚信"抓创新就是抓发展,谋创新就是谋未来"的理念。我们建议,将"R&D 资本贡献值"写入科技创新规划目标或以后年份的政府工作报告,与 R&D 经费占GDP 的比重、科技进步贡献率等其他指标一并作为监测浙江省科技创新发展动态与测度浙江省科技创新驱动经济增长力度的指示性指标。将"R&D资本贡献值"写入规划目标的意义不仅仅在于更加显化"R&D 经费内部支出"与"R&D 资本形成"的显著差异,更是基于其是直观描述创新驱动发展战略实施成效最为贴切的指标。经测算,2020 年浙江省"R&D 资本贡献值"

目标可设定为 2.00。

## （二）进一步健全以企业为主体的协同创新体系

明确各类创新主体在创新链不同环节的功能定位，加快建设以企业为主体的创新体系，特别要提升规上工业企业的创新能力、创新活力和创新实力，带动创新体系整体效能提升，使创新成果转化为实实在在的产业活动，形成创新型领军企业"顶天立地"、科技型中小企业"铺天盖地"的发展格局。打造一批研发实力与 R&D 资本形成能力一流、产业规模与竞争能力居前的创新型领军企业，带动关联中小企业的整体提升，推动面广量大的中小企业向高成长、新模式与新业态的转型。深化产学研用协同创新，按照企业主导、院校协作、多元投资、军民融合、成果分享的原则，支持各具地方特色的科技创新中心的组建与创新要素的共享。进一步推动各类创新主体的深度合作，构筑由产业技术研究、企业技术研发、重大基础研发和区域科技创新组成的新型产业技术创新体系。

## （三）着力打通科技成果向现实生产力转化的通道

坚持把科技成果转化作为主攻方向，着力打通科技成果向现实生产力转化的通道，着力破除体制机制障碍，通过成果应用体现创新价值，通过成果转化创造财富。我们认为，推进科技大市场建设已刻不容缓。建议加快推进科技大市场一头向高等学校、科研院所延伸，一头向地方、企业覆盖，完善双向互动的技术供需体系、技术交易服务体系和技术交易保障体系，形成科技成果竞价拍卖等多种技术交易模式。加快浙江知识产权交易中心建设，推进科技中介机构企业化运作，构建专业化技术转移服务体系，形成一站式科技成果转移转化产业化的创新服务链。

# 参考文献

白重恩,张琼,2014. 中国的资本回报率及其影响因素分析[J]. 世界经济,37(10):3-30.

昌先宇,王彦,2012. 针对知识产权产品的资本测算方法——《知识产权产品的资本测算推导手册》简介[J]. 中国统计(11):27-28.

陈昌兵,2014. 可变折旧率估计及资本存量测算[J]. 经济研究,49(12):72-85.

陈丹丹,2015. 专利资产测算方法与应用研究[D]. 大连:东北财经大学.

陈丹丹,2017. 美国 R&D 卫星账户编制及其对中国的启示[J]. 统计研究,34(4):15-25.

陈海燕,庞立艳,姚常乐,2014. 中美 R&D 经费统计比较及对中国的借鉴意义[J]. 改革与战略,30(5):137-140.

陈锦其,徐蔼婷,李金昌,2019. 众创空间集聚的连续距离测度及影响因素分析[J]. 商业经济与管理(3):88-97.

陈蓉,许培源,2015. 研发投入、知识存量与内资企业创新产出——基于高技术产业的经验分析[J]. 经济与管理评论,31(2):39-45.

陈实,章文娟,2013. 中国 R&D 投入强度国际比较与分析[J]. 科学学研究,31(7):1022-1031.

陈宇峰,朱荣军,2016. 中国区域 R&D 资本存量的再估算:1998—2012[J]. 科学学研究,34(1):69-80+141.

程华,吴晓晖,2006. R&D 投入、存量及产出弹性研究——基于年份/功效函数的实证研究[J]. 科学学研究,24(A1):108-124.

程时雄,柳剑平,2014. 中国工业行业 R&D 投入的产出效率与影响因素[J]. 数量经济技术经济研究,31(2):36-51+85.

方文全,2012. 中国的资本回报率有多高？——年份资本视角的宏观数据再估测[J]. 经济学(季刊),11(2):521-540.

高敏雪,王文静,2016. 企业研发投入:政府统计与企业会计核算方法比较[J]. 统计研究,33(10):3-11.

高敏雪,2001. 美国国民核算体系及其卫星账户应用[M]. 北京:经济科学出版社.

高敏雪,2009. 请关注SNA的最新修订[J]. 中国统计(1):23.

高敏雪,2013. SNA-08的新面貌以及延伸讨论[J]. 统计研究,30(5):8-16.

高敏雪,2017. 研发资本化与GDP核算调整的整体认识与建议[J]. 统计研究,34(4):3-14.

何平,陈丹丹,2014. R&D支出资本化可行性研究[J]. 统计研究,31(3):16-19.

侯睿婕,陈钰芬,2018. SNA框架下中国省际R&D资本存量的估算[J]. 统计研究,35(5):19-28.

黄勇峰,任若恩,刘晓生,2002. 中国制造业资本存量永续盘存法估计[J]. 经济学(季刊),1(2):377-396.

贾润崧,张四灿,2014. 中国省际资本存量与资本回报率[J]. 统计研究,31(11):35-42.

江永宏,孙凤娥,2016. 研发支出资本化核算及对GDP和主要变量的影响[J]. 统计研究,33(4):8-17.

江永宏,孙凤娥,2016. 中国R&D资本存量测算:1952—2014年[J]. 数量经济技术经济研究,33(7):112-129.

江永宏,孙凤娥,2017. 中国研发资本测算及其经济增长贡献[J]. 经济与管理研究,38(2):3-12.

蒋萍,刘丹丹,王勇,2013. SNA研究的最新进展:中心框架、卫星账户和扩展研究[J]. 统计研究,30(3):3-9.

蒋萍,2011. 核算制度缺陷、统计方法偏颇与经济总量失实[M]. 北京:中国统计出版社.

李冻菊,党亚东,2015. SNA2008中知识产权变革的核算困境及影响[J]. 商业经济研究(7):113-115.

李杲,邢秋羽,2006. 我国 R&D 核算现状与改进建议[J]. 统计与决策(19)：57-59.

李晶,2015. 知识产权产品核算问题研究[D]. 南昌:江西财经大学.

李淑梅,单松,范鹏翔,等,2013. 我国 R&D 资本存量估算[J]. 特区经济(6):173-175.

李小胜,2007. 中国 R&D 资本存量的估计与经济增长[J]. 中国统计(11):40-41.

刘建翠,郑世林,汪亚楠,2015. 中国研发(R&D)资本存量估计:1978—2012[J]. 经济与管理研究,36(2):18-25.

刘建翠,郑世林,2016. 中国省际 R&D 资本存量的估计:1990—2014[J]. 财经问题研究(12):100-107.

刘亚茹,2013. R&D 资本化对宏观经济变量的影响分析[D]. 南昌:江西财经大学.

马国标,2007. 我国与 OECD R&D 核算的比较和借鉴[D]. 厦门:厦门大学.

孟卫东,孙广绪,2014. 中国高技术产业各行业资源配置效率研究——基于 R&D 存量 Malmquist 指数方法[J]. 科技管理研究,38(4):38-42＋79.

倪红福,张士运,谢慧颖,2014. R&D 资本化及其对中国 GDP 与结构的影响分析[J]. 科学学研究,32(8):1166-1173＋1217.

倪红福,张士运,谢慧颖,2014. 资本化 R&D 支出及其对 GDP 和经济增长的影响分析[J]. 统计研究,31(3):20-26.

彭建平,李永苍,2014. FDI 存量、R&D 存量与自主创新[J]. 经济经纬,31(1):79-83.

邱东,2008. 国民经济统计前沿问题(上、中、下)[M]. 北京:中国统计出版社.

邱叶,2014. 基于 SNA2008 的中国 R&D 卫星账户编制研究[D]. 南昌:江西财经大学.

权衡,严婷,2016. R&D 统计模式创新及其现代经济增长的新含义[J]. 苏州大学学报(哲学社会科学版),37(2):107-113＋192.

任文静,2014. R&D资本化对我国国民经济核算体系的影响研究[D]. 保定:河北大学.

单豪杰,2008. 中国资本存量K的再估算:1952—2006年[J]. 数量经济技术经济研究,25(10):17-31.

邵建春,李霞,2008. 研发投入与中国经济增长:基于VAR模型的研究[J]. 经济问题(5):45-47.

石岿然,赵顺龙,2010. R&D资本存量与我国高技术产业若干指标的相关性分析[J]. 科学学与科学技术管理,31(1):107-111.

"SNA的修订与中国国民经济核算体系改革"课题组,2012. SNA的修订及对中国国民经济核算体系改革的启示[J]. 统计研究,29(6):3-9.

"SNA的修订与中国国民经济核算体系改革"课题组,2013a. SNA关于资本服务的测算及对国民账户的影响[J]. 统计研究,30(5):3-8.

"SNA的修订与中国国民经济核算体系改革"课题组,2013b. SNA关于供给使用核算的修订与中国投入产出核算方法的改革研究[J]. 统计研究,30(11):7-10.

宋旭光,2013. 国民经济核算更新方案:潜在影响及其应对[J]. 财贸经济(12):124-131.

苏青,2016. 中国R&D核算问题研究[D]. 大连:东北财经大学.

孙凤娥,江永宏,2017. 中国研发资本测算及其经济增长贡献[J]. 经济与管理研究,38(2):3-12.

孙琳琳,任若恩,2014. 转轨时期我国行业层面资本积累的研究——资本存量和资本流量的测算[J]. 经济学(季刊),13(3):837-862.

孙文凯,肖耿,杨秀科,2010. 资本回报率对投资率的影响:中美日对比研究[J]. 世界经济,33(6):3-24.

王斌会,伦婉晴,2007. 知识产权产品与经济发展水平关系研究——基于突变级数法和ARDL模型[J]. 数理统计与管理,36(3):154-164.

王俊,2009. 我国制造业R&D资本存量的测算(1998—2005)[J]. 统计研究,26(4):13-18.

王孟欣,2011. 我国区域R&D资本存量的测算[J]. 江苏大学学报(社会科学版),13(1):84-88.

王孟欣,2011. 美国 R&D 资本存量测算及对我国的启示[J]. 统计研究,28(6):58-63.

王亚菲,王春云,2018. 中国制造业研究与开发资本存量测算[J]. 统计研究,35(7):16-27.

王亚菲,王春云,2018. 中国行业层面研究与试验发展资本存量核算[J]. 数量经济技术经济研究,35(1):94-110.

王益炬,江永宏,柳楠,等,2014. 将研发支出纳入 GDP 核算的思考[J]. 中国统计(2):4-6.

魏和清,2012. SNA2008 关于 R&D 核算变革带来的影响及面临的问题[J]. 统计研究,29(11):21-25.

魏和清,2004. 我国 R&D 核算的国际比较与发展方向[J]. 统计与决策(10):66-67.

吴延兵,2006a. R&D 与生产率——基于中国制造业的实证研究[J]. 经济研究(11):60-71.

吴延兵,2006b. R&D 存量、知识函数与生产效率[J]. 经济学(季刊),5(4):1129-1156.

吴延兵,2008. 中国工业 R&D 产出弹性测算(1993—2002)[J]. 经济学(季刊)(3):869-890.

吴延兵,2008. 用 DEA 方法评测知识生产中的技术效率与技术进步[J]. 数量经济技术经济研究(7):67-79.

吴瑛,杨宏进,2006. 基于 R&D 存量的高技术产业科技资源配置效率 DEA 度量模型[J]. 科学学与科学技术管理(9):28-32.

席玮,徐军,2014. 省际研发资本服务估算:1998—2012[J]. 当代财经(12):5-16.

向蓉美,叶樊妮,2011. 永续盘存法核算资本存量的两种途径及其比较[J]. 统计与信息论坛,26(3):20-26.

徐国泉,姜照华,2006. R&D 资本存量的测度与中美的比较研究[A]. 中国科学学与科技政策研究会. 第二届中国科技政策与管理学术研讨会暨科学学与科学计量学国际学术论坛 2006 年论文集. 北京:中国科学学与科技政策研究会:5.

徐杰,段万春,杨建龙,2010. 中国资本存量的重估[J]. 统计研究,27(12):72-77.

徐欣,唐清泉,2012. R&D 投资、知识存量与专利产出:基于专利产出类型和企业最终控制人视角的分析[J]. 经济管理,34(7):49-59.

徐蔼婷,2019. 未被观测经济估算方法与应用研究[M]. 北京:中国统计出版社.

徐蔼婷,2011. 非 SNA 生产核算方法研究[M]. 杭州:浙江工商大学出版社.

徐蔼婷,2014. 非正规部门生产规模及其影响的统计研究[M]. 杭州:浙江工商大学出版社.

徐蔼婷,祝瑜晗,2017. R&D 卫星账户整体架构与编制的国际实践[J]. 统计研究,34(9):76-89.

徐蔼婷,靳俊娇,祝瑜晗,2019. 一种 R&D 资本存量的综合测算方法及应用研究[J].数量经济技术经济研究,36(12):145-164.

徐蔼婷,连港慧,2019,面向知识经济的五大行业 R&D 资本存量测算研究[J].现代经济探讨(10):9-18.

徐蔼婷,杨玉香,2015. 基于行政记录人口普查方法的国际比较[J]. 统计研究,32(11):88-96.

许福志,徐蔼婷,2019. 中国创新两阶段效率及影响因素——基于社会资本理论视角[J]. 经济学家(4):71-79.

许涤龙,周光洪,2009. SNA 关于知识产权产品核算方法的修订[J]. 财经理论与实践,30(3):79-83.

许宪春,郑学工,2016. 改革研发支出核算方法 更好地反映创新驱动作用[J]. 国家行政学院学报(5):4-12+141.

许宪春,2016. 论中国国民经济核算体系 2015 年的修订[J]. 中国社会科学(1):38-59+204.

杨林涛,韩兆洲,王科欣,2015. SNA2008 下 R&D 支出纳入 GDP 的估计与影响度研究[J]. 统计研究,32(11):72-78.

杨林涛,韩兆洲,王昭颖,2015. 多视角下 R&D 资本化测算方法比较与应用[J]. 数量经济技术经济研究,32(12):90-10€.

曾五一,王开科,2014. 美国 GDP 核算最新调整的主要内容、影响及其启示[J]. 统计研究,31(3):9-15.

张同斌,高铁梅,2014. 研发存量、知识溢出效应和产出空间依赖性对我国高新技术产业产出的影响[J]. 系统工程理论与实践,34(7):1739-1748.

张军,章元,2003. 对中国资本存量 K 的再估计[J]. 经济研究(7):35-43+90.

张军,吴桂英,张吉鹏,2004. 中国省际物质资本存量估算:1952—2000[J]. 经济研究(10):35-44.

张军扩,1991. "七五"期间经济效益的综合分析——各要素对经济增长贡献率测算[J]. 经济研究(4):8-17.

周文光,黄瑞华,2012. 创新绩效、R&D 资本存量与吸收能力的增长路径[J]. 科研管理,33(11):24-31.

周密,2012. 研发存量、研发经费来源与知识生产效率[J]. 经济评论(5):61-68.

朱发仓,苏为华,2016. R&D 资本化记入 GDP 及其影响研究[J]. 科学学研究,34(10):1465-1471+1486.

朱发仓,2014. 工业 R&D 价格指数估计研究[J]. 商业经济与管理(1):87-97.

朱云欢,2010. 我国研发投入与经济增长的动态分析[J]. 科学管理研究,28(2):102-106.

ADAMS J D,JAFFE A B,1996. Bounding the effects of R&D:an investigation using matched establishment-firm data[J]. Rand journal of economics,27 (4):700-721.

ARIFF A H M,ISLAM A,Zijl T V,2016. Intellectual capital and market performance:the case of multinational R&D firms in the U. S. [J]. Journal of developing areas,50(5):487-495.

ARROW K J,1962. The Economic implication of learning by doing[J].

Review of economics & studie, 29(3):155-173.

Australian Bureau of Stastics, 2009. Implementation of new international statistical standards in ABS national and international accounts[R]. New York: ABS Publishing.

BALDWIN J R, GU W, LAFRANCE A, et al. , 2009. Investment in intangible assets in Canada: R&D, innovation, brand, and mining, oil and gas exploration expenditures [J]. The Canadian productivity review (26):1-42.

BALDWIN J R, 2012. Intangible capital and productivity growth in Canada [J]. Social science electronic publishing (29):1-44.

BALLESTER M, GARCIAAYUSO M, LIVNAT J, 2003. The economic value of the R&D intangible asset[J]. European accounting review, 12 (4):605-633.

BERNSTEIN J I, NADIRI M I, 1988. Interindustry R&D spillovers, rates of return, and production in high-tech industries [J]. American economic review, 78(2):429-434.

BERNSTEIN J I, NADIRI M I, 1989. Research and development and intra-industry spillovers: an empirical application of dynamic duality[J]. Review of economic studies, 56 (2):249-267.

BERNSTEIN J I, MAMUNEAS T P, PASHARDES P, 2004. Technical efficiency and U. S. manufacturing productivity Growth[J]. Review of economics & statistics, 86 (1):402-412.

BLUNDELL R, GRIFFITH R, WINDMEIJIER F, 1999. Individual effects and dynamics in count data models[J]. Journal of econometrics, 108 (1):113-131.

BOSWORTH D, YANG D, 2000. Intellectual property law, technology flow and licensing opportunities in the people's republic of China[J]. International business review, 9 (4):453-477.

BRANDT N, 2007. Mark-ups, economies of scale and the role of knowledge

spillovers in OCED industries[J]. European economic review (51):
1708–1732.

Bureau of Economic Analysis, 2018. Selected components detail and major
source data and conceptual and statistical changes incorporated 2012—
2017 [DB/OL]. https://apps. bea. gov/national/pdf/2018-NIPA-
Table. pdf.

CARSON C, GRIMM B, MOYLAN C, 1994. A satellite account for
research and development[J]. Survey of current business (11):37–71.

CHRISTENSEN L R,JORGENSON D W,1973. U. S. Income,saving,and
wealth[J]. Review of income and wealth,19(4):329–362.

CHAN L K C, LAKONISHOK J, SOUGIANNIS T, 2001. The stock
market valuation of research and development expenditures [J].
Journal of finance, 56 (6):2431–2456.

CLARK K B, GRILICHES Z, 1998. R&D and productivity: the
econometric evidence[M]. Chicago:University of Chicago Press.

Cockburn I, Griliches Z, 1987. Industry effects and appropriability
measures in the stock markets valuation of R&D and patents[J].
American economic review,78 (2):419–423.

COE D T,Helpman E,1993. International R&D spillovers[J]. European
economic review,39(5):859–887.

COE D T, Helpman E, Hoffmaister A W, 2009. International R&D
spillovers and institutions[J]. European economic review,53(7):723
–741.

COPELAND A M,MEDEIROS G W,ROBBINS C A,2007. Estimating
prices for R&D investment in the 2007 R&D satellite account[R].
Bureau of economic analysis.

CORRADO C,HALTIWANGER J,SICHEL D,2005. Measuring capital in
the new economy[M]. Chicago:University of Chicago Press.

CORRADO C, HASKET J, JONA-LASINIO C, et al. , 2012. Intangible capital and growth in advanced economies:measurement methods and comparative results[R]. BOnn IZA Discussion Papers.

CRAWFORD M J,LEE J,JANKOWSKI J E,2014. Measuring R&D in the national economic accounting system[J]. Survey of current business, 34(4):435-442.

DE HAAN M, VAN ROOIJEN-HORSTEN M, 2004. Measuring R&D output and knowledge capital formation in open economies[R/OL]. Ireland:Paper Prepared for the 28th General Conference of The International Association for Research in Income and Wealth Cork, August 22-28. https://x. glgoo. top/scholar? hl=zh-CN&as_sdt= 0%2C5&q=Measuring+R%26D+Output+and+Knowledge+Capital+Formation+in+Open+Economies&btnG=.

DIVISION N A C, 2014. National accounts articles-Impact of ESA10 changes on current price GDP estimates[R/OL]. London:Office for National Statistics. http://webarchive. nationalarchives. gov. uk/ 20160108081227/http://www. ons. gov. uk/ons/dcp171776 _ 366380. pdf.

EDWORTHY E,WALLIS G,2007. Treating research and development as a capital asset[J]. The labour gazette,1(2):16-25.

ESPOSTI,2000. The impact of public R&D and extension expenditure on Italian agriculture:an application of a mixed parametric-nonparametric approach[J]. European review of agricultural economics,27 (3):365 -384.

EUROSTAT,2014. Manual on measuring research and development in ESA2010[M]. Luxembourg:Eurostat Publishing.

EVANS P,HATCHER M,WHITTARD D,2008. The preliminary R&D satellite account for the UK:a sensitivity analysis[J]. The labour gazette,2(9):37-43.

FRANCO C,GUSSONI M,2014. The role of firm and national level factors in fostering R&D cooperation: a cross country comparison[J]. The journal of technology transfer,39(6):945-976.

FRANTZEN D, 2000. R&D, human capital and international technology spillovers: a cross-country analysis [J]. Scandinavian journal of economics,102(1):57-75.

GAILLARD J, 2010. Measuring research and development in developing countries main characteristics and implications for the frascati manual [J]. Science,technology and society:an international journal,15(1):77-111.

GALINDO-RUEDA F,2007. Developing an R&D satellite account for the UK:a preliminary analysis[J]. The labour gazette,1(12):18-29.

GOTO A,SUZUKI,1989. R&D capital,rate of return on R&D investment and spillover of R&D in japanese manufacturing industries[J]. The review of economics and statistics,71(4):555-564.

GREENWOOD J, HERCOWITZ Z, KRUSELL P, 1998. The role of investment-specific technological change in the business cycle [J]. European economic review,44(1):91-115.

GRILICHES Z,1979. Issues in assessing the contribution of research and development to productivity growth[J]. Bell journal of economics,10(1):92-116.

GRILICHES Z,1980. R&D and productivity slowdown[J]. The American economic review,70(2):343-348.

GRILICHES Z, 1981. Market value, R&D, and patents [J]. Economics letters,7(2):183-187.

GRILICHES Z, MAIRESSE J, 1983. Comparing productivity growth: an exploration of French and U. S. industrial and firm data[J]. European economic review,21(1):89-119.

GRILICHES Z, LICHTENBERG F, 1984. Interindustry technology flows and productivity growth:a reexamination[J]. Review of economics &

statistics,66(2):324-329.

GRILICHES Z,1998. R & D, patents, and productivity[M]. Chicago: University of Chicago Press.

GRILICHES Z,1984. R & D, patents, and productivity[M]. Chicago: University of Chicago Press.

GYSTING C, 2006. A satellite account for research and development, 1990—2003[M]. Statistics Denmark.

HALL B H,1993. The stock market's valuation of R&D investment during the 1980's[J]. American economic review,83(2):259-264.

HALL B H,MAIRESSE J,1995. Exploring the relationship between R&D and productivity in French manufacturing firms [J]. Journal of econometrics,65(1):263-293.

HALL B H,VOPEL K,1997. Innovation,market share,and market value [C/OL]. Strasbourg, France: Prepared for the International Conference on the Economics and Econometrics of Innovation, The European Parliament. http://eml. berkeley. edu/~ bhhall/papers/ HallVopel97. pdf.

HALL B H,ORIANI R,2006. Does the market value R&D investment by european firms? evidence from a panel of manufacturing firms in France, Germany, and Italy [J]. International journal of industrial organization,24 (5):971-993.

HANSENA K F, MALCOLM A, WEISSB, KWAKB S, 1999. Allocating R&D resources:a quantitative aid to management insight[J]. Research technology management,42(4):44-64.

HIGON D A,2007. The impact of R&D spillovers on UK manufacturing TFP:a dynamic panel approach[J]. Research policy,36(7):964-979.

International Monetary Fund,Organization for Economic Co-operation and Development, European Communities, United Nations and World Bank,2008. System of national accounts [M]. New York.

INEKWE J N, 2015. The contribution of R&D expenditure to economic growth in developing economies[J]. Social indicators research, 124 (3):727-745.

JAFFE, 1989. Real effects of academic research[J]. American economic review, 79 (5):957-970.

JENSEN, ELIZABETH J, 1987. Research expenditures and the discovery of new drugs[J]. Journal of industrial economics (36):83-95.

JONALASINIO C, 2015. Private and public intangible capital:productivity growth and new policy challengers[J/OL]. http://repository. cmu. edu/cgi/viewcontent. cgi? article=1072&context=sem_conf.

KIN-LEUNG D C, 2013. Capitalization of research and development expenditure in gross domestic product: session CPS003[R]. Hong Kong: Proceedings 59th ISI World Statistics Congress 25 - 30 August 2013.

KIM J, HALL E, 1999. Epitaxially-stacked multiple-active-region 1. 55mum lasers for increased differential efficiency [J]. Applied physics letters, 74(22):32-51

KLETTE T J, GRILICHES Z, 2000. Empirical patterns of firm growth and R&D investment: a quality ladder model interpretation [J]. The economic journal, 110(463):363-387.

KORNFELD R, 2013. Initial results of the 2013 comprehensive revision of the national income and product accounts [J]. Survey of current business (8):17-32.

LATIMER J, 2014. Measuring R&D in the national economic accounting system[J]. Survey of current business (4):435-442.

LEE J, CHMIDT A G, 2010. Research and development satellite account update estimates for 1959—2007[J]. Survey of current business (10): 16-27.

LIN P, 2007. Process R&D and product line deletion by a multiproduct monopolist[J]. Journal of economics,91(3):245-262

LOEB P D,LIN V,1977. Research and development in the pharmaceutical industry—a spercification error approach[J]. Journal of industrial economies,26(1):45-51.

MANSFIELD E,RAPOPORT J,ROMEO J,1977. Social and private rates of return from industrial innovations [J]. Quarterly journal of economics (91):221-240.

MATALONI L, MOYLAN C E, 2007. 2007 R&D' satellite account methodologies: current-dollar-GDP-Estimates [ R ]. Bureau of Economic Analysis Research Paper.

MCLENNAN W, 2010. Implementing new international statistical standards in ABS international accounts statistics[J]. Adaptation learning & optimization,7(4):745-776.

MEAD C I, 2007. R&D Depreciation rates in the 2007 R&D satellite account[J]. Bureau of economic analysis/national science foundation, 220(3):43-48.

NAGAOKA S,2006. R&D and market value of Japanese firms in the 1990s [J]. Journal of the Japanese & international economy, 20(2):155 -176.

内閣府経済社会総合研究所国民経済計算部,2011. R&Dサテライト勘定 の調査研究 報告書[J]. National Accounts Quarterly(2):1-222.

OECD, 2015. Frascati manual (2015): proposed standard practice for surveys on research and experimental development[M]. Paris:OECD Publishing.

OECD, 2010. Handbook on deriving capital measures of intellectual property products[M]. Paris:OECD publishing.

OKUBO S,2006. BEA's 2006 research and development satellite account [J]. Survey of current business,86(12):14-44.

OKUBO S,2007. Framework for an industry-based R&D satellite account

[R/OL]. Bureau of Economic Analysis/National Science Foundation . http://www. iioa. org/conferences16thfiles/Papers/Okubo％20An％20industry％20based％20RnD％20Satellite％20Account. pdf

OLTMANNS E, BOLLEYER R, SCHULZ I, 2008. A preliminary R&D satellite account for Germany [R]. 30th General Conference of The International Association for Research in Income and Wealth. Portorož, Slovenia August. http://www. iariw. org/papers oltmanns. pdf

NOMURA K, 2004. Capitalizing own-account software in Japan[J/OL]. Program on Technology and Economic Policy. https://sites. hks. harvard. edu/m-rcbgptepownsoft. pdf

Organisation for Economic co-operation and development, 2010. Handbook on deriving capital measures of intellectual property products [M]. OECD, 2010.

PELEG S, 2006. Harmonization between R&D statistics and the national accounts[C]//Central Bureau of Statistics, Israel. Paper presented at the NESTI/Canberra II meeting in Berlin, Germany.

PRUCHA I R, NADIRI M I, 1996. Endogenous capital utilization and productivity measurement in dynamic factor demand models-theory and an application to the US electrical machinery industry[J]. Journal of econometrics, 71(1-2):343-379.

ROBBINS C A, STREITWIESER M L, JOLLIFF W A, 2010. R&D and Other intangible assets in an input-output framework: experimental estimates with U. S. data[J]. Journal of environmental engineering & msanagement, 20(3):308-312.

ROBBINS C A, 2007. Research and development satellite account update: estimates for 1959—2004: new estimates for industry, regional, and international accounts[J]. Survey of current business (10):49-64.

SALEM M, SIDDIQI Y, 2006. A proposal for treating research and development as capital expenditure in the Canadian SNA[M/OL]. Statistics Canada. http://publications. gc. ca/collections/Collection/ Statcan/11F0027M/11F0027MIE2006040. pdf

SCHIERSCH A, SCHMIDT-EHMCKE J, 2011. Is the boone-indicator applicable? -evidence from a combined data set of German manufacturing enterprises[J]. Jahrbücher Für Nationalökonomie Und Statistik,231 (3):336-357.

SHANKS S, ZHENG S, 2006. Econometric modelling of R&D and Australia's productivity[M/OL]. Canberra:Productivity Commission. http://www. pc. gov. au/research/supporting/research-development-econometric-modelling/economicmodelling. pdf

SIDDIQI Y, SALEM M, 2006. A proposal for treating research and development as capital expenditures in the Canadian SNA [M]. Statistics Canada.

Statistics Canada, depreciation of research and development satellite account expenditure[J/OL]. http://www. statcan. gc. ca/pub/13-604-m/2007056/s8-eng. htm

Statistics Canada, The Canadian research and development satellite account:a preliminary study[J/OL]. http://www. statcan. gc. ca/pub/13-604-m/2007056/s8-eng. htm

Statistics Canada, The Canadian research and development satellite account,1997 to 2004[J/OL]. http://www. statcan. gc. ca/pub/13-604-m/13-604-m2007056-eng. htm,2011-07-06.

Statistics Finland, 2009. Report on developing a satellite account for research and development in Finland[J]. Statistics Finland (6):1-29.

SVEIKAUSKAS L, 1981. Technological inputs and multifactor productivity growth[J]. The review of economics and statistics, 63 (2):275-282.

TANRISEVEN M, ROOIJEN-HORSTEN V M, BERGEN V D D, 2007.

Research and development statistics[C]//Intellectual Capital Congress at the Inholland University of Professional Education, the Netherlands, Haarlem.

TQUPIN D R, KINOSHITA K, 2000. Intestinal trefoil factor confers colonic epithelial resistance to apoptosis [J]. Proceedings of the national academy of sciences, 97(2):799-78ξ.

TOIVANEN O, STONEMAN P, BOSWORTH D, 2010. Innovation and the market value of UK firms, 1989—1995[J]. Oxford Bulletin of Economics & Statistics, 64 (1):39-61.

TOMER J F, 2006. Intangible capital and economic growth [J]. International journal of behavioural & healthcare research, 3(3/4):178 -197(20).

TRAJTENBERG M, 1989. The welfare analysis of product innovations, with an application to computed tomography scanners[J]. Journal of political economy, 97(2):444-479.

VAN ROOIJEN-HORSTEN M, VAN DEN BERGEN D, DE HAAN M, 2008. Intangible capital in the Netherlands: measurement and contribution to economic growth [R]. Statistics Netherlands, The Hague-Heerlen, Discussion Paper (16).

VAN ROOIJEN-HORSTEN M, TANRISEVEN M, DE HAAN M, 2008. R&D satellite accounts in the Netherlands[R]. Statistics Netherlands.

WANG E C, 2010. Determinants of R&D investment: the extreme-bounds-analysis approach applied to 26 OECD countries[J]. Research policy, 39(1):103-116.

# 后 记

尽管具有显著的投资性质，但 R&D 支出并不等同于 R&D 资本。对此，《国民账户体系 1968》曾提出特别有必要澄清 R&D 现期支出与 R&D 资本支出之间的界限问题；《国民账户体系 1993》也讨论了将 R&D 作为投资处理的可能性。随着 R&D 支出投资性质的日益凸显，2008 版 SNA 正式修订了核算规则，将能为所有者带来经济利益的 R&D 支出计为固定资本形成，不再计入中间消耗，即开展 R&D 支出资本化核算。同时，2008 版 SNA 进一步强调了中心账户的灵活应用，建议各国通过开发卫星账户以补充和完善国民经济核算体系。

作为响应，目前至少有 40 个国家开展了 R&D 支出资本化核算，对 GDP 历史规模与增速予以重新调整。2016 年 7 月 5 日，国家统计局根据新的核算方法，修订并发布了 1952 年以来 R&D 支出资本化核算后的 GDP 时间序列。其中，与未调整序列相比，2015 年 GDP 增加了 8798 亿元，GDP 实际增速提高了 0.04 个百分点。遗憾的是，R&D 支出资本化核算主要处理规则变更对 GDP 核算的调整，尚不能充分展现 R&D 资本化核算纷繁复杂的技术参数选择过程，无法系统揭示 R&D 产出在国民经济运行过程中的流动脉络，无法展示 R&D 资本形成与其他活动之间千丝万缕的经济联系，因此有必要对 R&D 资本化核算展开专题研究以进一步拓展研究视野。

十分幸运的是，2017 年 6 月，我申请到了国家社会科学基金重点项目"研发卫星账户编制方法与应用研究"。作为项目研究的主要内容之一，我们团队立足于国民经济核算新标准，对流量层次的 R&D 资本化核算方法、存量层次的 R&D 资本化核算方法、R&D 资本化对 GDP 核算的影响机理等问题展开了系统探讨。基于此，我们以浙江省为例，对浙江省历年的 R&D

投资规模、R&D 资本存量规模进行实际核算，对 R&D 资本化引致的 GDP 规模、GDP 增长率、需求结构、"三驾马车"贡献率与拉动度等浙江省核心经济指标的变化予以分析，对 R&D 资本驱动浙江经济增长的贡献予以量化测度。经过两年的努力，于 2019 年 6 月完成了本书内容。

　　本书共分为八章，由我、李金昌与北京师范大学统计学院祝瑜晗博士合作撰写。同时，盖英杰、周莹莹、孙思雨、连港慧、汪文璞五位硕士研究生承担了大量的资料收集、外文翻译、文稿校正等工作。

　　本书出版得到国家社科基金重点项目(17ATJ001)、浙江省哲学社会科学重大项目(16YSXK02ZD)、浙江省"万人计划"青年拔尖人才项目(ZJWR0108041)、浙江省一流学科 A 类(浙江工商大学统计学)、浙江省重点建设高校优势特色学科(浙江工商大学统计学)的联合资助。感谢浙江工商大学出版社谭娟娟编辑，正是由于她的悉心编排，使得本书得以在短时间内交印出版。

　　囿于主客观条件，本书仅仅是做了尝试性的、较为粗浅的探索，书中很多内容参考了他人已有的研究成果。当然，相应的参考及引用都尽力给出了标注和说明，若有疏漏在此表示真诚的歉意。另外，本书定有不够完善甚至是错误之处，敬请读者和学界同人批评指正。

徐蔼婷

2019 年 3 月 12 日于浙江工商大学综合楼